Andreas Safer

FOLK UND VOLXMUSIK
IN DER STEIERMARK

Schutzumschlag-Vorderseite: Reinhard Ziegerhofer.
Schutzumschlag-Rückseite (von oben nach unten): Fuchsbartl Banda, Jim Cogan,
Aniada a Noar (Foto Andreas Hofer), Deishovida (Foto Andreas Hofer).
Die Fotos stammen größtenteils aus dem Steirischen Volksliedarchiv.
Die Fotoquellen sind – soweit sie eruierbar waren – angegben.

ISBN 3-7059-0051-X
1. Auflage 1999
© Copyright by Herbert Weishaupt Verlag, A-8342 Gnas,
Tel: 03151–8487, Fax: 03151–84874.
e-mail: verlag@weishaupt.at
e-bookshop: www.weishaupt.at
Sämtliche Rechte der Verbreitung – in jeglicher Form und Technik –
sind vorbehalten.
Druck: Theiss, A-9400 Wolfsberg.
Printed in Austria.

Hrsg.: Steirisches Volksliedwerk

Andreas Safer

Folk &
Vol*x*musik
in der Steiermark

Weishaupt Verlag

Inhalt

Folk und Volxmusik in der Steiermark 7
   Geschichte und Geschichten, Biografien und Informationen 7

Zur Geschichte der Folkmusic 10
   Einleitung 10
   Folk, Folkmusic – was ist das? 11
   Folk Revival 12
   Folk Revival in Europa 13
   Folk in Österreich 16

Folk in da Steiamoark – Die steirische Folkgeschichte 18
   Jim Cogan, erster steirischer Folkmusiker 18
   Musik machen und gehört werden 28
   „Ohrensalat" – Historisches zur Szene 34

Folk – Volksmusik ... ein Widerspruch? 36
   Folk und Volksmusik 36
   „Echt guat" 37
   Folk und Volksmusik – Ein Zitatecocktail 41

Die Neue Volksmusik 49
   Und jetzt mit noch mehr Musik – die „Neue Volksmusik" (NVM) 49
   Die Neue Volksmusik in der Presse 51
   Die Neue Österreichische Volksmusik 55
   „Neue Österreichische Volksmusik" (Terminus, Interpreten) 58

Brutstätten des Folk 61
   Vorbemerkung über die Bedeutung von Begegnung 61
   1. Bärnbacher Folk- und Volksmusikantentreffen (1991) 61
   Ein Abend im Babenbergerhof 64
   Die großen steirischen Folkfestivals und Veranstaltungsreihen 67
      Das Retzhofer Folkfestival 67
      Das Stradener Straßenspektakel 74
      Bärnbacher Folkfestival 80
      Folk im Minoritengarten 87
      St. Radegunder Folkfestival 89
      Treffen der Dudelsack- und Drehleiherspieler 90
      Speik Live Deutschlandsberg 91
      1. Retzneier Folkfestival 92
      Sommerfolkreihe in der Brücke 93

Von AMA bis ZWIEZUPF – Geschichte und Biografien
steirischer MusikerInnen 97
   AMA 98
   ANIADA A NOAR 99

AUSSEER HARDBRADLER	112
BLUEGRASS COMPANY	115
BREHONS	115
BROADLAHN	119
BRUNNER HERMANN	129
BULLHEAD	141
CHUCK LEMONDS	144
COGAN JIM	147
DEISHOVIDA	147
DIE LANDSTREICH	154
DREI STAPFLAN AUFFI	161
FUCHSBARTL BANDA	161
GEGENLICHT	163
GRAYMALKIN	166
GSCHREAMS	172
KEINRATH KURT	173
KOSHNAW RISGAR	177
MORO MARTIN	178
OIDWEIBASUMMA	184
OKEMAH	186
POZAR ERNST	190
POZAR / ROTTENSTEINER / ZIEGERHOFER	190
RATZENBECK PETER	193
SAFER ANDREAS	202
SAITENWIND	204
SHENANIGANS	204
SQUADUNE	208
STRINGBAND	210
STS	211
UR	220
URDL HANNES	221
VIER-XANG	224
WESTWIND	230
WULLAZA	234
YAGA-T	239
ZEUS	241
ZIEGERHOFER REINHARD	241
ZWIEZUPF	246

Allgemeine Informationen / Wissenswertes	247
Instrumentelles	247
Österreichischer Folkförderpreis – und die Wiener Weltmusikkugel	253
Die Zukunft der Folkmusic in der Steiermark	256
„Folk" – veranstalten?	258
Instrumentenbauer	260
Produktion	261
Hilfe!	262

Register	270

Andreas Safer und Michael Krusche, Halleiner Folkfestival 1998.

FOLK UND VOLXMUSIK IN DER STEIERMARK

Geschichte und Geschichten, Biografien und Informationen. Zusammengestellt und recherchiert von Andreas Safer

Folkmusic: „... *es hat einfach nur den falschen Buchstaben vorn; wir verbinden damit englische, oder amerikanische Musik; internationale Volksmusik heißt auf Englisch: 'Folkmusic'; bei uns hat das nie zusammengepaßt, in den 60ern nicht, und auch jetzt noch nicht, es war immer ein riesen Unterschied, ob vorn ein 'F' oder ein 'V' steht, obwohl es dasselbe meint. Beides stammt aus dem Volksgut, wurde immer schon nachgesungen und verändert.*

Wenn ich 3000 mal 'Jambalaya' nachgesungen habe, wird's mir immer fader, bis ich eine andere Version daraus mache, das ist 'Folksong'. Da schreibt einer im 18. Jhdt. ein Liedlein, singt mit seiner Familie und denkt sich nichts Böses. Im 19 Jhdt. findet jemand das Lied auf Noten, oder es wurde mündlich überliefert, es gefällt ihm aber nur die Melodie. Er schreibt also einen neuen Text drauf. Plötzlich gibt es den ersten Komponisten. Im 20. Jhdt. macht jemand einen 'Rock & Roll' daraus, später wird daraus 'Techno' oder sonst was, es ist aber noch immer ein 'Folksong'. Das Lied hat vier Zeilen und eine Melodie mit maximal 6 Akkorden ... "

(Jim Cogan, wahrscheinlich der erste steirische Folk-Musiker, mit seiner spontanen, persönlichen Definition.)

Hermann Härtel hatte vor nun zehn Jahren die Idee, die steirische Folkszene im Volksliedwerk (Archiv) zu dokumentieren. Vorausgegangen waren zahlreiche musikalische Begegnungen bei diversen Festivals und Veranstaltungen, bei denen Gemeinsamkeiten beider „Lager" – dem traditionellen alpenländischen und dem internationalen – erlebbar, spürbar wurden.

So ging ich daran, Kontakte zu pflegen, Material zu sammeln, zu beobachten, zu hören. Sicher war es eine längst überfällige Entwicklung - international gesehen –, sicher ist es aber auch der Offenheit steirischer Volksmusikanten zu verdanken, daß viele „Folkies" große Lust bekamen, mehr von „unserer" Tradition zu erfahren, und es wurde ihnen, im Vergleich zu anderen Bundesländern, leicht gemacht. Freundschaften konnten geschlossen werden, die sich musikalisch befruchtend auswirken sollten und eine lebendige Artenvielfalt – wie ich als Biologe sagen möchte – an Folkmusik (im weitesten Sinne) entstehen ließ.

Aber nicht nur diese Folkmusik war Sammelgegenstand, sondern allgemein die angloamerikanische Folkmusik, wie sie im sogenannten Folkrevival in den sechziger und siebziger Jahren über ganz Europa hereinbrach, samt ihren Ausflügen in die Pop- und Rockmusik, sowie die „neuen Tendenzen" am Rande der Tradition, deren vielfältige Ausdrucksweisen schwer zusammenzufassen sind, weshalb ich einfach ein X anstatt ein S beim Begriff Volksmusik gewählt habe (ist nicht meine Erfindung, sondern in Medien- und Veranstalterkreisen durchaus gebräuchlich. Er umgeht geschickt den vor allem in Musikerkreisen wenig geliebten Ausdruck: „Neue Volksmusik". Das X steht vielleicht für die große Unbekannte oder für die Unsicherheit, die Zuordnung dieser kreativen Musik zu bewältigen).

Ich überlegte lange, wie ich beginnen sollte, was soll darin enthalten sein, in welcher Form sollte die Dokumentation geschrieben sein, und ich sträubte mich innerlich, denn Schreiber bin ich keiner. Dann brachten mich die Musik und die Musiker selbst darauf, daß es nur eine sehr persönlich gehaltene Form sein konnte, bei der die Charaktere der einzelnen Vertreter spürbar werden mußten, so wie es ihre Musik, ihre Texte widerspiegeln.

Zum Buch: Es läßt sich grob in zwei Teile gliedern:
1. Begriffliches in den Griff zu bekommen, Geschichte in Geschichten verpackt; kompetente Wortmeldungen als Zitate zu unterschiedlichen Themen; Beiträge in Form von Aufsätzen und Referaten, geschrieben von engagierten Gastautoren, quasi aus erster Hand; Auszüge aus wissenschaftlichen Arbeiten; allgemeine Informationen bis hin zum Kern des Buches: zu den einzelnen Bands und MusikerInnen – aktuellen, wie bereits verschwundenen – in Pressezitaten, Selbstdarstellungen, Geschichten, Biografien, Liedtexten und natürlich reichlich Fotos.

2. Das Folkarchiv im Volksliedwerk, mit seinen Belegen, Tondokumenten, Tonträgern, Büchern, Zeitschriften, Noten, Videos, wissenschaftlichen Arbeiten, Aufsätzen, Fotos, Infos, Pressezitaten ... in Fakten, Punkt für Punkt aufgelistet. Zum Nachschlagen, Informieren, Gusto Machen, um einmal einen Termin auszumachen, vorbeizuschauen oder als Anreiz für weitere, vertiefende Forschungen. Dieser 2. Punkt konnte auf Grund von Computer-Dateiproblemen bei Drucklegung nur teilweise berücksichtigt werden. Die Daten aus dem Folkarchiv können beim Steirischen Volksliedwerk zu einem späteren Zeitpunkt angefordert werden.

Es bleibt mir zu wünschen, daß die Bedeutung und Ernsthaftigkeit dieser musizierenden Menschen erkannt und bekannt wird, diese Dokumentation angenommen und gelesen wird. Daß der Impuls weitergeführt wird, denn es ist eine Entwicklung im Gange, die, so hoffe ich, noch lange fortdauert. Wichtig ist mir, darauf hinzuweisen, daß diese Arbeit nicht allumfassend sein kann, vieles trotzdem auf der Strecke blieb – z.b. sind Notenhandschriften, Partituren kaum vorhanden, das wäre schon ein Thema für einen zweiten Band, oder daß meine Sichtweise nur eine persönliche und deshalb begrenzte sein kann.

Da ich kein Musikwissenschaftler, sondern nur Musikliebhaber und leidenschaftlicher Musikant bin, dem es in erster Linie um den musizierenden Menschen geht, mögen mir fehlende Musikanalysen und dergleichen verziehen werden.

Auch möchte ich mich bei all jenen MusikerInnen und Gruppen, die in dieser Dokumentation nicht aufscheinen – darin der Vollständigkeit halber aber aufscheinen müßten – entschuldigen. Dies ist mit Sicherheit nicht auf Böswilligkeit oder Konkurrenzdenken zurückzuführen, sondern eine Frage des Horizonts und der Energie. (Schickt bitte Infos oder einfach Eure Geschichte ans Steirische Volksliedwerk, dort wird bei nächster Gelegenheit versucht werden, diesem Umstand Rechnung zu tragen.)

Es bleibt mir zu danken, all jenen, die bei der Verwirklichung mitgeholfen haben, den MusikerInnen, die in stundenlanger Arbeit sich über ihre eigene Geschichte Gedanken machten und meine oft unorthodoxen Fragen offen und sehr ehrlich beantwortet haben, mir vertrauensvoll persönliches Material überließen, damit diese Dokumentation ermöglicht werden konnte.

Ich danke dem Steirischen Volksliedwerk, allen voran Hermann Härtel, dem Kulturamt der Stadt Graz und der Steiermärkischen Landesregierung.

Danke Sabine, Sarah, Elias, Matthias.

Andreas Safer

Ohne die nachfolgend angeführten Personen hätte das Buch nicht in dieser Form erscheinen können:

Armin Baumgartner	Folkstammtisch, Notensammler, Greenpeace
Jim Cogan	Musiker
Hermann Härtel	Steirisches Volksliedwerk, Musiker
Dr. Max J. Hiti	Campus f, Kulturzeitschriftherausgeber; Fürstenfeld
Günter Hohl	Musiker, Diplomarbeit über die Neue Österreichische Volksmusik
Albert Hosp	Journalist, Ö1, Musiker
Martin Krusche	Schriftsteller, Virtuelle Akademie Nitscha, Arge Region Kultur
Franz Lemmerer	Musiker
Ernst Pozar	Musiker, Musikexperte, Lehrer
Bertl Pfundner	Musiker, Künstlermanagement, Veranstalter, Koch
Harald Quendler	Musikvertrieb Extraplatte
Wolfgang Spiel	Musiker
Sabine Tichy-Gibley	Die Folkmusikbewegung in Österreich; Diplomarbeit
Wolfram Riedl	Veranstalter
Wolfgang Seidl	Veranstalter
Viktor Safer	ehem. Mitarbeiter im Steirischen Volksliedwerk
Weishaupt Herbert	Verleger

ZUR GESCHICHTE DER FOLKMUSIC

Einleitung

1986 erschien eine Langspielplatte, die ganz bewußt Grenzen zwischen Folk- und Volksmusik überschritt und die Nähe internationaler Volksmusiken zu dokumentieren versuchte, die erste Produktion dieser Art in der Steiermark. Ernst Pozar, das Kogler Trio, die Gruppe Okemah und Aniada a Noar sind auf dieser LP mit dem beschaulichen Titel: „Ruck ma z'samm" zu hören.

In der Steiermark erkannten die Folkfestival-Veranstalter schon sehr früh, daß nicht nur Irisches, Englisches oder Amerikanisches zu präsentieren sei, sondern sich durch das Einbeziehen alpenländischer Musiktradition eine Abwechslung und Spannung im Programmablauf ergab, was einerseits befruchtend auf die Musiker selbst, andererseits zu Toleranz und Interesse an den heimischen Wurzeln bei Zuhörern wie Aktiven führte.

Bis aber die Folkwelle nach Österreich überschwappte, seine primär amerikanischen Galionsfiguren auch hierzulande bekannt und verehrt wurden, sollten viele, viele Jahre vergehen.

Wie ist dieser bereits mehrmals gefallene Begriff „FOLKMUSIC" eigentlich zu definieren?

FOLK, FOLKMUSIC –
was ist das?

Gerne wird versucht, bei einschlägigen Publikationen einer Definition aus dem Weg zu gehen. So mannigfaltig scheint der Begriff wie seine musikalischen Vertreter. Ernst Pozar, ein steirischer Folk-Musiker der ersten Stunde, meint:
„So pazifistisch sich die Folkszene gibt, liegt sie sich doch schnell in den Haaren beim Versuch, FOLK zu definieren. Schon längst ist der wahre Begriff mündlich übermittelter, anonymer musikalischer Äußerungen nicht mehr ausreichend."
Die amerikanische FOLKMUSIC – und von dieser müssen wir ausgehen – hat ihre Vorläufer im Lied der Sklaven, im irischen bzw. schottischen Volkslied.

Im Sachlexikon Popularmusik (Ziegenrücker/Wicke, Schott 1989) liest man:
„... englischsprachiger Ausdruck für Volksmusik, der in den USA nach dem zweiten Weltkrieg noch einen spezielleren Sinn erhalten hat, was analog auch für den Begriff FOLKSONG (Volkslied) gilt. Gemeint ist dann die von der angloamerikanischen Folklore beeinflußte Musik wie sie im Rahmen des von den USA ausgegangenen FOLK REVIVAL der sechziger Jahre entstanden ist. Dabei handelt es sich nicht um Volksmusik im eigentlichen Wortsinn – im Volk spontan entstandene, über Generationen mündlich tradierte Musikpraxis –, sondern vielmehr um größtenteils von Studenten und jugendlichen Intellektuellen zur Gitarre vorgetragene, aktuelle Lieder, die auf traditionellem Volksliedmaterial basieren können, oder zumindest der angloamerikanischen Folklore nachempfunden sind."

Links: Bedeutende Persönlichkeiten der steirischen Folkgeschichte auf einem Fleck, aufgenommen beim BÄRFOLK 1983 von Franz Ederer.
Von links: **Ernst Pozar**; *Lehrer, Musiker, Komponist, langjähriger Organisator des Retzhofer Folkfestivals.*
Peter Ratzenbeck; *Gitarrevirtuose, Komponist, Idee zum Retzhofer Folkfestival.*
Jim Cogan *alias Johann Köberl; Folkmusiker der ersten Stunde, Vorbild für viele, Pionier des „Austropop"; International Travellers; Turning Point; Jim Cogan Band.*
Michael Krusche; *vom Bluesmusiker zur alpenländischen Volksmusik; Musiker und Manager bei Aniada a Noar.*

FOLK REVIVAL

Übersetzt: Aufleben, Wiederbelebung der Volksmusik, auch mit Erneuerung zu umschreiben. Der Beginn läßt sich nicht auf Tag und Jahr festlegen. Anfang des 20. Jahrhunderts kam es in Amerika zu einer Reihe von Revivals.

Feldforscher wie John und sein Sohn Alan LOMAX (Countrysongs der Weißen; Folk-Blues der Schwarzen), Musiker wie LEADBELLY (Huddy Ledbetter), JIMMIE RODGERS (Mitbegründer der Countrymusic), PETE SEEGER (sein Vater CHARLES war schon Volksmusikforscher), WOODY GUTHRIE („This land is your land, this land is my land ...") und die aufblühende Schallplattenindustrie waren dafür verantwortlich. Für Europa entscheidend ist die Entwicklung ab den späten fünfziger Jahren.

„*In Amerika wurden Colleges und Universitäten zur Heimstatt einer rasch wachsenden Zahl von Folklorezentren, in denen Veteranen des Blues (JOHNNY LEE HOOKER, SONNY TERRY ...) wiederentdeckt wurden, unverfälschte Countryballaden erklangen (ROSCOE HOLCOMB, HORTON BAKER ...), von denen Impulse auf eine Generation von Studenten ausgingen, sich im Stil der traditionellen Volksmusik auszudrücken oder das traditionelle Liedrepertoire auf subjektiv-individuelle Weise neu zu interpretieren ...*

... mit Joan Baez, Bob Dylan, Phil Ochs und Tom Paxton nahm die amerikanische Folksongbewegung ihren Anfang, verschmolz gleichzeitig mit der schon in den dreißiger Jahren durch Woody Guthrie und Pete Seeger begonnenen Erneuerung der Arbeiterliedbewegung. Diese Zusammenhänge gipfelten in den Protestsongs der sechziger Jahre und führten zur Entdeckung des Liedes als politische Waffe." (Ziegenrücker, Sachlexikon Popularmusik)

Zum Sammelbecken all dessen wurde das 1959 auf Initiative Pete Seegers zustande gekommene und bis 1970 jährlich veranstaltete NEWPORT FOLK FESTIVAL in Newport, Rhode Island. Mit den politischen Hoffnungen der Studentenbewegung fand Ende der sechziger Jahre auch das FOLK REVIVAL sein Ende.

„*Immer mehr geriet es in den Sog der Musikindustrie und unterlag schließlich deren Verschleißmechanismen. Das Newport Festival, die Plattform der Begegnung, wurde zum kommerziellen Massenfestival und zerstörte sich damit selbst.*" (Ziegenrücker, Sachlexikon Popularmusik)

FOLK REVIVAL IN EUROPA

Bevor ich den großen Sprung hin zur „Steirischen Folkgeschichte" wage, noch kurz zur europäischen Entwicklung.

Am Anfang überall dasselbe Bild: Jeder spielte angloamerikanische Folkmusik. Mit Bob Dylan, Peter, Paul & Mary, Joan Baez fing es an, oder mit Western & Countrymusic, einmal besser, einmal schlechter kopiert.

Die stark von den britischen Inseln beeinflußte Countrymusic führte in Irland, Schottland und England sehr rasch zu einer intensiven Auseinandersetzung mit der eigenen Tradition, zu einer Rückbesinnung auf die eigenen Wurzeln einerseits, aber andererseits auch zu Kombinationen mit modernen Stilelementen der Beat- oder Rockmusik.

Das europäische Festland wurde von dieser „Folkeuphorie" überschwemmt und nachhaltig, ja sogar bis heute anhaltend, beeinflußt. Die fröhlich klingende irische Tanzmusik war eine Herausforderung für SolistInnen, die ihre Fingerfertigkeit gleich wie bei Etüden trainieren konnten, für GitarristInnen und SängerInnen gab's einfühlsame, romantische Balladen, Liebeslieder oder derbe, laute Sauf- und Kampflieder nachzuspielen.

Daneben wuchs zuerst in kleinem Kreis eine Gruppe von Musikern, Liedermachern, die sich auf eine der Grundideen des REVIVAL stützte, nach der „...*jedes Volkslied zu seiner Zeit ein aktuelles Lied gewesen sei, das nicht nur mündlich überliefert, sondern immer wieder aktualisiert, an jeweilige Bedingungen, Umstände ... der Zeit angepaßt wurde, verändert wurde, in einem sogenannten dynamischen FOLK PROCESS."* (PETE SEEGER)

Vorbilder gab es zur Genüge, und politische Mißstände halfen einem frisch erwachten Folksong-Volkslied-Bewußtsein auch in Europa, das kritische Lied zu etablieren. Es wurde gegen Machtmißbrauch, gegen Krieg, Unterdrückung, Faschismus, Atomlobby gesungen und fand immer mehr Anhänger.

Entscheidend war, in einer verständlichen Sprache, getragen durch einfache Melodien (zuerst anglomerikanisch-Folk-orientiert, später unter Verwendung überlieferter Melodien der eigenen Traditionen), Stellung zu beziehen.

Richtungsweisend waren aus England zum Beispiel: DONOVAN, BERT JANSCH (PENTANGLE), FAIRPORT CONVENTION, STEELEYE SPAN, COLIN WILKIE & SHIRLEY HART ..., aus Schottland: HAMISH IMLACH, BATTLEFIELD BAND, BOYS OF THE LOUGH ... und vor allem die aus Irland stammenden DUBLINERS, CHIEFTAINS, DE DANNAN, PLANXTY, BOTHY BAND, CLANNAD ... In groß angelegten „Irish Folkfestivals" werden bis heute alljählich wichtige Vertreter auf Tour durch Deutschland geschickt, und die dabei produzierten Tonträger sind bei Fans wie Musikern in anderen Ländern ebenso beliebt. Dies sorgt neben Tanzshows („Lord of the dance", „The Riverdance"), Guinnes beer (Symbol für urige, gemütliche Pubstimmung) und dem St. Patrick's Day (dieser wird mittlerweile in ganz Europa gefeiert) für anhaltende Popularität irischer Musikkultur.

Auch in Frankreich, Italien, Ungarn oder Skandinavien gelang es bald, die eigene Volksmusik zu beleben, vergessene oder seltene Instrumente wieder in den Mittelpunkt des Interesses zu rücken, in Archiven nach der eigenen Identität zu forschen (hier gab es nicht diese gravierenden Zäsuren, Folk- und Volksmusik flossen ineinander).

In Deutschland und analog in Österreich dauerte es lange, sich an die eigenen Wurzeln heranzutasten, zu gravierend war der Bruch nach dem NS-Regime, und noch immer scheint mancherorts Taub- und Blindheit vorzuherrschen.

„Es ist fast selbstverständlich bei italienischen Gruppen aus den Alpen, Lieder in der Auseinandersetzung mit der Arbeitswelt, mit Streik, der Situation in Spinnereifabriken, im Bergbau, im Repertoire zu haben. ... Volksmusik und Volkslied waren immer selbstverständliche Auseinandersetzung mit dem Leben, es war immer eine lebendige Kontinuität, dabei aber nie abgehoben." (Hans Haid beim Symposion „Folk und Volksmusik", 1989, Schloß Goldegg)

Ein Zitat von Thomas Friz („ZUPFGEIGENHANSEL"), der vergessene – oder besser gesagt verdrängte – österreichische Volkslieder gesucht hat, ebenfalls beim für die österreichische Annäherung von Folk- und Volksmusik so wichtigen Goldegger Symposion:

„... Ich kann diese Trennung zwischen Politik und Volkslied nicht verstehen, alles ist politisch. Aber wenn man in die Schule geht, so ging es wenigstens mir, lernt man Volkslieder: 'alles ist wunderbar, die Welt ist schön, der Bauer spannt im Märzen die Rößlein an' ... Wenn man dann in die Archive geht und nachsieht,

Ernst Pozar mit Pete Seeger (links).

was das Volk denn z.B. 1848 wirklich gesungen hat, im Bauernkrieg, im Ennstal, da gibt es nicht sehr viel. Man hat die Sänger umgebracht, die Lieder großteils vernichtet.

Der Bruch ist nicht nur durch den Faschismus da, der erste Bruch war im Bauernkrieg, der zweite 1848 – Kaiser und König haben Volksmusik zensieren lassen –, dann die niedergeschlagene Revolution 1917, wieder ein Bruch. Mit dem Faschismus war ein naives Herangehen ans Volkslied nicht mehr möglich.

... es ist schon komisch, daß irgendwelche Deutschen kommen müssen, um so einen großen österreichischen Lyriker wie Theodor Kramer wieder ein bißchen ans Licht zu heben. Das ist einfach Volkslied im Gedicht, da klingt jeder Vers nach Musik. Er mußte nach England emigrieren, seine Mutter ist im KZ umgekommen ... in Österreich habe ich den Eindruck gewonnen – ich singe auch jiddische Lieder –, daß man hier nicht besonders freundlich mit dem Problem umgeht.

... wir hatten immer wieder Diskussionen mit Traditionalisten, denen ich gern zugehört habe:

'Wie sieht es mit den Liedern aus, die nach 1933 entstanden sind, macht ihr da auch was?', fragte ich. Nein da machten sie gar nichts!"

Eine dynamische Entwicklung ist nur durch Begegnung, Auseinandersetzung, offenes aufeinander Zugehen möglich. Es bedurfte einer gewissen Organisation von Begegnungsplattformen, Symposien, Festivals, Clubs, um diese aufkeimenden Ideen nicht als reine Theorien, Fantasien wieder verdorren zu lassen.

Für Deutschland war das sicher die Waldeck-Bewegung – das „Deutsche Newport" –, die auch die österreichische Entwicklung maßgeblich beeinflussen sollte. Aus Europa und USA wurden Folksänger und Bands eingeladen, die gemeinsam mit den deutschen Liedermachern für ein buntes Programm sorgten und das Ziel, einem breiten Publikum die deutsche Volksliedtradition näherzubringen, nicht verfehlte. Dominiert wurde dieses Festival auf der Burg Waldeck – eine Burgruine in einem Seitental der Mosel – von zum großen Teil heute noch aktiven Musikern und Liedermachern wie HANNES WADER, FRANZ JOSEF DEGENHARDT, HEIN UND OSS KRÖHER, PETER ROHLAND, REINHARD MEY, WALTER MOßMANN, DIETER SÜVERKRÜP ...Tausende Menschen besuchten das zwischen 1964–1969 veranstaltete Festival, das Echo in den Medien war recht unterschiedlich: „Gammlertreffen", „destruktive Papperlapapper", bis zu „es gibt wieder eine Generation". Aus heutiger Sicht waren diese Festivals die wichtigsten Schritte in der bundesdeutschen Folkbewegung. Im FOLK-Lexikon von Kaarel Siniveer steht dazu:

„Das als harmloses Treffen der tausend Gitarren bezeichnete Waldeckfestival wurde in der Tat zu einem brisanten politischen Forum seiner Zeit. Die Liedermacher und Folksänger setzten Maßstäbe. Sie ermöglichten es, in Deutschland ein politisch bewußtes Lied zu etablieren."

FOLK IN ÖSTERREICH

Die Geburtsminute der österreichischen Folkgeschichte liegt im dunkeln, der Geburtsort mit Sicherheit in Wien, genauer in der „Gynäkologischen" des FOLK CLUB ATLANTIS, im Keller des Café Parzival, der zu Beginn noch „GOLDEN GATE CLUB" hieß, das Geburtsjahr ist mit 1968 festzusetzen. Man muß von Glück sagen, daß Sabine Tichy-Gibley 1988 eine umfassende Dissertation zur österreichischen (genauer zur Wiener) Folkbewegung verfaßt hat. Sie schreibt über den Folkclub Atlantis:

„Obwohl er in seinem achtjährigen Bestehen etwa viermal den Standort wechselte, blieb das grundlegende musikalische Interesse an der Folkmusik gleich. Zu Beginn waren das die „Green Wave" aus England und Irland bzw. die Country-Western- und Folkmusik aus USA. In der Folge versuchte Erich Demmer, der Programmkoordinator, eine Synthese zwischen englischsprachigem Folk und Blues und deutschsprachigen Liedern zu machen."

Diese Entwicklung war auch in den übrigen europäischen Ländern analog zu beobachten. Ausgehend von dominierenden angloamerikanischen Einflüssen eine Entwicklung hin zur eigenen Tradition, zu eigenem Liedgut. Hier konzentrierte sich die Suche weniger auf das eher verbreitete „romantische", sondern auf das vergessene oder verschwundene kritische Lied.

„Das Spektrum der im Atlantis auftretenden Folkgruppen war sehr breit gefächert. 'Jack's Angels', Die 'Milestones'; 'Tiny Folk', 'Schmetterlinge', die

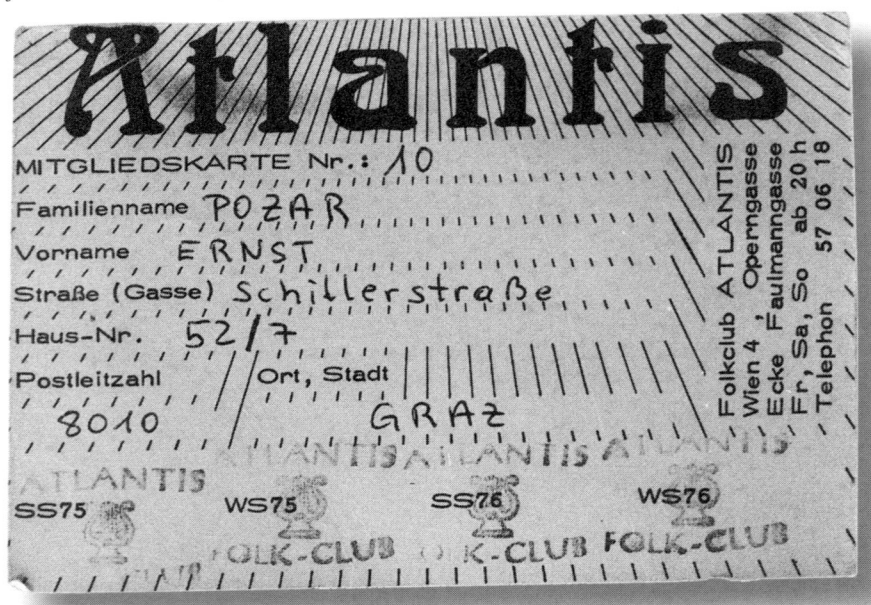

'Bluegrass Specials', die 'Worried Men Skiffle Group', 'Reinhard Liebe und seine Leute', 'Les Sabres' (später 'Geduldig und Thimann'), Rudi Burda, Fritz Nußböck, Erich Demmer ..." (Tichy-Gibley)

Die erste österreichische Folkgruppe, die intensiv nach kritischen, österreichischen Volksliedern gesucht hat, war die Gruppe „DRESCHFLEGEL". Martin Auer beschreibt die damalige Situation und spricht damit für viele andere Folkies in Österreich, denen das alleinige Reproduzieren fremder Traditionen nicht mehr genügte:

„Da gibt es bei uns seit Jahren eine Folkszene und man spielt amerikanische, englische, irische, griechische, südamerikanische, schottische Volksmusik, aber wo ist unsere eigene 'folkmusic'? Handeln unsere Volkslieder wirklich nur von Almrausch, dem Erzherzog Johann und den frommen Hirten, die das Christkindl suchen." (Tichy-Gibley)

Der „Dreschflegel" gab in Österreich zahlreichen anderen Gruppen Impulse, so den „LIEDERLICH SPIELLEUT", (die in den achtziger Jahren wohl bekannteste Folkband in Österreich ist nach zahlreichen Umbesetzungen auch heute noch aktiv), „MAERLIN" (mittelhochdeutsch für: Märchen; aufgelöst), „FRITZ & FRITZ" oder in der Steiermark „GRAYMALKIN", „ANIADA A NOAR", ... All diese Formationen entwickelten bei ähnlichen Interessen doch sehr unterschiedliche Ausdrucksformen.

Unbedingt zu erwähnen sind in diesem Zusammenhang auch die Aktivitäten des Dr. Hans Haid mit der Gründung des IDI (Internationales Dialektikinstitut). Seit 1979 initiierte er gemeinsam mit seiner Frau Dr. Gerlinde Haid eine Annäherung des traditionellen „Lagers" an die neu entstandene Lied- und Folkkultur. Dialog, Begegnung und das lebendige Lied waren die entscheidenden Motive für die ersten Folk- und Volksmusiktreffen, die sie im Waldviertel veranstalteten. *„Stellt Zwentendorf in's Eck"*, hieß eine der ersten Dokumentationen in Form eines Textheftes und einer Musikkassette (IDI Ton Reihe). 1984 erschien als Höhepunkt dieser jährlich wiederkehrenden Veranstaltungen eine weitere MC (IDI Ton Nr.16).

„... mehr als 70 Sänger, Musikanten, Liedermacher, Dialekt- und Heimatdichter traten damals an mehr als zehn Orten des Waldviertels auf." (Tichy-Gibley)

Hans Haid meint dazu:

„Es sind die Folkmusikanten, die widerspenstige Volkslieder ausgegraben haben, die dem Volkslied neues Leben gegeben haben und es erneuern, mit Texten und zeitgemäßer Interpretation."

FOLK IN DA STEIAMOAK
DIE STEIRISCHE FOLKGESCHICHTE

Für mich beglückend war, daß Martin Krusche mir seine Aufzeichnungen (Aniada a Noar, Dokumentation, 1990) zur Veröffentlichung überlassen hat, daß sich Ernst Pozar Zeit nahm, seine persönliche Musikgeschichte selbst zu verfassen, und daß Johann Köberl, alias Jim Cogan, sich mit mir an einen Tisch setzte und für die Audiothek des Steirischen Volksliedwerkes wertvolles Material zusammengestellt hat. Danke, danke, danke ...

„The Midnight Special"
A. Safer im Interview mit Countryman Jim Cogan, dem ersten steirischen Folkmusiker

Ich hatte das Vergnügen, mit ihm gemeinsam auf der Bühne zu stehen, und seine Leidenschaft als Musiker hat auch bei mir Spuren hinterlassen.

Im Jänner 1998 saßen wir in seiner Wohnung in Weiz zusammen. Die Zeit verflog viel zu schnell. Nach einer Zeitspanne von über 30 Jahren „on stage" war es mir in diesen wenigen Stunden doch vergönnt, einen leisen Eindruck vom „1. Folkmusiker" der Steiermark zu gewinnen. Dort wo es mir wichtig schien, versuchte ich, Jim Cogan wörtlich zu zitieren, der Mensch Johann Köberl wird dadurch greifbarer, seine Philosophie und Einstellung zu gewissen Fragen unmittelbar spürbar ...

Jim Cogan zu den Begriffen
WESTERN, COUNTRY und FOLK

WESTERN-MUSIC:
„... Wir waren Westernfilmfans, und die Musik, die dabei gespielt wurde, hatte für uns das richtige Feeling; einsame Cowboys, unterwegs, edle und reine Gefühle, eben diese Klischees, die typisch sind. Den Begriff Country gab's damals bei uns noch nicht."

COUNTRY:
1) „... Cowboysongs und Balladen, mit Wechselbaß schön langsam 'owag'sempad'".
2) „...'g'strampfte' Musik wie bei den Polkas; 'old time music', 'Bluegrass';mit Banjo, Fiddle, Mandoline, Gitarre, vielleicht noch ein Baß."
3) „... wie bei uns die Schlagermusik, gibt's in Amerika die Nashville – 'schmier', tiefe Kommerzmusik, aufgenommen mit Weltklassestudiomusikern."
4) „... Songs, die vom Unterwegssein handeln. Zuerst waren das die Eisenbahnlieder, seit den sechziger und siebziger Jahren sind es die Truckersongs."
5) „... 'Rebel-Country': so nennt man die 'Vertriebenen' aus der Hochburg Nashville. Diese 'Outlaws' gingen nach Austin, Texas, und spielten dort Countrymusik, ohne Schnörkel, mit Oldtimefeeling, aber in die heutige Zeit versetzt; einfach, geradlinig, ein Schlagzeug 'wie a Schuahschochtl', eine Stromgitarre und ab die Post. Zu hören auf der CD: 'Wanted: The Outlaws', WILLY NELSON & WAYLON JENNINGS; erschienen auf RCA."

FOLKMUSIK:
„... es hat einfach nur den falschen Buchstaben vorn; wir verbinden damit englische, oder amerikanische Musik; internationale Volksmusik heißt auf Englisch: 'Folkmusic'; bei uns hat das nie zusammengepaßt, in den 60ern nicht, und auch jetzt noch nicht, es war immer ein riesen Unterschied, ob vorn ein 'F' oder

Kurt Keinrath und Jim Cogan.

ein 'V' steht, obwohl es dasselbe meint. Beides stammt aus dem Volksgut, wurde immer schon nachgesungen und verändert.
Wenn ich 3000 mal 'Jambalaya' nachgesungen habe, wird's mir immer fader, bis ich eine andere Version darauf mache, das ist 'Folksong'. Da schreibt einer im 18. Jhdt. ein Liedlein, singt mit seiner Familie und denkt sich nichts Böses. Im 19 Jhdt. findet jemand das Lied auf Noten, oder es wurde mündlich überliefert, es gefällt ihm aber nur die Melodie. Er schreibt also einen neuen Text drauf. Plötzlich gibt es den ersten Komponisten. Im 20. Jhdt. macht jemand einen 'Rock & Roll' daraus, später wird daraus 'Techno' oder sonst was, es ist aber noch immer ein 'Folksong'. Das Lied hat vier Zeilen und eine Melodie mit maximal sechs Akkorden ..."

Erste Eindrücke:
Sein ziehharmonikaspielender Vater (mit riesigem Repertoire) packte bei jeder Gelegenheit sein Instrument aus.

„*... es war ganz normal zusammenzukommen, Musik zu machen oder zu beten, oder beides zu verbinden. Ich kann mich noch erinnern, daß ich schon als Dreikäsehoch musikbegeistert war, bei Umzügen, Festen immer live dabei war, ohne jedoch an 'selbst Musikmachen' zu denken.*"

Jim war ein typisches Nachkriegskind. Er wohnte mit seinen Eltern in der Steyrergasse in Graz in einem Mietshausviertel; nach Volks- und Hauptschule absolvierte er eine Lehre als Schriften- und Schildermaler.

Das Angebot für die Jugend hielt sich sehr in Grenzen. Im Radio gab's Schlagermusik (Ö3 sollte erst geboren werden), Musikunterricht war kein Thema. „Sigurd"- und „Tarzanheftln" wurden eifrig getauscht, mit Stoppelrevolvern gehandelt, oder man ging für alte Leute einkaufen, um zu etwas Geld zu kommen.

In der „Gruabm" (Sturm Graz), die nicht weit entfernt war, gab's auch manchmal was zu verdienen, um Schallplatten zu kaufen oder ins Kino zu gehen. Ja, das Kino war die Welt, die Phantasien anregte; die „Amerikanisierung" lief auf Hochtouren. JAMES DEAN machte Mut, sich heimlich Jeans zu kaufen (Marke „Levis-Nachbau"), die dann vorm Schulegehen im Klo angezogen und eben dort nach Rückkehr wieder abgestreift und gegen „normale Wäsch" getauscht wurden. „*Da Voda hätt mi davongjeikt, und in Graz hot's drei Lokale geb'n, wo ma überhaupt mit Jeans hineinkommen is.*"

In der Industriehalle (heute Grazer Messe) fand das erste ROCK & ROLL Konzert statt, und irgendein Kaliber wie BILL HALEY war da. Die Halle brechend voll, jede Menge Polizei, und immer wenn die „Kieberei" dabei war, wurde hinterher alles kurz und klein geschlagen, ansonsten lief's eher friedlicher ab. Die Kirchenblätter schrieben von „grauenvoller Musik", aber „*je schlimmer die ganze Angelegenheit war, umso mehr hat's uns Jugendlichen getaugt*". Jim benötigte immer wieder neue Brillen, vor allem wenn er sich im falschen Grazer Viertel aufhielt, Eggenberger gegen Triester, ganz nach dem Vorbild von „Westsidestory", aber eben auf Steirisch.

„... ich war 16, als ELVIS PRESLEY – 'da Preslmeier' – mit seinem Rock & Roll über die Welt hereinbrach. 'Das Schlimmste, Schmutzigste und Ordinärste, was ich je gehört habe', soll Frank Sinatra dazu gesagt haben."
Sein Freund und Arbeitskollege Werner Zwirn war für ihn eine Sensation, denn er hatte eine „Stromgitarre", auf der er vornehmlich solo spielte (... „jeder wollte damals nur solo spielen, dabei konnten nur wenige ein grooviges timing halten").

„... beim Radio Marke 'Minerva' angestöpselt, hat's dann so richtig schön 'gebröselt' – wohl gemerkt, nicht verzerrt, wie's in der Fachsprache heißen müßte – voll aufgedreht hat's das Radio dann irgendwann 'zerrissen', und dann ging der Handel los ...: wo treibt man möglichst schnell einen neuen Lautsprecher auf ..."

Die erste Gitarre:
„Mein Bruder war Installateur. Er wollte mir zum 18. Geburtstag eine Gitarre schenken, ist pfuschen gangen und hat sich den Lohn in Form einer Gitarre bezahlen lassen, meine erste Gitarre."
Peter de Row war in Graz der „Gitarrenkaiser". Bei Kerzenlicht und Bier lauschten Jim und seine Freunde der „Zupferei", die sehr nahe am „Geisterreiter" oder an „Apache" von den „SHADOWS" lag.
Im Radio moderierte EVA MARIA KAISER „Hallo Teenager" und spielte vornehmlich PETER KRAUS, FREDDY QUINN oder CONNY, „... sehr gepflegt eben".
Gitarre lernte Jim von Peter de Row – oder besser gesagt autodidakt –, denn De Row malte ihm zwar Tabulaturen samt Knödeln auf, dachte aber nicht an den Fingersatz, wodurch sich Jim eine bis heute unorthodoxe Gitarrentechnik bewahren konnte. Gemeinsam wurde ein Tonbandgerät angeschafft, ein original „Stuzzi":
„Es war handlich, erschwinglich, hatte keinen schlechten Sound, und wir konnten endlich unseren Lieblingssender aufnehmen: RADIO LUXEMBURG.
Hier wurde die Musik gespielt, die wir sonst nur in den Westernfilmen hörten. Das war unsere Musik, das war unser Sender. Man hörte hintereinander RICKY NELSON, JONNY CASH, BUDDY HOLLY, LITTLE RICHARD und dazwischen schön 'raunzende' Damen; in die heutige Zeit übertragen wäre das eine Mischung aus CHRIS KRISTOFFERSON, BEATLES, Techno, eine 'Boys-Bubiband', eine 'Mädiband' und zum Schluß vielleicht ein Schuß 'Death Metal'. Es war eine Sensation. Wir waren so begeistert, daß wir ganz vergaßen, was wir eigentlich spielen wollten, denn interessiert hat uns vieles."

Motivation:
„... 'Supa, Olta', hieß Motivation pur, wenn im Freundeskreis eben erlernte Griffe „miserabel" gespielt wurden. „Keiner konnte wirklich singen, aber es machte Spaß, und es war uns egal, was ein Außenstehender meinte."

Erste Auftritte:
Als „THE BADMAN" fuhren Jim und seine Freunde mit Mopeds (die Gitarre umgehängt, Verstärker am Sozius) zu ihren Stammbeisln und spielten dort rein zum Spaß für ein Würstl und ein Bier.
Er liebte den vollen Sound der zwölfsaitigen Gitarre. *„Ich spielte Country, was damals die Westernmusik war, und immer mehr Folkmusik; es gefiel mir einfach, ich konnte mit der Mundharmonika dazuspielen."* Alle erklärten ihn für verrückt, weil er bei Beatkonzerten in der Pause mit seiner akustischen zwölfsaitigen Gitarre Country spielte. Auch die Musikgeschäfte hatten kein einfaches Leben, wenn er mit Plattencovern daherkam und eine ganz bestimmte Mundharmonika bestellen wollte oder ein Gestell für seine „Harp" suchte, damit er gleichzeitig zupfen konnte. Schließlich baute ihm HELMUT SCHWARZBAUER so eine Vorrichtung, weil das Gestell einfach nirgends zu kriegen war.

BOB DYLAN war damals kaum bekannt, eher PETER, PAUL & MARY, die seine krächzenden Songs coverten und milchige Versionen daraus fabrizierten („Hey mister tambourineman", „Blowing in the wind").

„Ich spielte nicht nur vor meine 'Hawara', da waren ja auch Frauen dabei, und die sprachen auf FOLK sehr gut an. Meine Nummern richteten sich auch nach dem Geschmack des Publikums, und gerade bei Damen war die weiche Welle sehr beliebt." (DONOVAN; GORDON LIGHTFOOT; TOM PAXTON ...)

Wetzelsdorf / Eggenberg:
Mit Freund Werner Zwirn wohnte Jim zuerst in Wetzelsdorf, dann in Eggenberg, in der Blümelstraße.
„Wir legten den Grundstein für die Szene einer Musik, die noch gar nicht vorhanden war." Die Anlage stand in der Bude bereit (es war ein permaneter Probenraum), einer spielte Baß, einer Schlagzeug, und die sogenannten „Gammler" (jeder, der damals lange Haare trug, wurde als solcher bezeichnet; damit verbunden waren Vorurteile wie: *„„dei wosch'n sich nie, dei hängan nua umma, hom kan Job, a G'sindl mit an Wort!",* dabei hob'n wir imma die Hock'n g'mocht; außa aus da Harpf'n, auffi auf's Mopal und tschüß!) gaben sich die Türschnalle in die Hand. Viele von ihnen waren Studenten aus England oder Amerika, die teilweise super Gitarre spielten. So konnte Jim sein Englisch verfeinern *„mit mein Englisch hob i bestenfolls a Semml essen können",* und eine Menge über Spieltechniken und Trends erfahren.

„Da PETER RATZENBECK is z'fuaß von daham (Steyrergasse, Ecke Klosterwiesgasse) mit seina Gitaa untam Oam noch Eggenberg spaziert, hot bei uns anklopft und g'sogt: 'seawas Jimmal, deaf i zuahean kumman?', dann is er ham üben gangen, und heit noch gibt's Gitarristen, die schneller sein woll'n als er. ERNST POZAR is mit'n Radl noch Eggenberg aussakumman. Daunn hot a wieda wen kenneng'lernt und mit'brocht."
Die Alte Poststraße war damals die wichtigste Musikstraße in Graz: „HIDE AND SEEK" hatten dort den Proberaum (der Schriftenmaler Jim malte ihnen einen großen Totenschädel auf den Bandbus, und auch sonst waren sie showmäßig ziemlich wild drauf; „'KISS' auf steirisch"), WILFRIED verdiente sich seine er-

Pozar/Dubliners/Joan Baez (Kasematten).

sten Sporen als Sänger, ALEX REHAK spielte Baß und sang, bis er später zu Jims „TURNING POINT" wechseln sollte. Die „MESSENGERS", eine Jazzrocktruppe mit Studenten, spielte „BLOOD SWEAT AND TEARS". JARITZ war damals schon ein „Latin"-Fan ...

Die Zeit als Straßenmusiker:

„Werner und ich waren Ende der Sechziger in ganz Europa unterwegs, teils gemeinsam, teils getrennt. Es war die Zeit des gesellschaftlichen und politischen Umbruchs. In Frankreich erlebte ich die Studentenbewegung live mit, spielte mit meiner Gitarre auf Straßen, wo Jahre zuvor ROD STEWARD gestanden war. BOB DYLAN und JOAN BAEZ wurden immer wichtiger, es war die Zeit der Hippie-Bewegung – „Love and Peace" –, gipfelte in WOODSTOCK und warf seine Schatten bis in die letzten Winkel der Steiermark.

Das, was wir auf der Straße gelernt haben – da kommen die Leute nicht wegen dir daher wie im Konzert –, war letztlich ausschlaggebend für unseren späteren Erfolg."

Der Beginn als Profimusiker:

Ende 1969 kehrten Jim und Werner zurück in die Heimatstadt, wo im FORUM STADTPARK ein Folkkonzert organisiert wurde. Mit dabei waren das Trio ERNST POZAR, GÜNTER SEELIG und Sängerin ANGIE.

„Das hat das Publikum noch nicht gesehen. Do stehn zwa Hawara auf da Bühne, da Werner an riesigen mexikanischen Huat und an Poncho an, i mit die Cowboystiefal, Huat und da Fransenjackn. Unsa 'Moude', vastehst, wie aus 'an Sock aussabeitlt', wie aus an Wüldwestfülm, wie aus an Kitschfülm oda an Märchen. Es woa die Art der Interpretation; wir hob'n olle es gleiche g'spüt, aber es hot gauz aundas klungen. Aus'n Werner is in Folge da 'DON PEREZ' geworden, und wir hob'n auf amol den ersten professionellen Musikmanager in Österreich g'hobt, den FRED STEINBRENNER."

Das war die Geburtsstunde der „TRAVELLERS".

Das Duo wurde später durch den weststeirischen Bassisten Max Rinder (MAX MC COLGAN) verstärkt, 1970 erschien die erste Countryplatte mit einer Komposition von HUDDY LEDBETTER – „LEADBELLY" –, „The Midnight Special" auf dem CBS Label, was in Österreich eine Sensation war.

Dann flatterte eine Klage aus Bayern (!) auf den Tisch. Dort gab es schon länger eine „Heurigenpartie" mit Namen „DIE DREI TRAVELLERS". Jim stempelte „INTERNATIONAL" bei seinen Travellers zum Schriftzug dazu, und alles war wieder im Lot. Die „INTERNATIONAL TRAVELLERS" feierten große Erfolge und entschlossen sich, die erste LP aufzunehmen.

v.li.: Max Rinder, Jim Cogan, Werner Zwirn.

Turning Point / 1972 – 1977:
„Wir fuhren nach Wien ins Studio von PETER MÜLLER – die 'Hebamme des Austropop' – und wollten eine Langspielplatte machen. ALEX REHAK war inzwischen zu uns gestoßen, MAX war inzwischen ausgestiegen. Es wurde für uns zum 'Wendepunkt' (turning point)."

Die INTERNATIONAL TRAVELLERS hießen von nun an TURNING POINT, aus Folkmusik wurde Popmusik.

„Damals ging man nicht mit der fertigen Nummer ins Studio, nur mit einem Gerüst. Zuerst kommt der Produzent, dann der Tonmeister (zum Glück für uns Peter Müller), dann die Studiomusiker usw. Wir gingen als Folkies hinein und kamen als 'Poper' heraus."

DON PEREZ, alias Werner Zwirn, bekam von nun an den Namen ROGER MENAS.

Mit ALEX kam ein Sänger und Showman erster Güte in die Band, der genug Erfahrung hatte, 300 Auftritte im Jahr durchzustehen.

Der 1967 ins Leben gerufene Jugendsender Ö3 spielte die Band rauf und runter, die 10 Singleauskopplungen der zwei TURNING POINT-LP's stürmten die Hitparaden. („Life is going on", „Baby, all I need is you", „Lady of my heart", „Easy song", „Walking Blues" ...)

„Das Pop-Geschäft ist das brutalste, das ich kenne. Ich spielte daneben Gott sei Dank immer meine Musik: Country, Folk, wie immer man dazu sagen will, jedenfalls abseits vom 'big business'."

Ein Großteil der Lieder wurde von Jim getextet und komponiert, die Band hatte so ihren eigenen unverkennbaren Sound, nicht zuletzt durch die typische Stimme von ALEX REHAK.

1977/78 verließ JIM die Band. Verschiedene, nicht mehr beherrschbare Umstände und Fehlentscheidungen (Plattenfirma, Management ...) zwangen ihn dazu.

Die zweite LP: *„ein 'Oaschcover', alles nua mehr auf Kommerz ausg'legt, zum vagess'n ..."*

„Jim Cogan Band":
Jim machte weiter Musik. Im Duo „JIM & ANDY" (Andrea Donauer), später fallweise mit PETER RATZENBECK und immer häufiger mit KURT KEINRATH als „JIM & ANDY COGAN BAND". Die Zeit war aber noch nicht reif, und sie schlitterten in die Kommerzschiene ab. Unter dem Pseudonym „DESIRE" erschien der Singleflop „Voulez vous".

In einem Presseinfo steht darüber: *„... Frustriert vom Musikgeschäft fuhr Jim einige Jahre als Trucker durch die Lande und suchte seine Freiheit 'On the road to Bagdad'. Sein Freund KURT KEINRATH machte extra den LKW – Führerschein, um Jim fallweise zu begleiten, auch MICHAEL KRUSCHE (FOLKFRIENDS/ANIADA A NOAR) folgte ihm auf der Suche nach dem Blues."*

Jims nächstes Musikprojekt war die Trucker Band „CONVOY", gemeinsam mit Kurt; ein riesen Aufwand, der nicht den gewünschten Erfolg brachte.

„I woa imma a Westernfan. Die Fülme aus meiner Jugend, 'Rio Bravo' mit

JOHN WAYNE, ana tollen Filmmusik dazu, die Sehnsucht, des Feeling ... RICKY NELSON, ein ehemaliger Rock and Roll – Star spielte 'Pony, Rifle and me', was mich schon nachhaltigst prägen sollte."

1985 besann sich Jim seiner Wurzeln und gründete die „JIM COGAN BAND". Unbemerkt von den Medien und ignoriert von der Schallplattenindustrie entwickelte sich in Österreich eine Countryszene. Die „JIM COGAN BAND" wurde in kurzer Zeit zu einer der gefragtesten Livebands und spielte bei verschiedensten Festivals (Donau-Inselfest, Countrymusic-Festival Schwarzl, Ö-Ring-Rennen, Bluegrassfestivals, Folkfestivals ...) im In- und Ausland. 1994 erschien die CD „Heritage" – Erbschaft. Dabei nimmt Jim einerseits Bezug auf seine alte GIBSON Gitarre, die den Namen Heritage trägt, andererseits auf die historische Dimension der Countrymusik, gleichsam als Erbschaft der verschiedenen Volksmusiken europäischer Auswanderer.

Sicher zum Höhepunk in seinem bewegten Leben als Musiker wurde sein Geburtstagsevent im ORPHEUM in Graz am 2. Februar 1996: 30 (!) Jahre auf der Bühne. JIM COGAN & FREUNDE ließen an diesem außergewöhnlichen Abend 30 Jahre Musikgeschichte Revue passieren. Die TRAVELLERS, TURNING POINT, CONVOY, JIM COGAN BAND (in Originalbesetzungen) samt zahlreicher Überraschungsgäste wie z. B.: SCHIFFKOWITZ, ERNST POZAR, MARTIN MORO, VOJO RADKOWITSCH usw. traten in Aktion, um ihm zum Geburtstag zu gratulieren.

Werner Zwirn, Jim Cogan, Max Rinder.

Jim über Kurt Keinrath:
„... er war der glücklichste Zufall in meinem musikalischen Leben. Mehr als 20 Jahre spielen wir nun zusammen, länger als ich mit meiner Frau verheiratet bin. Ohne Kurt wäre vieles nicht möglich gewesen. Wir leben nach dem ungeschriebenen Gesetz: ich bin für das Musikprogramm, die Fans und das Drumherum verantwortlich, KURT ist der absolute musikalische Leiter und Arrangeur. Er bestimmt auch, was wir nicht spielen, und hatte damit 20 Jahre recht. Da Kurt schon sehr früh als Studiomusiker und Produzent begann, hatte er mehr Erfahrung in jeder Beziehung, und wir haben uns eine Menge Diskussionen erspart. Er paßt ideal dazu, mit seinen Erfahrungen von der Gruppe 'ZEUS' (Arnold Hafner, Paul Kindler), der Stimmlage, seinem technischen Können an diversen Instrumenten, ein 'Wöltmusiker'."

Auf den Punkt gebracht:
„... eigentlich haben mich nur eine Handvoll Menschen wirklich musikalisch geprägt:
allen voran ELVIS PRESLEY und BOB DYLAN als Stars,
PETER J. MÜLLER (Soundmillstudio, Wien), er war der Geburtshelfer des Austropop und gnadenlos als Produzent; PETER DE ROW, WERNER ZWIRN und ALEX REHAK als Entertainer und KURT KEINRATH, der für mich das Universalgenie der österreichischen Musikszene ist; er spielte bei der EAV live mit, gleichzeitig produzierte er das letzte Album 'Im Himmel ist die Hölle los', – er ist für mich als Freund und Musiker exzellent ..."

Diskografie:

1970/1971:	INTERNATIONAL TRAVELLERS	Singles:	„Midnight special" „Just a tramp"
1972 – 1977:	TURNING POINT	LP's:	„Live is goin' on" „Baby, all I need is you"
		Singles:	„Lady of my heart" „Walking Blues" „Airport" „I'm a playboy"
1979:	DESIRE	Single:	„Voulez vous"
1989 – 1994:	JIM COGAN BAND	MC	„Styrian Country Favourits"
		MC	„Jim Cogan & K. Keinrath"
		MC	„Waiting for A Train"
		CD	„Heritage" (Tyr.350984)
		MC	„Heritage" (Tyr.250984)

MUSIK MACHEN UND GEHÖRT WERDEN
von Ernst Rainer Pozar

Meine ersten Kontakte mit FOLKMUSIC waren Spirituals, die der evangelische Jugendwart Gernot Kunzelmann während eines Konfirmantentreffens im Bildungshaus Deutschfeistritz mit uns Dreizehn- bis Vierzehnjährigen erarbeitete. Ziemlich schnell waren „Kumbaya" oder „Go down, Moses" in das Repertoire der „des Gitarrespiels Kundigen" – welch ein Euphemismus! – übergegangen. Dann der Hit „Ich höre deine Schritte kohommen" von JACK'S ANGELS, ein dem Publikumsgeschmack entsprechend eingedeutschtes Werk von JACK GRUNSKY, wochenlang in der Samstaghitparade von Ö2, dem Populärsender des ORF vor der Zeit von Ö3. Die kurz zuvor von WALTER HAMMERL, dem späteren EAV-Mitbegründer erworbene FRAMUS Jazzgitarre, als „E-Baß" umfunktioniert, mußte einer „ARIA"-, GUILD- oder MARTIN-Kopie weichen. HUBERT SCHMALIX, damals Mitschüler, heute international erfolgreicher

Ernst Rainer Pozar; Jahrgang 1952, geboren in Wien, Lehrer an der Musikhauptschule Graz – Ferdinandeum, leidenschaftlicher Folkmusiker, Instrumentenbauer und Instrumentenrestaurator.

Maler mit Wohnsitz Los Angeles, verborgte eine in Italien erworbene JOAN BAEZ-LP „Mary Hamilton" (kann ich heute noch auswendig).

Die bald darauf folgende briefliche Kontaktaufnahme mit JACK GRUNSKY, Texte (wenn geht mit Griffen!) betreffend, gefolgt von persönlichem Kennenlernen, Besuchen und Sessions in seiner Wohnung in Wien, später in Linz, bis hin zu Abschiedsbesuchen vor seiner Abreise heim nach Kanada (das Thonetstockerl von ihm steht heute noch in meiner Werkstatt), erste Plattenkäufe der Amadeo-Serie „Grüne Welle" (JOAN BAEZ, IAN & SYLVIA, RICHARD & MIMI FARINA etc. – alles Vanguardproduktionen im Amadeovertrieb, Abverkauf in einem Plattengeschäft in der Neubaugasse im 7. Bezirk, Kennenlernen der „WIENER FOLKSZENE" rund um die „WORRIED MEN SKIFFLE GROUP", „MILESTONES", „SCHMETTERLINGE" oder „LES SABRES" (jiddische Folklore Ende der Sechziger in Wien! – heute heißen sie „GEDULDIG UND THIMANN"), erste Auftritte im „GOLDEN GATE FOLKCLUB" in der Walfischgasse, später im „ATLANTIS" in der Währingerstraße, noch später im „ATLANTIS" nahe dem Karlsplatz, das alles prägte meine musikalische Entwicklung. ERICH DEMMER, der damalige „Sekrätär" des IFC („INTERNATIONAL FOLKCENTER VIENNA"), begrüßte mich mit den Worten „*Heast, wann du aus Graz kummst, muaßt jo vull auf Lyrik stehn, wengan Furum Stodtpark*" und zeigte mir nicht unbedingt bewußt einen Weg weiter. Die Vertonungen der „WORRIED MEN" von Stücken der „WIENER GRUPPE" sollte später zu ähn-

International Folk-Center-Clubkarte Nr. 156 von Ernst Rainer Pozar.

lichen Versuchen meinerseits führen, erst mit ERHARD KOREN, dann mit THOMAS ROTH. Das alles mußte an verlängerten Wochenenden absolviert werden – matura- und studienbedingt –, wie auch fallweise Auftritte. Dann die Einladung zur Premiere von „ALICE'S RESTAURANT" im Burgkino mit anschließender „Folknikparty". Das Fernsehen war da. Folk war in. PETER RAPP sang „Puff the magic dragon", GÜNTER POIDINGER trommelte, die „BLUEGRASS SPECIALS" geigten und banjoisierten, und Ernsti durfte mit JACK GRUNSKY „Here I am do do do" singen und spielen – WOW!

In Graz gab es den CA6, einen katholischen Jugendclub und den PETER RATZENBECK, der gerade dabei war, die Schule hinzuschmeißen, hoffentlich nicht nur, weil ich ihm „Alice's Restaurant" auf der Geige gezeigt hatte. Und LUGUS war dort auch anzutreffen, voll auf dem literarischen Trip. Sein Opus „Die Leute von Plangaros" wurde von ihm gelesen und musikalisch untermalt von RATZENBECK UND POZAR. Das Fernsehen war da. Folk und Literatur waren in. In den Jahren zuvor waren mir während sporadischer Besuche in einer nicht besonders gut beleumundeten Kaschemme mit dem vielsagenden Namen „Boheme" Bilder zu Augen und Gerüchte zu Ohren gekommen, die von einem „JIMMY" berichteten, der einfach gekannt werden mußte, was auch bald geschehen sollte

Rotes Haar und Bart und Nickelbrille! Und eine zwölfsaitige Gitarre! Die Nickelbrille war kein Problem, meine dunkle „Viennaline"-Fassung war ohnedies out of fashion, die Haarlänge gab zu diversen Prophezeiungen Anlaß, das Bartaufkommen war nicht sehr erwähnenswert. Und die 12-saitige sollte noch sehr, sehr lange auf sich warten lassen. Aber für besonders wichtige Ereignisse durfte ich die legendäre „EKO" samt grau bezogenem Kindersargkoffer ausleihen. Mein Zimmer daheim hatte dann immer einen Zigaretten-Bier-Schweißgeruch, der meine Mutter zur Aufstellung verschiedener geruchsverzehrender Essenzen veranlaßte, mir aber ein gewisses internationales Flair verlieh.

CHRISTOPH OBERHUBER, der Bassist und Banjospieler der verblichenen „JACK'S ANGELS" war in der Zwischenzeit zum Talentesucher für den ORF aufgestiegen und besuchte teilweise auf mein Zutun hin mehrmals Graz. Die „TRAVELLERS", also Jimmy und Werner Zwirn, waren in der Zwischenzeit durch den Bassisten MAX RINDER verstärkt und trugen auf Betreiben ihres Managers, ja, das gab es auch schon, FRED STEINBRENNER war sein Name, die international klingenden Namen JIM COGAN, DON PEREZ, und MAX MC COLGAN; ja, die TRAVELLERS, die gefielen dem Christoph, das Trio ERNST POZAR UND GÜNTER SEELIG mit Sängerin ANGIE war ihm zuwenig professionell, wie die offizielle Lesart für schrecklich falsch singend lautete. Daß Günter einen Grundstock für mein heute durchaus gepriesenes Gitarrespiel legte, sei nicht nur nebenher erwähnt, wir ließen die Zusammenarbeit zeitweise ruhen, spielten im Duo, machte Filmmusik und Dubiosprojekte und telefonierten alle paar Monate miteinander. Günters Einfluß auf die Theater- und Kleinkunstszene der südlichen Oststeiermark ist unschätzbar (siehe STRADEN AKTIV, KURT KEINRATH, ARNOLD HAFNER, PAUL KINDLER →„ZEUS").

UND WIE ES WEITERGING ...

LUGUS, dessen wirklicher Name gerade noch in seinem Reisepaß steht, hatte inzwischen das brachliegende Musikreferat des FORUM STADTPARK übernommen und mit zwei Musikterminen pro Woche den Musikklub installiert. Dieser Schmelztiegel aller Musikrichtungen sollte in den folgenden Jahren das Musikleben in Graz schon eher nachhaltig prägen – und das ist sehr ernst gemeint. Das TRIO LUGUS, POZAR UND RATZENBECK gab es zwar nur auf Fotos, das Quartett POZAR, ULI PODREPSEK, SCHIFFKOWITZ UND LUGUS (ca. 1974) spielte aber einige beachtliche Gigs in der Steiermark und in Wien. Zeitungsberichte, Szenekommentare bis hin zu Häuslinschriften im „ATLANTIS" geben Zeugnis. Legendär die ersten Fahrten mit meinem VW-Käfer über den Wechsel.

Ein Folkabend im „CLUB LINKS" in der Brockmanngasse wurde nicht nur im Clubprogramm angekündigt, Jahre später konnte ich darüber in meinem Stapoakt nachlesen (nicht nur über diesen!).

Konzerte und Projekte für die STEIRISCHE KULTURINITIATIVE kennzeichnen den Beginn der Achtziger und zeigten ein durchaus erkennbares Interesse der „höheren Kultur" an Folk und Liedermacherei. Am 25. August 1980 wurden SCHIFFKOWITZ, RATZENBECK und ich von MARTIN KRUSCHE zum Thema „Straßenmusik auf dem Weg in die Illegalität?" interviewt. Wir glaubten ernstgenommen zu werden. Die FRIEDENSBEWEGUNG, die

Lugus, Schiffkowitz, Podrepsek, Pozar (v.li.n.re.).

ZWENTENDORF-AKTIVISTEN, später die ANTIDRAKENINITIATIVE, diverse MENSCHENRECHTSORGANISATIONEN und die beginnende GRÜNBEWEGUNG bedienten sich gern unserer Unterstützung (und tun es teilweise heute noch). Für die fast überraschende Nachwahlparty der AL (Alternative Liste) war es nahezu selbtverständlich, kurzfristig einen Folkie einzuladen. Mich. („du hast eh keinen Aufwand"). Stimmte fast. Und gern getan hab ich's auch.

Der PETER (RATZENBECK) hat mich auch immer wieder zu verschiedenen Studiojobs und Live-gigs eingeladen und die Instrumentenbauschiene hat sich auch aufgetan. GERHARD ROTH war plötzlich am Telefon und meinte, sein Sohn THOMAS suchte Gitarrenunterricht. Nein, Unterricht gebe ich nicht, aber spielen tät ich schon mit ihm. Und wir haben ein paar großartige Konzerte und einige (zu) wenige Tonträger gemacht – und meine Vorbehalte gegenüber elektrisch verstärkter Instrumente waren dahin!

DAS RETZHOFER FOLKFESTIVAL, ursprünglich eine Ratzenbeckidee, entwickelte sich zu einem Jahresfixtermin für Musiker und Zuschauer/Mitmacher. Auch wenn mein Organisationsplan von Dezember bis Juni blockiert war. Gagenjammern, Plakatgestalten, Programmentwürfe, Public Relations und ein Auskommen mit dem für heutige Begriffe lächerlichen Gesamtbudget standen im Gegensatz zu einer für meine Begriffe nach wie vor unerreichten Atmosphäre, geprägt von all den Parametern, die mein Bild von den frühen NEWPORT-FESTIVALS ausgemacht hatten. Das liest sich ein bißchen großspurig, aber das war es – mir ist um keine Minute leid.

MILICAS Einladung, beim VIENNA FOLKFESTIVAL den MC (Master of Ceremonies) zu machen, im festivaleigenen Folkclub den Host zu geben, selber zu spielen und überhaupt dabeizusein, waren nicht nur „a pleasure and a privilege", ich konnte auch eine Reihe von „Stars" und „would like to be a star-s" kennenlernen, connections knüpfen und eine Menge unschätzbarer Erfahrungen sammeln. Andere Festivalveranstalter profitierten auch davon, oder auch nicht. Was sich einer wünscht und was machbar ist, sind nach wie vor zwei Paar Schuhe.

WIE ES VIELLEICHT WEITERGEHEN KÖNNTE

Ein paar Reisen in die USA haben mir bewiesen, daß FOLK- UND VOLKSMUSIK sicher nichts Museales sind. Gerade jetzt höre ich DAVID GRISMAN und den seligen JERRY GARCIA auf der CD „Not for kids only". Mandoline und Gitarre (natürlich schwerst akustisch), zwei Stimmen, ein paar andere Instrumente – einfach schön. KLAUS TRABITSCH war knapp davor am CD-player. Der Klaus, der bei den „LIEDERLICH SPIELLEUT" genauso gut gespielt hat wie bei der „VIENNA CEILIDH BAND" oder in der „OSTBAHN KURTI COMBO". Der Klaus, der seine Gesundheit in Ausübung seines Berufs stärker beschädigt hat. Das wünsche ich mir nicht.

Peter Ratzenbeck beim Vienna Folkfestival 1985.

Meine persönlichen Wünsche wären: weiter meinen Lüsten frönen zu können, die da sind: Musik machen und auch gehört zu werden. Instrumente bauen und reparieren, weiter mit Freunden und Musikerkollegen Kontakt haben zu dürfen.

Keine Sorge, mir fallen auch andere Wünsche ein: der ORF und auch andere Sender (heutige und zukünftige) könnten durchaus unser Anliegen (wieder) zu ihrem machen. GÜNTER POIDINGERS „GRÜNE WELLE", JACK GRUNSKYS „FOLK MIT JACK" oder COLIN WILKIES Folksendung „COLIN'S FOLK CLUB" könnten sicher Nachfolger finden, und HELMUT STRUNZ' Fernsehportrait über die steirische Szene sehe ich persönlich als guten Einstieg für eine Fortsetzungsgeschichte. (OSCAR BRAND macht seit 50! Jahren eine wöchentliche Folksendung auf WNYC AM820 und FM93,9 in New York – live!!!). Außerdem ist (zumindest bei uns) die „unplugged"-Geschichte noch nicht so ausgelutscht, daß man dieses mediale Trittbrett nicht noch ein bisserl mitbenützen dürfte.

Wollen wir nicht NIRVANAS Beitrag zur Hochhaltung HUDDY LEDBETTERS „In the pines" vergessen!

Und vielleicht: könnten die Grenzen nicht etwas fließender gesehen werden?

Diskografie:
Peter Ratzenbeck: „Saitenwind" (Ariola 203 386), Banjo
Peter Ratzenbeck: „Refuge" (Ariola 204 571), Highstring Guitar
Peter Ratzenbeck: „Sensitive" (Ariola 205 710), Banjo
„Ruck ma z'samm" (Pro sound PS 407 912)
„Müllodia" (The Fab 910 50005), Baß
„Blues live at the Orpheum" (The Fab CD), Sampler
Pozar/Rottensteiner/Ziegerhofer, CD, 1998, Extraplatte 349-2

„OHRENSALAT" – Historisches zur Szene von Martin Krusche

Martin Krusche, Jahrgang 1956, ist gebürtiger Grazer, gelernter Buchhändler, lebt in Nitscha (Oststeiermark); Gründer und Sekretär der Virtuellen Akademie Nitscha, Mitarbeiter der ARGE Region Kultur, Koordinator der „Konferenz der Provinz".

online-Publikationen auf der v@n-site: http://www.van.at
email: krusche@van.at

Folgende Ausschnitte stammen aus der Publikation: „Aniada a Noar – Dokumentation, 1990" (vergriffen).

Als wir, die Generation der Fünfziger Jahrgänge, aufwuchsen, bekamen wir hier (in der Steiermark) folgendes zu hören: die seichte Schlagermusik von ROY BLACK, REX GILDO und Konsorten; Rock & Roll der BEATLES, STONES, etc.; süßliche Operetten- und befremdliche Opernmusik; unbegreifliche Volkstümelei des Landfunks. Was sonst noch die Ohren der Jugendlichen erreicht haben mag ... Eine inländische musikalische Tradition mit Klangbildern (und Inhalten), die einem Teil dieser Generation etwas hätte bedeuten können, fehlte. Daher suchten (und fanden) viele von uns ihren Klang, ihre Identifikationsfiguren im ROCK & ROLL.

Martin Krusche mit Mundharmonika.

Diese angloamerikanische Musik, mit der zeitgemäße Mythen und Legenden ebenso verbunden sind wie zeitgemäßer Schwindel, hat zwei wesentliche Fundamente. Den BLUES der Schwarzen und die COUNTRYMUSIC der Weißen. Das ist zum Teil urbane Musik, aber vor allem Musik aus ländlichen Bereichen, auch mit Wurzeln traditioneller Musik von den Britischen Inseln. Was der Rockmusik also zugrunde liegt, ist Volksmusik ... FOLKMUSIK. Während der ROCK & ROLL praktisch zur Volksmusik für mehrere Nachkriegsgenerationen wurde, sich dabei wandelte, fanden (und behielten) einige von uns das Interesse an seinen Ursprüngen.

ANDERER SALAT

Bis zum Beginn der achtziger Jahre stand der Begriff FOLKMUSIC in der Steiermark hauptsächlich für irische und schottische Sauf-, Kampf- und Liebeslieder, für englische Balladen, für RAGTIME aus den Vereinigten Staaten (mit dem sich rasende Gitarristen etablieren konnten), für kritisches und deftiges Liedgut von den Bauernkriegen bis zum Widerstand gegen die Nazis. Natürlich tauchten Grenzgänger auf, die Stoff aus anderen Ländern (z.B. Frankreich und Italien) einbrachten. Auch jazzige Affären waren auszumachen. Jedenfalls widmeten sich die meisten Folkies hauptsächlich der Importware. Musiker wie WOLFRAM MÄRZENDORFER, der (selten genug) mit der steirischen Knopfharmonika anzutreffen war, blieben rar.

Bei den FOLKIES ging's nie so laut zu wie bei den ROCK & ROLLERN. Da war's immer recht familiär. Kleinkinder und Haustiere gehörten zum Bild der Folkkonzerte genauso wie gesetztere Herrschaften.

NEUZUGÄNGE

Mitte der Achtziger kannte man hier schon Gruppen wie VIZÖNTÖ und ZSARADTNOK, die sich klar vom kommerziellen Tourismusgefiedel (etwa als ungarische Folklore ausgegeben) distanzierten. Sie brachten ihre eigenwilligen Bearbeitungen traditioneller Musik aus Ungarn, der Türkei, Griechenland. Bei größeren Veranstaltungen (z.B. in BÄRNBACH, in STRADEN oder im Leibnitzer RETZHOF) tauchten plötzlich heimische Volksmusikinterpreten auf. Solche wie die betagten SIMBÖCK SCHWESTERN oder die KAINACHTALER ALTSTEIRER.

Authentische österreichische Volksmusik, die selbst in ländlichen Gegenden nicht alltäglich zu hören sind. Das FOLK-Publikum reagierte sehr lebhaft darauf. So fanden auch Städter stellenweise wieder Anschluß an die eigene musikalische Tradition, die schließlich nicht mit der Tanzmusik der Renaissance (auf den Plattentellern einzelner Spitzohren) abgebrochen ist. *Martin Krusche 1990*

FOLK – VOLKSMUSIK
... ein Widerspruch?

FOLK UND VOLKSMUSIK

In diesem Kapitel möchte ich Trennendes aufzeigen und Gemeinsamkeiten ansprechen.

In der Steiermark gibt es einen entspannten, ja oft freundschaftlichen Kontakt zwischen Folk- und Volksmusikanten, Begegnung fand und findet statt. Hier geht die Angst, daß wer was vergiften, verhunzen oder stehlen könnte, weit weniger um als in anderen Bundesländern, das Wissen um die Bedeutung der Tradition, mit leidenschaftlich musizierenden Vertretern, die oft zu persönlichen Vorbildern und Freunden der „Folkies" wurden, ist weit verbreitet, vereint sich mit dem Bedürfnis nach Innovation, Individualität, mit dem Können, dem ehrlichen Bemühen. Wahrscheinlich einer der Hauptgründe für eine variantenreiche, bunte Szene. Freilich, es sind persönliche Eindrücke, die lassen sich aber durch meine Erfahrungen als Folk-Musiker und nun jahrelange Beobachtung der Folkszene im Folkarchiv des Steirischen Volksliedwerkes und mit dieser Dokumentation objektivieren.

Aber es finden sich noch immer Grabenkämpfer, die fehlende Toleranz und mangelndes Wissen gern mit kritischer Haltung verwechseln. Dort, wo unbewältigte Spuren der Geschichte braun, oder wie immer heute gefärbt, durchschimmern, ist Schweigen Selbstbetrug, dort wo verzerrend, verletzend herumgetrampelt wird auf persönlichen Gefühlen, um sich ein paar Lacher an Land zu ziehen, ist offene Kritik gefordert.

Ende der achtziger Jahre, also in einer Zeit, wo der „International Folkboom" (der Begriff „Folk" scheint heute nicht mehr zeitgemäß) immer stärker durch stilübergreifende, alpentraditionorientierte Strömungen ergänzt wurde, kam es vermehrt zu Konfrontationen mit „Verfechtern der reinen, echten Volksmusik". In dieser Phase waren – und sind es nach wie vor – persönliche Begegnungen der unterschiedlichen Vertreter entscheidend für eine gesunde Entwicklung. In diesem Zusammenhang will ich das Symposion „FOLK und VOLKSMUSIK" auf Schloß Goldegg (1989) in Salzburg ausführlich in Zitaten erläutern. Aber auch andere Begegnungsplattformen wie Festivals, Konzertreihen, Musikantentreffen und dergleichen werden hier angesprochen.

Der Begriff „FOLK" wurde bereits eingehend durchleuchtet, aber gibt es auch eine schlüssige Definition von VOLKSMUSIK, und hat sie die Berechtigung mit dem Attribut „echt" versehen zu werden?

Zur Klärung verwende ich Auszüge aus Referaten von Hermann Härtel (Geschäftsführer im Steirischen Volksliedwerk, Musikant bei den CITOLLER TANZGEIGERN).

„Echt guat"

Auszüge aus Referaten zu den Begriffen: Volksmusik, Echte Volksmusik, von Hermann Härtel:

Das *Steirische Volksliedwerk* wird von vornherein als die Standesvertretung der „echten Volksmusik" betrachtet, was immer das auch heißen mag. Es gehen Meinungen um wie etwa:
- echte VM (Volksmusik) müsse mündlich überliefert sein;
- echte VM dürfe nichts kosten, erklingt nur aus reinem Idealismus;
- echte VM kenne keinen Komponisten;
- echte VM sei nur in dieser oder jener Besetzung echt.

Hans Steunzer mit der F-Tuba, Gasthaus „Zum Zuber", Bärnbach 1991. (Foto Hermann Härtel)

Wir müssen feststellen, daß keine dieser Kriterien aufrechtzuerhalten ist. Wir müssen vielmehr überlegen, für wen stellen wir die Frage nach der echten VM. Ist es eine Geschmacksfrage, oder ist eine historische Klärung erwünscht? Stellen wir sie im Vergleich mit anderen Volksmusiken, oder suchen wir eine Antwort, die uns in der Praxis der Volksmusik weiterhilft?

1) Für den Wissenschaftler, den Historiker, für jenen, der unsere VM mit VM anderer Länder vergleichen möchte, ist es relativ einfach:

Wir gehen an die Quellen, finden als die älteren Zeugen die Aufzeichnungen von **Steirer-Tänzen, Ländlerformen in achttaktiger Periode, wir finden die vielen Gstanzlmelodien,** und wir finden die **Jodler.** All das unterscheidet sich wesentlich von der skandinavischen VM, der brasilianischen VM. Wir haben damit, weil wir Unterschiede aufzeigen, die richtige Antwort gegeben

2) Für den Praktiker ist es viel schwieriger, viel komplizierter:

Er meint ja, daß seine Musik echt ist, weil er sie vom Großvater hat. Zufällig hat aber der Großvater alte Märsche vom Militär mitgebracht. Er spielt die Musik eines Blasmusikkomponisten, und der ganze musikalische Aufbau entspricht nicht den Prinzipien der volksmusikalischen Beschränktheit, der kleinen Form. Daß der Großvater seine Musik zu Hochzeiten aufspielte und sich die Märsche und die Salonmusik auf seiner Harmonika zurechtgespielt hat, macht ihn nun zum Volksmusikanten.

Volksmusik, wie wir sie heute kennen, stammt zum Großteil aus der ersten Hälfte dieses Jahrhunderts. Selten sind die Quellen im vorigen Jahrhundert nachzuweisen.

Viele junge Musiker suchen sich heute alte steirische Tänze aus den Archiven, also authentisches Material, und spielen diese Musik andächtig, gut eingeübt, im Konzertsaal. VM steht jedoch im Kontext mit Gebrauch, mit Brauchtum, der Transfer in die Kunstmusik heißt also eine Abkehr vom Volksmusikalischen. Wir sollten uns also stärker mit den Quellen, mit der Funktion beschäftigen. Wollen wir hier das Wort „echt" verwenden, zeigen wir blankes Unwissen. Wohlgemerkt: Alle hier erwähnten Verwendungen von VM sind legitim. Wir sind für die freie Verfügbarkeit von Volksmelodien und das Ineinanderfließen von Musikkulturen.

Im Zuge unserer Arbeit hat aber Funktion eine besondere Bedeutung, weil sie musikalisches Tun auf eine andere Ebene hebt. Ein solchermaßen angereichertes klingendes Gebilde ist weit entfernt vom musikalischen Werk und näher dem Leben.

VM erklärt sich auch aus dem Phänomen der Erlebensbeschränktheit. Immer wieder werden wir das jetzt Übliche als das allgemein Gültige festschreiben wollen, das langfristig Innovative wie auch das langfristig Beharrliche ist für unser

Hermann Härtel. (© Foto Fischer, 1997)

kurzes Gastspiel auf diesem Planeten nicht begreifbar. Für Menschen, die sich beruflich mit historischer Volksmusikforschung beschäftigen, ist das Wort ECHT kein Thema, und es sollte auch für uns nicht relevant sein, weil es nicht hält, was es verspricht und wir schon beim ersten Nachfragen passen müssen.

VM, wie wir sie heute kennen, ist eine faszinierende Mischung aus gewohnten Klangmustern, die sich über Generationen als Fingerabdruck und somit als Kennzeichnung einer Kultur durchgefiltert haben.

Das „Volk" ist aber grundsätzlich nicht weisungsgebunden, sondern auch neugierig, und deshalb gibt es Adaptionen aus allen anderen Musikgattungen, vom Nachbarn, vom Medium. Diese Einflüsse hinterließen und hinterlassen ein Sammelsurium an Musik, Repertoire-Forschungen belegen dies. Schon deshalb ist es illusorisch, jemandem das Recht absprechen zu wollen, das Lied von den „Drei weißen Birken" als ein echtes Volkslied bezeichnen zu dürfen, denn es sind damit persönliche Gefühle, Erinnerungen verbunden, die am Klangbild nicht abzulesen sind und die wir respektieren sollten.

VM ist von seiner Gattung her zutiefst dem Lebensumfeld verbunden, Musikästhetik hier ins Spiel zu bringen ist deshalb ein unlauteres Mittel.

Zuerst werden Handlungen gesetzt – Kinderwiegen, Totenheben, Anprosten –, noch bevor es um Melodie oder Interpretation geht. In Österreich als „dem Musikland" wird dem Produkt Musik übertriebene Wichtigkeit zugemessen. Immer wird nur über das fertige Produkt geredet, nie der Weg dorthin beschrieben.

Volksmusik hat ihre besondere Qualität durch die starke Verbindung zu Brauchtum und Lebenslauf. Der musikalische Versuch ist meistens das Ergebnis.

Nochmal: Für jene, die sich mit der Pflege von Volkskultur beschäftigen, ist „echt" ausgereizt. Längst hat man sich in Begriffe wie „authentisch, volksnah, erdig" ... geflüchtet, um nicht dem Vorwurf der Unwissenschaftlichkeit zu unterliegen, um Unsicherheiten zu kaschieren und dem eigenen Tun einen bedeutsamen Anstrich zu verleihen.

Für jene, die Volkskultur leben, mit ihrem Tun verkörpern, ist dieses Attribut „echt" die echte Sehnsucht nach Anhaltspunkten, Haltegriffen und den konstanten Dingen, nach dem notwendigen Maß an Sicherheit in einem wenig beschaulichen Getriebe. Es sind echte Anliegen, wenn zu bestimmten Anlässen gesungen, musiziert wird.

Wir sollten uns echt bemühen, nicht in echte Gefühle d'reinzupfuschen und unsere Arbeit weniger als Volkslied-, Volkstanz-, Trachtenarbeit sehen, sondern zutiefst als Menschenpflege verstanden wissen.
　　　　　　　　　　　　　　　　　　　　　　　　　　　Hermann Härtel

FOLK UND VOLKSMUSIK
Ein Zitatecocktail vom Symposion in Goldegg 1989, zusammengestellt und ergänzt von Andreas Safer

Als ein Meilenstein in der Begegnung von Tradition und Innovation gilt für mich das Symposion Folk und Volksmusik auf Schloß Goldegg in Salzburg. Wieso mußte es so lang dauern, bis Fachleute aus Volksmusikpflege, Wissenschaft, Forschung, Vertreter der Medien, Musikanten der Volks- wie der Folkmusik zum miteinander Reden und Musizieren fanden? Wieso gerade in Salzburg, in einem Bundesland, wo man nicht unbedingt von einer innovativen Musikkultur am Rande der Tradition sprechen kann?

Manfred Baumann, als jahrelanger Mitarbeiter von Radio Salzburg, ist hier wohl als Hauptgrund und Motor zu nennen. Er war Gestalter der Radiosendung „Der Fotzhobel", einer Radioreihe, die bewußt an der Grenze zur Tradition stand. Dabei war aber nie Ausgrenzung die Motivation, sondern immer Neugierde, Brückenschlag, Offenheit, Toleranz und Information, immer blieb Baumanns Nähe zur Musik und zu den ausführenden Musikanten in seinen Sendungen spürbar. Ein Musikjournalist, der den Bildungsauftrag des ORF wörtlich nimmt, der sich nicht nach Einschaltziffern orientiert (diese aber über die Landesgrenze hinaus hat), der seine Fragen von einem soliden Grundwissen aus stellt (Folk- wie Volksmusik), sich nicht vereinnahmen läßt, der für den Bekanntheitsgrad steirischer Gruppen über unsere Landesgrenze hinaus bis nach Bayern sorgt, so lernte ich Manfred Baumann kennen.

Im Geleitwort des Programmheftes nennt er seine persönlichen Beweggründe für das Symposion:

„Im Steirischen und im Wiener Raum gibt es Künstler, die, aus der volksmusikalischen Tradition kommend, mit formalen Mitteln der Volksmusik wirklich 'Neues' machen, die sich Gedanken machen über das tatsächliche Leben, über unsere Gesellschaft, über die Situation auf dem Land (Umwelt, Dorferneuerung, Fremdenverkehr, Alternativen in der Landwirtschaft...). In Salzburg ist von so einer Beschäftigung wenig zu spüren.

Warum?

Die Idee, diesen Fragen nachzugehen, ein Diskutier-Erfahrungs-Musizier-Lern-Zusammenseinsymposion zu veranstalten, kommt – wie gesagt – aus dem Bauch..."

Das Ereignis liegt nun beinahe zehn Jahre zurück. In dessen Sog kam es zu wichtigen weiteren Impulsen, zu Festivals („Heimischquer"; Salzburg 1992; „Gratwanderung"; Festival der Neuen Volxmusik in Piesendorf 1993–1996; „Volkskunst – Erfolgskunst?"; Team Gesäuse Kreativ 1993...), Musikantenstammtischen („Bärnbacher Folk- und Volksmusikantentreffen"; 1991–1992) und zu anderen wichtigen Begegnungen (Musikantentreffen in Kaltenhausen; ORF Salzburg).

Manche der damals getätigten Aussagen sind Geschichte, manches ist nach wie vor verhärtet, vieles hat sich zum Positiven gewandelt. Ein dynamischer Prozeß, der nicht abgeschlossen ist, hoffentlich nie abbricht, durch diese Dokumentation vielleicht wieder neue Impulse erhält.

Großes Unbehagen und Unsicherheit dominierten am Beginn der Veranstaltung. Prominente Volksmusikvertreter (Lois Neuper, „Goiserer Viergesang"; Georg „Schorsch" Windhofer, Salzburg; Tobi Reiser, Salzburg; Harald Dengg, Leiter der Salzburger Heimatpflege, Landesobmann des Blasmusikverbandes, der Salzburger Heimatvereinigungen und Schützenkompanien, Geschäftsführer des Salzburger Volksliedwerkes ...), Freunde der Volksmusik und Volksmusikanten dominierten, waren deutlich in der Überzahl gegenüber Vertretern der „Folkmusik". Es schien, als hätte das „Lager" der Traditionalisten mobil gemacht gegen die neuen „Volksmusikverwässerer", jene, die behaupteten, der Volksmusik neue Impulse zu geben – oder geben zu müssen?

„Ich habe hier in Goldegg den Eindruck gewonnen, daß die Folkmusiker, die ich sehr schätze, unbedingt in unserem Bereich als Volksmusiker anerkannt werden wollen. Ich erkenne sie als Musiker an, aber immer als Folkmusiker. Es ist eine andere Art von Volksmusik, vielleicht moderne Volksmusik.

Aber unsere Volksmusik besteht nicht nur aus Musik und Lied und Texten, da gehört ja noch mehr dazu. Die ganzen Heimatvereine ... das Brauchtum ... aus alten Wurzel gewachsen. Man kann sich da nicht einfach hineindrängen und sagen: wir wollen auch als solches gelten. Ich weiß nicht, ob das richtig ist." (Meinung aus dem Publikum).

Als Folkmusiker und Teilnehmer erinnere ich mich zurück:

Es ging uns „Folkies" nicht darum, uns irgendwo hineinzudrängen, auch nicht darum, der Volksmusik programmatisch unter die Arme zu greifen und endlich eine „Neue" Volksmusik ins Leben zu rufen. Wir waren gekommen, um zu zeigen, welche Gemeinsamkeiten bestehen, erste Begegnungen bei steirischen Folkfestivals zu vertiefen, auszuweiten (beim „Retzhofer Folkfestival", beim „Bärfolk" und auch beim „St. Radegunder Folkfestival" wurden bewußt traditionelle Gruppen und Interpreten eingeladen), mehr von unserer Tradition kennenzulernen, dazuzulernen und „unsere" Musik zu präsentieren. Die Zeit war unserer Meinung nach längst überfällig, in der alpenländischen Tradition verlorengegangene demokratische, kritische Aspekte neu zu entdecken, zu einer persönlichen – weil von einer anderen musikalischen Musikgeschichte her geprägten – Ausdrucksweise zu finden und sie für Volksmusikkreise zugänglich zu machen.

Rockmusik, Beatmusik, Jazz, ausländische Volksmusik waren bis dahin meist einzige klingende Heimat gewesen, weil der oft einzige Zugang übers Radio abschreckte, keine Lust auf alpenländische Tradition weckte; deshalb mußte es logischerweise provozierend wirken, besonders für die volksmusikspielende und darin beheimatete Elterngeneration. Zugegeben, Provokation wurde und wird manchmal ganz bewußt eingesetzt, um herauszufordern, wachzurütteln. Viele DiskussionsteilnehmerInnen sahen darin jedoch die einzigen Beweggründe für die „Alpenfolk-Musik".

„Als ich das erste Mal mit Interrail gefahren bin ... im letzten Loch in Irland habe ich eine deutsche Gruppe gefunden, die irische Volksmusik in einem Wirtshaus gespielt hat. Das hat mich überlegen lassen, was da los ist: Warum müssen die soweit wegfahren und in einem fremden Land die Volksmusik von dort spielen? Haben sie keine eigene?

Und noch etwas habe ich erlebt: Ein richtiger 'Gammler' hat in Irland auf der Flöte etwas gespielt, ein Bauer ist zu ihm gegangen und hat gesagt: 'Du, könntest du mir nicht das (ein bestimmtes Volkslied) vorspielen?'. Er hat ihm das vorgespielt. Sehnsuchtsvoll habe ich es mitangehört, weil bei uns war zu der Zeit noch Eiseskälte. Ich habe dann in Graz und Wien studiert. Bei meinen Freunden sind die Klappen heruntergefallen, wenn ich mit Volksmusik angefangen habe.

Ich spiele bei einer Gruppe, die sich auch mit Volksmusik beschäftigt ... mit der Entwicklungsmöglichkeit unserer Volksmusik, die sich in Grenzen bewegt. Kann man ihr etwas Neues hinzufügen, sodaß es eine organische Entwicklung ist? Wenn sie (Symposionteilnehmer) merken, daß zum Beispiel was 'Echtes' bei 'Aniada a Noar' ist, ist das vielleicht nicht Volksmusik, und man reiht es auch nicht bruchlos in eine Entwicklung der alpenländischen Volksmusik ein. Aber das lenkt viele junge Leute zur Volksmusik hin, die zuerst gar nicht hinschauen können, ohne daß ihnen die 'Grausbirn' aufsteigt. Vielleicht ist das keine Weiterentwicklung des Volksliedes. Erst die nächsten Jahrzehnte werden entscheiden, was ein Volkslied bleibt. Das können wir nicht entscheiden." (Ernst Huber, „Broadlahn")

„Viele unserer jungen Musikanten wissen heute sehr wohl auch umzugehen mit Rhythmen, Melodien und Harmonien fremdländischer Kulturen. Nur wenn jemand meint, daß er damit unserer Volksmusik hilft, bin ich skeptisch. Weiterentwickeln wird er sie aus meiner Sicht jedoch nicht ... ist es in unserem gegenwärtigen, von rastlosem, hektischem Streben nach Veränderung geprägten Leben wirklich notwendig, unserer Volksmusik ein neues Gesicht zu geben? ... ich denke, wir brauchen gerade in der heutigen Zeit unser Volkslied, unsere Volksmusik ... zu wissen, daß es noch etwas Beständiges gibt, in unserer unruhigen Welt, um zu wissen, daß wir selber auch eine Volkskultur haben, auf die wir mit Freude schauen können, weil sie schön ist, weil sie Qualität hat, und um zu wissen, daß noch Platz da ist in dieser Zeit für unser Gemüt ... Wir brauchen sie vor allem auch, um nach Jahrzehnten, die uns fremdländische Kultur, Allerweltskultur aufgedrängt haben und Pseudovolkskultur, wieder zu uns selber zu finden, brauchen sie, um Heimat zu erleben." (Harald Dengg, Salzburger Volksliedwerk)

Diese eben zitierte Angst riß vorerst die Gräben noch weiter auf. Deutlich wurde auch das unbewältigte Problem der NS-Diktatur und seine Auswirkungen auf die Heimatpflege, die bis heute zu spüren sind; Harald Dengg gab dies auch offen zu und flüchtete in Scheinargumente:

„Zur NS-Zeit: Wir haben diese Zeit heute (1989) noch nicht bewältigt. Das hat sich voriges Jahr für uns so kraß gezeigt (Gedenkjahr). Weil wir sie nicht bewältigt haben, klammern wir sie in unserer Arbeit aus ... unsere Zeit wirft unseren Vätern massiv vor, daß sie vor 40 oder 50 Jahren politische Lieder gesungen haben. Wir sprechen heute davon, daß sie sich für politische Inhalte mißbrauchen ließen. Das ist zum einen der Grund, warum sich unsere Generation heraushalten möchte. Wir meinen einfach, daß in unserer heutigen Welt so viel Gegensätzliches, soviel brutale Auseinandersetzung da ist, daß wir einfach die Basis des Miteinander brauchen. Wir haben die Aufgabe, ausgleichend zu wirken und solche Strömungen nicht beiseitezuschieben, sondern uns um ein Miteinander zu bemühen." (Harald Dengg)

Von weit mehr Weitblick und Toleranz war das Referat von Thomas Friz für mich geprägt (ehemals „Zupfgeigenhansel" und für die Annäherung von Folk zu Volksmusik im deutschsprachigen Raum richtungsweisend, gemeinsam mit Hannes Wader und anderen):

„... beim einzigen Konzert von Pete Seeger, 1986 in Bochum, war es eine Freude für mich, mit auf der Bühne stehen zu dürfen. Schon in der Garderobe, vor dem Konzert, packte er beim Anspielen von 'Wenn alle Brünnlein fließen' sein Banjo aus und schwang mit. Da passiert etwas, da sind plötzlich neue Klänge. Man lernt voneinander ... über Politik ist ja schon viel geredet worden. Ich kann diese Trennung zwischen Politik und Volkslied nicht verstehen, es ist alles politisch ... Hirn, Herz, Gemüt und Bauch gehören zusammen, das sollte niemand absprechen. Warum als Traditionalist nicht einmal ein Widerstandslied mit aufnehmen? Es gibt so viele, die diese Tradition nicht kennen, die wir aber auch am Leben erhalten sollten. Viele Leute tun das Ihre dazu, daß man das nicht hört, im Radio schon gar nicht... Lieder sind dazu da, daß man sie immer wieder verändert, daß man sie benutzt und sie sich ständig ändern ... meine Erfahrung mit dem Volkslied ist, daß es auch Mut machen kann ... wir sind unverdorben an das Volkslied herangegangen und haben unserer Meinung nach 'rotzfreche' Nummern herausgesucht. Das hat den Leuten gefallen und sie gleichzeitig betroffen.

Es gibt eine große Liedersammlung: 'Erk/Böhme, Deutscher Liederhort' von Kaiser und König gefördert. Sie dokumentiert die Zensur. Es sind Lieder enthalten, die dokumentieren, wie schön es sei, Soldat zu sein. Es kommt aber auch folgendes Lied vor: 'Traurig ist es, ein Soldat zu sein'. Darunter steht als Kommentar: 'Gottseidank sind diese Zeiten vorbei.' Dann ist aber noch vermerkt, wo man derartiges finden kann. Die Zensur belegt sich also zum Teil selbst.

Wir haben solche Lieder ausgegraben: 'Ich bin Soldat, doch bin ich es nicht gerne'. Eines der internationalsten Lieder, das in unserem Bundeswehrbuch nicht drinnensteht ... die Leute haben es in der Kaserne gesungen, da gab es Krach ... solche Lieder machen Mut, die Sachen nicht einfach unter den Tisch zu kehren. Das hat mit Verstand, aber auch mit Herz zu tun ... Politik, das Angenehme und Spottverse, alles zu seiner Zeit, aber es gehört alles zusammen. Volkslied ist auch Volksleid. Ich hab es nie im Leben trennen können." (Thomas Friz, „Zupfgeigenhansel")

So sehr auch diskutiert, nachgedacht, überlegt, gemauert wurde, wie auch versucht wurde, Mauern verbal niederzureißen, stellte sich heraus, wie ein paar Töne genügten, – ein einfaches Lied –, plötzlich Klarheit zu schaffen. Der Musikant Thomas Friz griff noch vor seinem Referat in die Saiten seiner Gitarre und nahm für den aufmerksamen, offenen Zuhörer vorweg, was sich am Abend beim Konzert, vor allem aber danach, weit nach Mitternacht, noch deutlicher zeigen sollte. Für die Musikanten stellten sich viele Fragen nicht, solange sie gewillt waren, einander zuzuhören, ihre Instrumente auszupacken, und dann gemeinsam zu spielen. Wurden am Tag noch Probleme heraufbeschworen, verflogen sie nachts zusehends.

Sehr beeindruckt war ich vom Referat von Peter Moser. Aus einer Bergbauernfamilie aus Alpbach in Tirol stammend, interessierte er sich bereits in jungen Jahren für Musik. Er ist Autodidakt, spielt viele Volksmusik- und Blasmusikinstrumente, belegte im Mozarteum in Salzburg Orgel und Klavier, war jahrelang im Tiroler Volksmusikverein führend tätig und ab 1973 Leiter der Abteilung Volksmusik beim ORF Landesstudio Tirol. Auch er griff während seines Vortrages in die Saiten (seiner Zither):

"Ich gehöre einer Musikantentradition an, die den Begriff 'Volksmusik' nicht kannte ... eine Ausbildung im heutigen Sinn gab es damals nicht. Es gab weder Musiklehrer noch eine Musikschule in Alpbach. In meiner Nachbarschaft lernte ich einen Sänger und Zitherspieler kennen, der ohne Notenkenntnisse spielte, und der auch nicht zwischen Volksmusik und anderer Musik unterscheiden konnte ... mein Bemühen war es, die bodenständige Volksmusik als eigene Musikgattung in das Bewußtsein der Menschen zu bringen ... unzählige Wissenschaftler und Fachleute haben in Aufsätzen versucht, den Begriff Volksmusik zu definieren, ohne nach meiner Meinung Klarheit zu schaffen.

Kunst kann man eben nicht beschreiben. Trotzdem muß man sich immer wieder die Frage stellen: 'Was ist eigentlich Volksmusik?'

Volksmusik ist genau, so wie jede andere gute Musik, individuelle Schöpfung eines Einzelnen, aber aus dem Fleiß, aus dem Empfinden für die Bedürfnisse für die Gemeinschaft. Sie ist mit unserer Vergangenheit und unserem Gewordensein so verbunden, daß sie auch heute noch als etwas Eigenes, Unverwechselbares empfunden wird. Sie entspringt der Freude an der Musik ohne konventionelle Absicht. Sie ist spontaner Ausdruck und nicht berechnend gemacht. Sie ist ein überliefertes, lebendig weitergepflegtes und weiterentwickeltes Kulturgut, geprägt von Landschaft, Arbeitsleben, Brauchtum. Sie ist die Musik der kleinen Gemeinschaft ... zur Frage, ob unsere Volkslieder noch zeitgemäß sind: Ich glaube, daß viele Lieder nicht mehr zeitgemäß sind. Denken wir an Handwerks- Wildererlieder oder Almlieder. Dennoch werden sie gerne gesungen. Besonders bei den Almliedern ist beispielsweise heute eine allgemein feststellbare Sehnsucht nach Natur, einer heilen Welt und einer Freiheit des Menschen dafür maßgebend. In der Volksseele finden wir das Streben nach Romantik und den Wunsch nach Geborgenheit, wie sie in vielen Liedern besungen werden. Ich glaube uns steht es nicht zu, in dieser Richtung die Menschen als Hinterwäldler oder als Ewiggestrige zu bezeichnen ... dennoch würde ich mir wünschen, daß vielmehr kritische Lieder in

Gasthäusern gesungen werden. Ansätze gibt es dafür bei verschiedenen 'Gasthaus-Hoagarts', bei denen zeitgemäße politische, aber nicht parteipolitische Chansons vorgetragen werden, in denen man sich durchaus humorvoll und ohne besonders eingelernten Text über Politiker und Behörden lustig macht ... da die kritischen Gstanzln aber meistens nur zu aktuellen Themen (Bürgermeister, Ungereimtheiten der Dorfbewohner ...) und ohne kommerzielle Interessen gedacht sind, sind sie auch meist ungeeignet für Schallplatten." (Peter Moser)

Gerlinde Haid, Volkskundlerin und Volksmusikforscherin, heute Leiterin des Instituts für Volksmusikforschung an der Musikhochschule in Wien, bringt für mich die Sache auf den Punkt:

„Die Volkskunst, als solche auch die Volksmusik, ist dadurch bedroht, daß es erstaunlich wenig Menschen gibt, die verstehen, daß Kunst auch mit geringen Mitteln ein vollgültiger menschlicher Ausdruck sein kann. Und daß umgekehrt die Dimension und Vielfalt der Mittel und der perfekte Umgang mit ihnen kein Gradmesser für die künstlerische Qualität ist. Der einzige Gradmesser ist, ob sich der Mensch darin verwirklicht und mitteilt oder nicht ... ich liebe die spontanen Einfälle aus dem Instinkt heraus, weil sie immer genial sind. Ich liebe den originellen Stil, der immer erst die Frucht einer jahrzehntelangen Beschäftigung ist, mannigfaltiger Erfahrung ohne Überdruß. Ich liebe die Kunst, wenn sie heiter ist – heiter im weitesten Sinn. Sie kommt aus der Auseinandersetzung des Menschen mit seiner Existenz, aber in die Öffentlichkeit tritt sie erst, wenn sich der Knopf im Hals schon gelöst hat. Das ist sehr lustvoll, für die Ausübenden wie für die Zuhörer.

Ich bin gegen Perfektionismus – nicht gegen die Perfektion, die Vollkommenheit, nach der wir alle streben. Unter Perfektionismus verstehe ich, wenn das äußerlich perfekt scheinende Produkt wichtiger genommen wird als der menschliche Weg dorthin." (Gerlinde Haid).

Harald Dengg äußerte sich in einer Diskussionsrunde konkret zu den stilübergreifenden Tendenzen und richtete seine Sorge an Gerlinde Haid, mit der Bitte, dazu Stellung zu nehmen:

„Für mich ist die Vorstellung ein Problem, andere Kulturen hereinzunehmen, zum Beispiel irische, schwedische usw. und damit unsere Volksmusik weiterzuentwickeln (noch immer stand dieses Mißverständnis, die Folkmusiker wollten die Volksmusik unbedingt weiterentwickeln, im Raum). Unser Problem heute ist, daß wir von allen möglichen Regionen und Ländern etwas hören und alles dann eine Art Einheitsmusik wird. Es widerstrebt mir zu sagen, ich brauche etwas Irisches, Schwedisches, um unsere Volksmusik weiterzuentwickeln. Wobei ich sehr wohl erlebe, was im Irischen steckt, was einen daran begeistert. Verschiedene Landschaften haben musikalische Ausprägungen, daß man sagen muß, unsere eigene Volksmusik ist dagegen bescheiden. Wie siehst du, Gerlinde, das Problem?" (Harald Dengg)

„Ich sehe das Problem nicht, weil ich glaube, eine Weiterentwicklung der Volksmusik machen die, denen es einfällt, nicht wir von oben herab. Die werden

von irgendwas beeinflußt sein oder auch nicht. Es liegt Gott sei Dank nicht in unserer Macht, das zu entscheiden.
Ich bin ein Regionalist, ich finde die kleinen Räume schön. Mir sind sie prägnant genug. Ich finde nicht, daß unsere Volksmusik gegenüber der irischen arm ist. Mich stört auch das Verwässern von Regionalstilen, was heute sowohl durch die Medien wie auch durch die Heimatpflege gefördert wird ... man macht Bundesländerstile, die es ja nie gegeben hat.
Es ist kein Problem irgendwelche Anregungen aufzunehmen oder auch nicht aufzunehmen ... das macht jeder Musikant für sich selber. Es wird sich dann durchsetzen oder nicht." (Gerlinde Haid)

Zusammenfassend:

Die Bedenken und Ängste vieler Volksmusikpfleger, daß es zu einer Verwässerung oder einer Verschandelung der Tradition durch die neuen Impulse seitens der sogenannten Folkmusiker kommen könnte, hielt sich weit länger als die Voreingenommenheit mancher MusikantInnen. Im gemeinsamen Musizieren waren schnell Brücken geschlagen, war der spontane, offene musikantische Charakter beider „Lager" schnell entdeckt. Schwer taten sich vor allem manche älteren Semester, die in der Volksmusik etwas – so war zumindest mein Eindruck – „Heiliges" sahen, die ihre Lieder richtiggehend zelebrierten, daß man dabei das Gefühl bekommen mußte, man müsse hineingeboren werden in die Mystik ihrer Lieder. Zugegeben, es war ein unglaublich harmonischer Einklang, ein Ineinanderklingen weiblicher und männlicher Stimmen, wie ich es vorher in dieser Vollkommenheit noch nicht erlebt hatte. Gleichzeitig fühlte ich mich ausgegrenzt, ausgeschlossen. Schon früher hatte ich erlebt, daß lange Haare und legere Kleidung unüberwindliche Vorurteile wecken können. Und da war dieses Gefühl wieder. Es war für mich nicht ganz einfach, wollte ich doch lernen, wollte ich doch zu verstehen geben, daß ich auf der Suche war.

Durch viel Geduld und Ausdauer gelang es mir schließlich, den Bann zu brechen. Schorsch Windhofer, der Sohn des legendären Georg Windhofer aus St. Johann im Pongau, lud mich in seine Wohnung ein, zeigte mir Bilder seines 1964 verstorbenen Vaters und überreichte mir schließlich eine ausführliche Dokumentation über das Leben und Wirken seines Vaters und seiner Familie. Erst durch diese persönliche Begegnung verstand ich seine Einwände besser, begriff ich, wie eng verbunden sein Volksmusikleben mit persönlichem Erleben verknüpft war und wie belanglos Kritik an romantischen gegenwartsfremden Textzeilen für ihn sein mußte.

Doch es blieb der Vorwurf an die Folkmusiker, sie würden doch hauptsächlich konzertant in Erscheinung treten, sich nur die effektvollsten Elemente der Tradition herausnehmen, um kommerziell erfolgreich zu sein, und nicht wirkliches Interesse an der Tradition zeigen. Das muß ich relativieren.

Schon im vorigen Jahrhundert reisten herausragende Volksmusikanten bis nach Übersee, um dort zum Broterwerb die alpenländische Tradition konzertant aufzuführen. Sie waren sich bewußt, welchen Effekt sie mit ihren Trachten und ausgewählten Lieder erzielen konnten und setzten dies auch bewußt ein.

Um als Musikant begeisternd in Erscheinung treten zu können, bedarf es vieler Eigenschaften. Er sollte ein guter Unterhalter sein, auf die Leute zugehen, die Musik, die er ehrlich vertritt auch gut – damit meine ich nicht verzerrend, überzeichnet – präsentieren können. Dann wird er am Stammtisch erfolgreich sein, genauso wie am Tanzboden oder – soll sein – auf der Bühne.

Über den Umweg der „populären" Musik oder über die Internationale Volksmusik mußte der „Folkmusiker" früh die Kunst der Präsentation auf der Bühne, auf der er in erster Linie in Erscheinung tritt und wo er auch sein Geld verdient, erlernen. Die musikantische Form der Darbietung mußte er, genau wie jeder Volksmusikant, abseits der Bühne begreifen lernen, im gemeinsamen Musizieren (Sessions) und Singen, meist nach dem Heruntersteigen von der Bühne, was meist außer acht gelassen wird. Ich denke, daß sich Volksmusikanten auch darüber Gedanken machen dürfen, wie sie ihre Musik präsentieren.

DIE NEUE VOLKSMUSIK

Und jetzt mit noch mehr Musik – die „Neue Volksmusik" (NVM)!
von A. Safer

Ich will systematisch vorgehen, versuchen, die beiden Begriffe „neu" und „Volksmusik" gegenüberzustellen und eine Verträglichkeitsprüfung anzustellen; die Journalisten, die Marginalienverfasser, Feuilletonisten, Musikkritiker, die „Profiliga" eben, in Form von Pressezitaten zu Wort kommen lassen und zwischendurch und hintennach meinen „Senf" dazugeben.

NEU:
Alles was NEU ist, ist nicht alt. Es ist
   1.) noch nicht viele Jahre lebend, es ist
   2.) noch nicht lange existierend,
   3.) nicht von einer früheren Zeitstufe stammend,
   4.) etwas nicht Bekanntes (d.h. z.B.: „kein alter Witz"),
   5.) es ist nicht beim Alten geblieben. Kurzum: es wurde eben erst hergestellt, es hat gerade begonnen, war bisher nicht existent, unbekannt, fremd. (Karl Dieter Bünting, Deutsches Wörterbuch)

VOLKSMUSIK

Volksmusik ist innerhalb eines Volkes überlieferte Musik (deren Komponisten oft nicht mehr bekannt sind, nicht mehr leben), die in Melodie und Harmonie schlicht und einfach ist (Deutsches Wörterbuch).

Schon beim Darüberlesen fällt auf, daß sich beide Begriffe nicht mögen, ja fast ausschließen, oder hat das Wörtchen „Neu" dem Wort „Volksmusik" gegenüber Vorurteile, oder ist es umgekehrt?

Was läßt mich innehalten bei dieser Wortkombination? Ist es nur das Wort NEU, hat sich gar etwas verändert, gilt es, eine neue Musikrichtung zu definieren, oder ist das Volk der Volksmusikfreunde offener geworden, sieht es Volksmusik nicht mehr als etwas Heiliges, das ja nicht verändert werden darf, mit der man keine „Versuche" starten soll – sie könnte irreparablen Schaden leiden, verhunzt, verstümmelt, geschändet werden (wir kennen diese Begriffe bereits). Soll gar der Jugend ein neuer Zugang zur Tradition eröffnet werden? Ist eine neue Phase angebrochen, wo endlich unvoreingenommen mit dem Begriff Volkmusik hantiert wird, er als individuelle künstlerische Ausdrucksform be- und genutzt wird, spannende, vielschichtige Blüten treiben läßt und die Medien ihn deshalb ernstnehmen und fachkundig darüber zu berichten im Stande sind?

Ist es so wichtig, oder ist es überhaupt notwendig, neue Kategorien zu schaffen?

Was sagen die direkt Betroffenen, jene, die zu den NVM (Neue Volksmusikanten gezählt werden:

Nun ja, vielen ist es herzlich „wurscht", Schubladln wollen bedient werden, außerdem sollen die VerkäuferInnen in den Geschäften ja auch wissen, wo sie die neue Ware hinstellen, was sie dem nicht informierten Konsumenten zeigen müssen, also einerseits eine rein organisatorische Verkaufshilfe; viele sehen es als reine Geschäftemacherei, Plattenkonzerne „bauen" potente Bands auf oder drängen durch „großzügige" Angebote gewachsene Musikgruppen in den Kommerz. Austropop verkauft sich schlecht, na denn schaun wir mal.

Egal wie man es nennt, diese Entwicklung war längst überfällig. In Amerika gab es das Problem nicht, dort ist auch die „Schubladleritis" eine weitgehend unbekannte Seuche, gehört wird die Musik, die „gut" ist, egal ob wir sie Old Time Country, Blues, Contemporary Folkmusic (... mit der Zeit gegangene Volksmusik), Folkrock oder nur einfach Rock nennen. So finden sich dort auch Radiosender, die dieses „Durcheinander" nebeneinander präsentieren (spannend!), oder Festivals, wo alle diese Richtungen gemeinsam Platz finden (abwechslungsreich!).

Gut Ding braucht Weile, und bei uns noch ein paar Jahre dazu. Sicher, in vielen europäischen Ländern gab es diese Zäsuren nicht (siehe Einführung zum Thema Folkrevival), aber es ist ja geradezu verdächtig, weshalb es nach dem Zusammenbruch des Dritten Reiches in Österreich so lange dauern mußte, bis eine für Europa ganz natürliche Entwicklung einsetzen konnte. Nämlich über den

Umweg der internationalen Volksmusik (sagen wir kurz Folk dazu) und der Unterhaltungsmusik (Rock-Popkultur) endlich nach den eigenen musikalischen Wurzeln zu suchen, einen unvoreingenommenen Zugang zur eigenen Tradition zu entdecken und zwar auf breiter Ebene, mit heutigem Sound. Was wird einem aber mancherorts noch in den Weg gelegt, wo Gauverbände und Heimatvereinigungen loslegen, weitsichtige Radiomacher geiseln, mit Protestbriefen drohen, gegen Langhaarige, gegen „Unruhestifter", gegen diese „Negermusik" wettern und deren Vertreter nach Afrika wünschen – und das nur, weil der persönliche Zugang dieser „Vergifter" zur Tradition ein anderer war?

Joe Zawinul in einem Interview beim Festival für „Neue Volxmusik" in Piesendorf 1996: *„Volksmusik moch i schon seit dreißig Jahren. Musik konn se überhaupt net in einem einzigen Stil erschöpfen. Weil a so a Schuahmocha, der nur Sandalen mocht, der is eigentlich ka Schuahmocha."* (Salzburger Nachrichten, Juli, 1996).

NVM darf sich nicht in zwei Begriffen erschöpfen, dachten sich sicher sehr findige Schreiberlinge und „erfanden" so nebenbei noch interessante andere Formulierungen. Vielleicht wollten sie manchmal einfach nur dem Begriff Volksmusik aus dem Weg gehen, aus Unsicherheit, Unwissenheit, Angst oder gar Respekt?

Die Neue Volksmusik in der Presse

„Steirische Weltmusik" (zu BRODLAHN, im Programmheft der „Alpentöne"-Veranstaltung, Ötztal, 1993) klingt noch wenig reißerisch. Dort wo die Vertreter der NVM zusammenkommen, kann man ein „Voixmusi-Festl" erleben, wie in Salzburg 1993 mit ZITHERMANÄ (bayrischer Zitherspieler mit zeitkritischen, kabarettistischen Zügen, „Erfinder" des Zither-Rock) HEACHASEPPN (Traditionelle Musik aus dem Zillertal) und ANIADA A NOAR.

„Der Alpenrocker, König von Goisern", schreibt ein heimlicher Monarchist im NEWS 06/92, „Alpenrap", „Volksmusikpunk", „Neue Heimatlieder" (werden deklariert), „Österreichs neue Identität" (damit sollten sich auch die Politiker beschäftigen?!), die „Rolling Stones der Volksmusik" (könnte aus der Schürzenjägerecke kommen); Medien waren und sind nie verlegen, Schlagworte zu erfinden, um den Leser zum Lesen zu bewegen.

Ich möchte doch ein paar Spalten tiefer lesen, zum Amusement, oder zum besseren Verständnis:

„Die Musik der ATTWENGER (OÖ) stinkt nach Gärgasen, Kuhstall und Provinzpunk und ist doch das Erfrischendste, was ihm in den letzten paar Jahren untergekommen ist, meint Walter Gröbchen im EGO-Magazin 1991. ATTWENGER tragen Österreich im Herzen und die Welt im Kopf." (Süddeutsche Zeitung)

„Oberösterreichische Volksmusik vom Feinsten, gespielt auf der Höhe der Zeit." (Der Standard)

„Es gibt keine Grenzen. Es funktioniert, es fährt, es fliegt. Vor ATTWENGER hat das bloß noch niemand gemerkt (Süddeutsche Zeitung). ATTWENGER 'attwengern'." (Landjugend)

Die NZ ortet beim Duo ATTWENGER sogar authentische Volksmusik. Folk-Punk-Duo ATTWENGER nach dem Motto: *„La Paloma, heißt die Oma"* (Profil, 1993)

„HUBERT VON GOISERN noch vor seinem Höhenflug beim Bärfolk 1992 ... und so begann seine Geschichte: der Wiener Avantgardeszene überdrüssig, ein paar Schnäpse zuviel, eine längere Session mit dem Blaa Lois am selben Abend (Alois Blamberger, Volksmusiklegende aus dem Salzkammergut), und als er spät abends heimkommt, fällt er der 'Steirischen' buchstäblich in die Arme." (Programmzeitschrift zum 10. Bärfolk, 1992)

„... ALPINKATZEN erobern mit Alpenrock die Charts." (News, 1992)

„... Hubert drückt die Knöpferl, sein Stilgemisch hat Köpferl. Endlich hat auch der Ötzi seine Hauskapelle gefunden." (Kleine Zeitung)

„... ein Alpinkater mit Krallen als die Plattensensation 1993." (News, 1993)

„... zwar erzählt der Hubert aus Bad Goisern auch viel Gescheites und Richtiges über die braune Heimaterde, den Dung des Gmundner Kärntners Jörg und wie ungustiös der mit seiner Suderei übers Heimatland umgeht. Dem dumpfen Provinzialismus aber wird hier im seit Wochen ausverkauften Wiener Raimundtheater dann doch auch gehörig Tür und Tor geredet. Vor gut zwanzig Jahren hat es einer aus Bad Goisern schon einmal mit demselben Schmäh probiert. Er nennt sich WILFRIED (Anmerkung: er hat inzwischen wieder zu seinen 'roots' gefunden und ist mit dem '4-XANG' unterwegs) und für 'Ziwui Ziwui' wird er heute öffentlich angespuckt. Hubert von Goisern aber ist der Renner der Saison." (Standard, 1994)

„... der Alpenrocker Hubert v. Goisern gibt seine „Neue Volksmusik" auf und versucht sich erstmals als Designer für Trachtenmode. Seit seinem „Hiatamadl"-Song ist er ein Begriff. Frei ins Hochdeutsche übersetzt, legt sich Goisern in dem Song mit den österreichischen Almschönheiten an: Ein Hirtenmädel mag er nicht, weil er will halt eine aus der Stadt. (Anmerkung: laut Gundl Holaubek, ehemalige Vorsitzende des Steirischen Volksliedwerks, etwas zu frei übersetzt; weiß sie doch die ursprüngliche Version: kein Hittamadl – also ein Madl von einer Eisenhütte – mag er nicht, weil es keine dicken Wadln hat. Ein Madl aus der Stadt ist ihm da freilich lieber, mit gutgenährten, dicken Wadln. Demnach ist hier eine hochkritische Stelle – die Schwerarbeiterinnen in den Hütten hatten wenig zu beißen, konnten sich keine dicken Wadln leisten – zum Alpenkitsch mutiert. Wann, warum, ist die Frage.)." (Zitat aus „Focus", 1994)

„BROADLAHN (breite Lawine), ist der Name einer Alm bei Kleinsölk in den Niederen Tauern. Die Gruppe gibt es nun seit drei Jahren und jetzt verstärkt durch den Percussionisten Martin Schnurr. Wenn es sich auch nicht verleugnen läßt, daß die Gruppe als Folkgruppe begann, so hat sie doch größte Schwierigkeiten, ihre Musik einer Richtung zuzuordnen ... am wichtigsten jedoch ist ihnen die Freude am Spielen." (Ankündigung im Programmheft des 1. St. Radegunder Folkfestivals 1985)

"... und was sich da alles getan hat! ... kaum eine österreichische Gruppe hat in den letzten Jahren soviel kreatives Potential freigemacht wie Broadlahn." (Minoritenzeitung Nr. 7/89)

"... wurden zum unverzichtbaren Bestandteil der sogenannten NVM. Große Plattenfirmen holten sich bis jetzt kalte Füße." (News, 3/93)

"... es ist keine wirkliche Volksmusik, die wir machen. Wir beziehen uns auch nicht auf irgendwelche Konzepte und schreiben uns nicht vor, daß in jedem Stück was Volksmusikalisches drin sein muß." (NZ, 6/93)

"... der „Bua" ist der Huber Ernstl, der in seinen Ansagen Bauernschläue stotternd zur kostbaren, köstlichen Existentialphilosophie erhebt ... selten noch hat Musikklitterung so klaglos gepickt und Spaß gemacht." (Kleine Zeitung, 11/93)

„GRAYMALKIN, ein Nachwuchsduo, welches vom internationalen Folk langsam zur heimischen Musik zurückfindet. Ein weiteres Ensemble, das Folkmusic nicht bloß als Klangimport versteht. Graymalkin = graue Malken (althochdeutsch!) = mittelhochsteirische Racheweiber." (7. Bärfolkprogramm, 1989)

"... 'zänkisches Weib' bedeutet der aus dem Keltischen stammende Name Graymalkin. Die Band fand sich im Juni 1988 zusammen, um die originale alpenländische Musik wiederzubeleben. Die Texte sollen dabei die Höhen und Tiefen der österreichischen Seele charakterisieren, verpackt in skurrile Geschichten." (Österreich-Magazin, 3/1993)

"... seit fünf Jahren vermischen auch Graymalkin Blasmusik aus dem Dorf mit Kirchenchören, Irenfolk mit gutem alten Rock & Roll." (News, 1993)

„AUSSEER HARDBRADLER: ... ein „Neuer Volksmusik"-Sound; sie kombinieren Lederhosen mit Sonnenbrillen und Ziehharmonika mit E-Gitarre." (Kleine Zeitung, 12/93).

„YAGA-T, Ethnorock aus Liezen, nicht zu verwechseln mit dem beliebten „Schipistengetränk", besteht nun seit etwa zwei Jahren ... Ethnorock ist zwar nichts Neues, aber die Besetzung dieser Formation ist außergewöhnlich: Hackbrett, Keyboards, Steirische, Dudelsack, Gitarre, Baß, Schlagzeug, Gesang." (Obersteirische Nachrichten, 4/94)

"... die Internationalisierung und die Lautstärke kommen dem jugendlichen Konzertpublikum sehr entgegen ... aus einer gesicherten volksmusikalischen Basis schöpfend bleibt der Ton, ob vokal oder instrumental, immer sehr gut." (Obersteirische Nachrichten, 5/1996)

„ANIADA A NOAR: ... die bereits durch das Fernsehen bekannt gewordene Gruppe FOLKFRIENDS (Anmerkung: seit 1986 Aniada a Noar) wird heuer an einem großen, internationalen Folkfestival in Udine (Italien) teilnehmen, ... interessant ist ihre Interpretation der steirischen Folklore, bei der sie gewohnte Klänge mit eigenen Texten zu einer ansprechenden Ganzheit vereinen." (Programmheft zum 1. St. Radegunder Folkfestival, 1985)

"... eine Gruppe, deren Musik völlig neue Wege erschließt – keine Avantgarde, keine Moderne, aber dennoch neu: Aniada a Noar. ... diese Musik berührt, wie und wo auch immer: gemeinsames Lachen und Weinen sowie Spielfreude und der Spaß am Musikantensein stehen im Vordergrund." (Minoritenzeitung, 1989)

4-Xang: v.li.: Heinz Jiras, Eik Breit, Wilfried Scheutz, Klaus Kofler. (Foto © Peter Manninger)

„4 – XANG: ... das Leben ist kurz, der Tod ist lang, dazwischen liegt der 4 – Xang ... die Bühnenerfahrung vieler Jahre und die Lust am Gesang sind intensiv spürbar, deshalb hingehen!" (Kleine Zeitung, 3/96)

„... vier hochklassige Kehlkopfartisten und abgrundtief-geistvolle, mit allen Wassern gewaschene Slapstickblödler." (Theatercafé, 5/1996)

„DEISHOVIDA: ... not 4 you nennen die Soundpiraten ihre neue Produktion und lassen aufhorchen, und wie! ... unvergleichlich origineller und virtuoser Stilmix ... kabarettistisches Talent ... ihnen könnte etwas gelingen, woran schon viele Gruppen aus der Folkszene gescheitert sind: eine Synthese aus Tradition, zeitgenössischen Elementen sowie eigenen innovativen Impulsen zu kreieren und damit Einfluß auf zukünftige Musikrichtungen auszuüben." (Concerto, 3/1998)

Ich möchte zum Abschluß einen Schluß ziehen, der aber nicht unbedingt schlüssig sein muß.

In der Werbung wurde das Wort „neu" immer schon (und das ist ein alter Witz) gerne verwendet. Zum Beispiel die „neue" Milka, mit noch mehr Schokolade, das „neue" Persil mit mehr „Megapörls", das „neue" Ö3 mit mehr Hits, oder das „neue" steirische Radio, jetzt mit noch mehr Sch ... lagern.

Wir sehen schon, hier geht die Definition des Wortes „neu" eigene Wege, ganz eindeutig in Richtung „noch mehr davon". Ich komme damit zum Schluß laut Werbediktion: „Neue Volksmusik" heißt, daß mehr Volksmusik drinnen ist, im Volk und in der Musik, als vorher (?!), daß es mehr Inhalt gibt (wahrscheinlich mehr Musik oder gar Text?), von Volksmusik ganz einfach mehr davon also ...

Anfang 1997 beendete Günter Hohl seine Diplomarbeit zur Erlangung des Grades eines Magister artium an der Hochschule für Musik und darstellende Kunst in Graz:
„DIE NEUE ÖSTERREICHISCHE VOLKSMUSIK (NÖVM); eine musikanalytische Darstellung am Beispiel von BROADLAHN; ATTWENGER und HUBERT VON GOISERN".

Aus dieser Arbeit zuerst eine allgemeine Einführung zum folgenden Thema:

Die Neue Österreichische Volksmusik
Auszüge aus der Diplomarbeit von Günter Hohl

Da der Volksmusik im anglo-amerikanischen Kulturkreis ein ganz anderer Stellenwert zukommt als hierzulande, kam es dort seit den 60ern immer wieder zu verschiedenen Formen der Verschmelzung von Volksmusik und aktuellen Spielarten der Unterhaltungsmusik wie Rock oder Pop.

Als Beispiel seien etwa BOB DYLAN,[1] der Folkrock der britischen Band FAIRPORT CONVENTION[2] und der amerikanische Countryrock der späten Byrds[3] angeführt, die alle traditionelles Material mit elektrischem Rockinstrumentarium kombinierten und so einen neuen Stil kreierten, dessen Einfluß auch heute noch bei zahlreichen Interpreten wie z.B. den POGUES,[4] GRANT LEE BUFFALO[5] oder auch REM[6] festzustellen ist.

Diese Synthese aus angloamerikanischer Volks- und Rockmusik fand zwar auch im deutschsprachigen Raum zahlreiche Nachahmer, zu einer ähnlichen Verbindung mit eigener Volksmusik kam es hier aber kaum. Als eigene Ausnahme ist hier der österreichische Sänger WILFRIED[7] zu nennen, der 1973 mit dem Stück „Ziwui ziwui" die Neue Österreichische Volksmusik gewissermaßen vorwegnahm. Im „Ziwui ziwui" lassen sich bereits alle Merkmale der NÖVM (Neue Österr. Volksmusik) erkennen, jedoch entwickelte sich aus diesem Einzelerfolg kein landesweiter Trend.[8] An welchen Umständen das lag, wäre eine eigene Untersuchung wert und kann hier nicht näher erörtert werden. Tatsache ist, daß man WILFRIED getrost als geistigen Vater der NÖVM bezeichnen kann.

Um diesen landesweiten Trend entstehen zu lassen, waren offenbar weitere Anstöße nötig. Diese gingen schließlich von der internationalen Rock- und Popszene aus: Im angloamerikanischen Sprachraum gab es seitens der Rockmusiker schon seit den Sechzigern neben der Beschäftigung mit den eigenen Wurzeln auch ein Interesse an „fremder" Volksmusik. Im Brennpunkt des öffentlichen Interesses standen die BEATLES, die in ihre Kompositionen wiederholt Versatzstücke indischer Musik einbauten,[9] es gab aber auch vergleichbare Versuche verschiedener anderer, wenn auch weniger bekannter, Musiker.

Ins Zentrum der Aufmerksamkeit rückte die internationale Volksmusik erneut zu Anfang der Achtziger mit PETER GABRIEL, dessen Auseinandersetzung mit außereuropäischer Musik sich nicht nur darauf beschränkte, in seinen Stücken afrikanische Trommelpatterns zu verwenden. Er gründete auch die Institution WOMAD (World of Music Arts and Dance) mit dem Ziel, das Interesse an Musik und Tanz aus aller Welt zu fördern, und eröffnete mit den REAL WORLD STUDIOS ein eigenes Tonstudio für gemeinsame Produktionen von Musikern aus verschiedenen Kulturen. Zur Veröffentlichung dieser Aufnahmen wurde das Plattenlable REAL WORLD ins Leben gerufen.

Wesentlichen Einfluß hatten schließlich drei Produktionen bedeutender Rockmusiker:

PAUL SIMONS LP „Graceland",[10] die unter Mithilfe afrikanischer Musiker wie LADYSMITH BLACK MAMBAZO entstand, PETER GABRIELS „So"[11] (mit dem senegalesischen Sänger YOUSSOU N'DOUR) und „Naked"[12] von den TALKING HEADS (mit SALIF KEITA aus Mali).

Im Gefolge dieser von vielen als „imperialistisch" bezeichneten Verschmelzung verschiedener Musikkulturen, in der sich westliche Musiker fremder Musiktraditionen bedienten, wandte sich das öffentliche Interesse auch zahlreichen afrikanischen oder südamerikanischen Musikern zu, die den umgekehrten Weg gingen und ihre Volksmusik mit den Stilelementen der westlichen Unterhaltungsmusik verbanden. Zu ihnen gehörten neben den bereits erwähnten afrikanischen Musikern YOUSSOU N'DOUR[13] und SALIF KEITA[14] so unterschiedliche Interpreten wie MORY KANTE,[15] CHEB KHALED[16] und OFRA HAZA.[17]

Diese WELTMUSIK (Worldmusic), wie sie nun genannt wurde, bestimmte die Popmusik in der zweiten Hälfte der Achtziger wie kein anderer Trend und weckte hierzulande nicht nur das Interesse an fremder, sondern auch an eigener Volksmusik, erst bei den Musikern, bald aber auch bei einem nun sensibilisierten Publikum.

Schon in der NEUEN DEUTSCHEN WELLE waren vereinzelt Elemente alpenländischer Volksmusik in der Popmusik verwendet worden,[18] dies geschah aber eher in der Form musikalischer Zitate als einer tatsächlichen Synthese.

Die ersten, die eine solche Synthese anstrebten, waren wohl die steirischen BROADLAHN; doch schon zu einem Zeitpunkt, als BROADLAHN noch wenig bekannt waren, begannen auch andere, offenbar unabhängig davon, an einer Verschmelzung traditioneller Volksmusik und moderner Unterhaltungsmusik zu arbeiten. Möglich ist auch eine Beeinflussung durch Musiker aus Deutschland, wo zu diesem Zeitpunkt ähnliche Entwicklungen vor sich gingen.

Die Frage nach dem „Erfinder" – oder wohl besser dem „Wieder-Erfinder" – der NÖVM läßt sich nur schwer eindeutig beantworten, einfacher ist hingegen eine Chronologie der ersten NÖVM-Tonträger: 1988 erschien als erster Vorläufer das ALPINKATZEN-Album „Alpine Lawine",[19] 1989 folgte die erste Platte von BROADLAHN,[20] und spätestens mit HUBERT VON GOISERN[21] war 1992 der Trend NÖVM geboren, zu dem neben den in dieser Arbeit eingehender besprochenen Interpreten auch ANIADA A NAOR,[22] ROLAND NEUWIRTH,[23] die AUSSEER HARDBRADLER,[24] die KNÖDEL,[25] GRAYMALKIN,[26] RAUH-

NACHT[27] und viele andere gezählt werden. Die NÖVM bescherte der seit dem schleichenden Ende des AUSTROPOPS darbenden österreichischen Musikindustrie unerwartete Zuwachsraten und stellt in der österreichischen Musiklandschaft den bedeutendsten Trend seit Jahren dar.

Mit dem Abtritt des HUBERT VON GOISERN wurde es allmählich stiller um die NÖVM, auch wenn es mit den von EMI als seine Nachfolger aufgebauten AUSSEER HARDBRADLERN oder mit dem von Andreas Safer (ANIADA A NOAR) und Reinhard Ziegerhofer (BROADLAHN) geschriebenen Musical „Die Geierwally",[28] das in Graz schon die zweite Saison bei regem Publikumsinteresse aufgeführt wird, weitere Kassenmagneten gibt.

Für die Zukunft der NÖVM werden zwei Umstände entscheidend sein: Einerseits, ob die noch aktiven, bereits etablierten Interpreten ihr Konzept auf hohem Niveau überzeugend weiterentwickeln können, und andererseits, ob sich unter den zahlreichen Nachfolgern solche finden, die genügend Eigenständigkeit und musikalische Qualität in sich vereinen, um das Genre voranzutreiben und nicht in formelhaften Konventionen erstarren zu lassen.

Ziel von Günter Hohls Arbeit war es, die Musik der drei erfolgreichsten Vertreter der NÖVM (ATTWENGER, BROADLAHN, HUBERT VON GOISERN) zu analysieren und aufzuzeigen, wie die Synthese verschiedener Musikstile vollzogen wurde. Hohl zog dabei sämtliche auf Tonträger erschienenen Stücke der drei Gruppen heran. Er verwendete eine alternative Untersuchungsmethode, das „Vier Ebenen Modell" (Textebene, Melodieebene, Harmonieebene, Rhythmusebene). Weiters untersuchte er Arbeitsweise und Musik der drei Interpreten auf Gemeinsamkeiten und versuchte eine Antwort auf die Frage, ob der Terminus NEUE ÖSTERREICHISCHE VOLKSMUSIK nur ein Schlagwort ist, zu finden.

---

1 LP, Bob Dylan, „Bringing it all back home", CBS, 1965
2 LP, Fairport Convention, „Liege and Lief", Island, 1969
3 LP, The Byrds, „Fifth Dimension", CBS, 1966 bzw. „Sweetheart of the Rodeo", CBS, 1968
4 CD, The Pogues, „The rest of the Best", Warner, 1992
5 CD, Grant lee Buffalo, „Midnight Joe Moon", Slash Records, 1994
6 LP, REM, „Life's Rich Pageant, IRS, 1986
7 CD, Diverse, „Alpenglühn – 15 zünftige Heimatlieder", Gig Records, 1995
8 WOLFGANG AMBROS schloß mit seinem „Watzmann" nur thematisch, nicht musikalisch, an. Auch sprachlich findet keine Annäherung an die Volksmusik statt; vgl. LP, Ambros, „Der Watzmann ruft", Bellaphon, 1974
9 LP, The Beatles, „Sgt. Pepper's Lonly Hearts Club Band", EMI, 1967
10 LP, Paul Simon, „Graceland", Warner, 1986
11 LP, Peter Gabriel, „So", Virgin, 1986
12 LP, Talking Heads, „Naked", EMI, 1988
13 LP, Youssou N'Dour, „Set", Virgin, 1990
14 LP, Salif Keita, „Soro", Island, 1987
15 CD; Mory Kante, „Akwaba Beach", Barclay, 1987
16 CD, Cheb Kaled, „Le Meilleur de Cheb Khaled 1 & 2", Blue Silver, 1995
17 CD, Ofra Haza, „Yemenite Songs", Ace, 1985
18 z.B. der „Alpenrap" der ERSTEN ALLGEMEINEN VERUNSICHERUNG; (vgl. CD, „Spitalo fatalo", EMI, 1983 oder „Bring me Edelweiß" von EDELWEISS; (vgl. CD, Diverse: „Alpenglühn – 15 zünftige Heimatlieder", Gig Rec., 1995),
19 CD, Alpinkatzen, „Alpine Lawine", CBS, 1988
20 CD, Broadlahn, „Broadlahn", Extraplatte, 1989
21 CD, Hubert von Goisern, „Aufgeign statt niedaschiassen", BMG, 1992
22 CD Aniada a Noar, „Geduld Geduld-live", Extraplatte, 1993
23 CD, Roland Neuwirth, „Essig und Öl", WEA, 1994
24 CD, Ausseer Hardbradler, „Hardbradln", EMI, 1996
25 CD, Die Knödel, „Verkochte Tiroler", RecRec Music, 1993
26 CD, Graymalkin, „Samstog auf'd Nocht", Fab Records, 1993
27 CD, Rauhnacht, „Leibhaftig", BMG, 1994
28 CD, Andreas Safer/Reinhard Ziegerhofer, „Die Geierwally", Extraplatte, 1996

„NEUE ÖSTERREICHISCHE VOLKSMUSIK"
Der Terminus, Vergleich der Interpreten
von Günter Hohl

Ein Vergleich der hier behandelten Gruppen fördert sowohl Unterschiede als auch Gemeinsamkeiten zutage.

Offensichtlich ist, daß alle drei in ihrem Schaffen auf die traditionelle alpenländische Volksmusik zurückgreifen und diese mit Stilelementen anderer Musikrichtungen vermengen. Hier lassen sich jedoch deutliche Unterschiede erkennen: BROADLAHN verwenden Jazz und außereuropäische Volksmusik, ATTWENGER Hip Hop und HUBERT VON GOISERN Rock und Pop.

Allen Interpreten ist die beinahe ausschließliche Verwendung von volksmusiknahen oder zumindest volksmusikähnlichen Texten gemeinsam. Die Texte werden gerne volksmusikfremder Musik gegenübergestellt, weswegen dem Stilübergang durch die Textebene ein besonderer Stellenwert zukommt.

Da in der traditionellen alpenländischen Volksmusik eine Begleitung durch Schlagzeug oder Percussionsinstrumente nicht üblich, die heute aktuelle populäre Musik hingegen von einem durchgehenden Schlagzeugrhythmus geprägt ist, ist die Ergänzung der Volksmusik um diese rhythmische Komponente eine naheliegende Idee. Das drückt sich durch die bei allen drei Interpreten häufige Stilüberlagerung durch die Rhythmusebene aus.

Eine Erweiterung der einfachen harmonischen Struktur der alpenländischen Volksmusik durch Stilüberlagerungen durch die Harmonieebene und Stilüberlagerungen durch die Melodieebene wird aber fast nur von BROADLAHN vorgenommen. Bei ATTWENGER ist es zuletzt gerade die Harmonieebene, die der Volksmusik verhaftet bleibt.

Häufig finden sich bei allen drei Interpreten auch Stilüberlagerungen durch die Klangfarbe, wohl weil dadurch eine zumindest oberflächliche Annäherung unterschiedlicher Musikstile besonders einfach ist. Von dieser offenbar sehr breitenwirksamen Technik macht HUBERT VON GOISERN mit Abstand am ausgiebigsten Gebrauch.

Gemeinsamkeiten lassen sich zwischen BROADLAHN und HUBERT VON GOISERN im Aufbau der einzelnen Stücke beobachten: Während ATTWENGER-Stücke eher einheitlich gebaut sind, wechseln bei GOISERN und vor allem bei BROADLAHN die Überlagerungsformen häufig innerhalb der Stücke.

Wirklich komplexe Formen der Stilüberlagerungen finden sich zwar bei allen drei Interpreten, spielen aber nur eine untergeordnete Rolle.

In der Musik der einzelnen Interpreten finden sich genügend Gemeinsamkeiten, so ist es gerechtfertigt, sie ein und derselben Stilrichtung zuzuordnen. Es ist Christian Sailer, dem Herausgeber des bisher einzigen Buches zur NÖVM („Schräg dahoam – zur Zukunft der Volksmusik", Hannibal, 1995) also zu widersprechen, wenn er aus der bisher nicht gelungenen Definition des Begriffes Volksmusik die Unmöglichkeit, die NÖVM zu definieren, folgert.

Die Bezeichnung NEUE ÖSTERREICHISCHE VOLKSMUSIK ist zwar ungenau und irreführend. Sie erfüllt aber das Bedürfnis von Presse und Musikindustrie, alles, was mit österreichischer Volksmusik zu tun hat und irgendwie neu ist, mit nur einem Schlagwort zu umreißen. Es wäre naheliegend, für wissenschaftliche Zwecke eine neue Gattungsbezeichnung einzuführen (denkbar währe z.b.: NEUE ALPENLÄNDISCHE UNTERHALTUNGSMUSIK). Da sich der Terminus NÖVM aber bereits etabliert hat, ziehe ich es vor, damit weiterzuarbeiten und ihn mit einer wissenschaftlichen Definition zu versehen.

Bezieht man die Ergebnisse dieser Arbeit in den Versuch einer solchen Definition mit ein, so lassen sich für die Zuordnung eines Stücks zur NÖVM zwei wesentliche Kriterien feststellen: Erstens müssen Elemente alpenländischer Volksmusiktradition verarbeitet sein, und zweitens müssen diese mit Elementen nichtalpenländischer Unterhaltungsmusik zu etwas Neuem verschmolzen werden (um die NÖVM von ähnlichen Musikrichtungen in Deutschland oder der Schweiz abzugrenzen, könnte noch das Kriterium österreichischer Ausübender hinzugenommen werden).

Obwohl diese grundlegende Definition noch sehr weit gefaßt ist, wären schon durch die Festlegung auf die alpenländische Volksmusiktradition verschiedene Künstler wie ERWIN NEUWIRTH nicht mehr der NÖVM zuzurechnen – fast das gesamte Feld der VOLKSTÜMLICHEN MUSIK, in dem sich ja auch etwas Nicht-Alpenländisches, nämlich der DEUTSCHE SCHLAGER, mit alpenländischer Musiktradition zu etwas Neuem verbindet, hingegen schon.

Berücksichtigt man die jeweils mit alpenländischer Volksmusik verschmolzenen Stilrichtungen, kann die NÖVM noch weiter untergliedert werden, beispielsweise in Alpen-Rock, Alpen-Jazz, Alpen-Schlager (volkstümliche Musik) und andere. Darstellen ließe sich diese Klassifizierung folgendermaßen:

WELTMUSIK
|
— **NÖVM** —
|
Alpen-Rock   Alpen-Jazz   Alpen-HipHop   Alpen-Folk   Alpen-Schlager

Geht man von WELTMUSIK – im Sinne einer Mischung aus internationaler Volksmusik und moderner westlicher Unterhaltungsmusik – als nächsten Überbegriff aus, so stellt die NÖVM eine regionale Spielart derselben dar, die gleichberechtigt neben ähnlichen Formen in anderen Ländern steht und sich von diesen durch die Einbeziehung alpenländischer Volksmusiktradition unterscheidet. Durch eine weitere Unterteilung ergeben sich angeführte Untergruppen, Überschneidungen sind dabei möglich.

Eine – theoretisch begründete – Zuordnung von Interpreten zu einer dieser Untergruppen könnte erst anhand der aufgezeigten Kriterien nach eingehender Analyse des musikalischen Materials stattfinden. Welche der anderen österreichischen Interpreten, die üblicherweise der NÖVM zugerechnet werden, dieser Definition tatsächlich entsprechen und welcher Stilrichtung sie zuzuordnen sind, wäre Gegenstand einer eigenen Untersuchung.

BRUTSTÄTTEN DES FOLK

Vorbemerkungen über die Bedeutung von Begegnung

Begegnung ist wesentlich. Sei es bei einem Konzertbesuch oder im Gasthaus, sei es bei einem Symposion oder beim spontanen gemeinsamen Musizieren, bei einem Folk-Festival oder Musikantenstammtisch. Viele Impulse wurden bereits gesetzt, von selbstlosen Veranstaltern oder anderen Idealisten, von öffentlichen Institutionen oder leidenschaftlichen GastwirtInnen, einiges wurde bereits angeschnitten.

Folgende Beiträge sollen die Bedeutung menschlicher Begegnungsmöglichkeiten, die Schaffung von Begegnungsstätten noch vertiefen.

Die Chronik der Steirischen Festivals und Veranstaltungsreihen sei hier noch angefügt, zum Nachschauen, Zurückerinnern und Vorwärtsblicken.

1. Bärnbacher FOLK- und VOLKS-MUSIKANTENTREFFEN, 13.–14. April 1991

Auszüge aus dem Eröffnungsreferat von Hermann Härtel, STEIRISCHES VOLKSLIEDWERK

Folk und Volksmusik ziehen sich an – möchte man meinen –, wenn man weiß, daß dieses Thema bei vielen Volksmusiktagungen behandelt wird. Ich erinnere an das Seminar zum gleichen Thema, das 1990 in Goldegg in Salzburg abgehalten wurde.

Es ist mir ein Anliegen, den Musiker selbst, den Menschen, in den Mittelpunkt der Betrachtung zu stellen. Er ist ja im Grunde seines Herzens vorerst einmal Musiker und überläßt die Zuteilung zu den verschiedenen Gattungen gerne den anderen.

1. Folk- und Volksmusikanten-Stammtisch in Bärnbach, 13. April 1991. Am Foto Edith Zimmermann, damals Gruppe „WULLAZA", heute „STEIRISCHE LANDSTREICH". (Foto Hermann Härtel)

Wo ist also das Trennende, und was ist das Verbindende zwischen Folk und Volksmusik?

Zuallererst gibt es verschiedene Zugänge: Beim Folkmusiker zum Beispiel durch eine eigene weltweite Bewegung. Vor allem aber durch das Interesse an anderen musikalischen Wurzeln, durch Begegnung bei Festivals im In- und Ausland.

Volksmusik hingegen kann einerseits direkt verwurzelt sein – durch die Verbindung zur musikalischen Überlieferung in der eigenen Familie, im benachbarten Umfeld. Diese Gebrauchsmusik ist mir ein besonderes Anliegen, sie braucht keine Bühne, sie wird gelebt. Es gibt aber auch den Zugang durch pflegerische Intentionen, die nun die Wahrung der Identität in den Mittelpunkt stellt und zu einem eigenen Freizeitzweig wird.

Wie sehr die Begriffe Folk- und Volksmusik ineinanderfließen, zeigt folgendes Beispiel: Norwegische Geigenmusik von einer Folkmusikgruppe über ein internationales Festival nach Österreich eingeführt und hier interpretiert, heißt „Skandinavische Folkmusik". Dieselben Melodien, von Volksmusikanten anläßlich einer Auslandsfahrt aus Norwegen mit nach Österreich genommen und von dieser Gruppe gespielt, heißt dann „Skandinavische Volksmusik".

Einige Anmerkungen und Gedanken:

Zum Folkmusiker: ... es überwiegt der Hang zur Eigenproduktion, zum Besonderen, Außergewöhnlichen – im Gegensatz zum Gebrauchsmusiker – und zum Umhorchen im Nachbarland, dies prägt den Folkmusiker. Er bemüht sich um Aktuelles. Kritische, gegenwartsbezogene Texte verlangen ein aufmerksames Publikum und machen eine Bühnenproduktion erfolgreich.

Zum Volksmusikanten: ... die Liebe zum Gewachsenen, aus seinem erlebbaren Umfeld heraus, aber auch die pflegende Zuwendung als Identitätsstärkung prägt den Volksmusiker. Er schwört absichtlich oder instinktmäßig auf Werktreue, nämlich das Gehörte ebenso wiederzugeben. Hier hat das Lied seinen Sinn in der Wiederholung. Das Althergebrachte, das schon Bekannte ist Inhalt seines musikalischen Tuns. Übrigens: Mit der Verurteilung von Volksliedtexten muß man vorsichtig sein. Überlieferter Eigengebrauch kann natürlich aktualisiert sein, ist es aber in der Praxis nicht. Es handelt sich dabei um eine Rückblendung, eben um ein Leben in gewohntem Klang. Dieser Eigengebrauch und diese Gepflogenheit sind erst dann zu hinterfragen, wenn Volkslied und Volksmusik aus dem eigentlichen Zusammenhang herausgenommen und bühnenhaft präsentiert werden.

Es wurde mir schon der Vorwurf gemacht, Folk- und Volksmusik zwangsweise verbinden zu wollen. Wer die Musiker beider Richtungen kennt, weiß, daß hier nichts zwangsweise geschehen kann. Wenn wirklich so große Gegensätze niederzureißen wären, könnte diese Veranstaltung nicht stattfinden. Ich finde es als ein besonderes Ereignis, daß seit geraumer Zeit zwei gar nicht so verschiedene Welten zusammenrücken. Das beiderseits praktizierte Suchen nach den Wurzeln, nach musikalischen Traditionen entspricht wohl auch dem Urbedürfnis der Menschen. Wo es dieses Suchen nicht gibt, herrscht „Heimatlosigkeit". Doch Heimat ist ohne Fremde nicht erlebbar.

Ich schließe mit einem Appell:
Musikalische Betätigung ist nie etwas Ausschließendes, sondern ist immer einschließlich ausgerichtet. Auf der Suche nach dem Grenzbereich, nach dem Nachbarlichen, Unbekannten, sind Vorurteile hinderlich. Die Liebe des Einzelnen zu seinem musikalischen Schatz, seine besondere Beziehung zu Melodie und ihrer Herkunft ist wesentlich. Auf der Suche nach der Folk- und Volksmusik – welche Ironie: beide beginnen mit „F" (aber nicht mit demselben) – geht es uns wie in allen Disziplinen: Der Mensch selbst steht im Mittelpunkt jeder Überlegung und auch jeder Beurteilung von Musik. Er selbst muß mitklingen.

EIN ABEND IM BABENBERGERHOF

von Armin Baumgartner, Chemiker bei „Greenpeace", leidenschaftlicher Musikant und Liedersammler

Freitagabend, der letzte im Monat: Ganz Graz stürmt die In-Lokale und Tanztempel. Ganz Graz? Nein – eine kleine Schar Musikbegeisterter pilgert in Richtung Babenbergerhof zur „Anni-Wirtin".

Das herzliche „Griaß eich!",
der dicke Schmatz links und rechts und der kräftige Druck an die rundlichen Formen der Wirtin geben einem augenblicklich das Gefühl, hier zuhause zu sein. Auch die gemütliche Atmosphäre des urigen Gasthauses verspricht einen langen, unvergeßlichen Abend ...

David W. Doro, ein englischer Folksänger auf der Durchreise, an der Gitarre beim Folk- und Volksmusikantenstammtisch im Babenbergerhof, Graz.

Der „Folk-Stammtisch",
der bereits von einem bunten Haufen angeregt tratschender Leute bevölkert wird, hat seinen Namen wohl daher, daß hier im Laufe der Jahre so ziemlich alle guten Bekannten der steirischen Folk- und Volksmusik-Szene vertreten waren. Die traditionellen „TANZGEIGER" waren ebenso zu hören wie die rauhen, aber herzlichen „GRAYMALKIN", die Teufelsgeige von Kurt Bauer und das außergewöhnliche Drehleierspiel von Matthias Loibner („DEISHOVIDA"), die Gitarre des virtuosen MARTIN MORO ebenso wie die Quetschn (Ziehharmonika) der Anni-Wirtin und natürlich die „Noarn" („ANIADA A NOAR") mit ihrem unverwechselbaren Klang. Wer öfter kam, hatte hier das Gefühl, die gesamte Entwicklung der „steirischen Szene" zu erleben.

„Anni, A-anni – geh' bitte bring ma no a Bier!",
schallt es gerade zur Melodie von „Angie" durch den Raum. Zwei Musiker haben ihre Gitarren ausgepackt und stimmen offenbar ihre durstigen Kehlen ein. Die Gitarren stimmen zwar weniger, doch wen stört's, wo doch nun eine bunte Mischung anglo-amerikanischer Folksongs, irischer Trinklieder und Musik der Flower-Power-Generation zum Mitsingen einladen. Die verteilten „Bibeln", die Liederbücher, helfen über die textlichen Gedächtnislücken hinweg, die mit jedem weiteren Bier häufiger aufzutreten drohen und schon bald ist fast jeder im Raum irgendwie in das Geschehen involviert. Wer glaubt, absolut nicht singen zu können, greift sich eins der vergessenen (?) Perkussionsinstrumente von der Wand und sorgt so für den richtigen Rhythmus.

Schneller als gedacht ist es Mitternacht ...,
und wie es sich gehört, wird auch prompt die Sperrstunde ausgerufen. Die Anni-Wirtin schließt polternd den Rolladen und macht die Luken dicht. Nach außen liegt der Babenbergerhof jetzt wieder ruhig da, aber im Inneren brodelt es wie eh und je. „Es lebe der Zentra-a-lfriedhof!", ein alter Ambros-Hit ist es, den sich alle gewünscht haben und nun stimmkräftig mitgestalten. Wir sind jetzt sozusagen privat und mitten in einem „Wunschkonzert" der besonderen Art. Für die Coverversion ihres Lieblingsliedes von „ANIADA A NOAR" revanchiert sich Anni bei den Musikern mit einer kräftigen Jause und Schilcher, während sie den Rest des Stammtisches durch launige Rezitation von Kloepfer-Gedichten und durch selbsterlebte (oder selbsterfundene?) G'schichtln aus ihrem bewegten Leben unterhält.

Frisch gestärkt geht es dann in die zweite Musikrunde, wobei die Musiker mehr und mehr zu menschlichen Wurlitzern mutieren: auf Zuruf werden Lieder aus dem umfangreichen Repertoire zum Besten gegeben, und die erbrachte Leistung wird je nach Zufriedenheit der Zuhörer mit Naturalien aus dem Zapfhahn belohnt. Um die Ausschank zu aktivieren, gibt's natürlich auch die Möglichkeit, dem netten Aushilfskellner hinter der Theke unaufgefordert sein Lieblingslied zu intonieren, möglichst gefühlvoll, versteht sich. Der gewünschte Erfolg stellt sich verläßlich durch Feuchtigkeit in dessen Augen sowie durch Feuchtigkeit in den Kehlen der Sänger ein.

Als der Morgen graut ...
und sich sowohl das Repertoire der Musiker als auch die stimmliche Kondition aller Mitwirkenden langsam zu erschöpfen scheint, beginnt sich die Runde langsam aufzulösen. Eine Taxifahrerin besinnt sich auf ihre eigentliche Mission und bringt ihre sangesfreudigen Fahrgäste zum Wagen, nachdem sie zuvor selbst eine Stunde in der fröhlichen Runde verbracht hat. Die Anni-Wirtin erscheint zu einem ausgedehnten Abschiedsritual im Nachthemd, da sie den letzten Teil der Nacht für einen kurzen Schönheitsschlaf auf der Ofenbank verbracht hat. Vor der Gaststube läßt die frische Luft die aufkeimende Müdigkeit schnell vergessen, und alle sind sicher: wir treffen uns bestimmt wieder – am letzten Freitag des kommenden Monats!

DIE GROSSEN STEIRISCHEN FOLK-FESTIVALS und VERANSTALTUNGS-REIHEN einst und jetzt

DAS RETZHOFER FOLKFESTIVAL: 1982–1993
Ein Rückblick von Ernst Rainer Pozar

Das Bildungshaus Retzhof bei Leibnitz in der südlichen Steiermark war für mich ein Ort persönlicher Beziehungen: Ich durfte erste musikalische Schritte in die Öffentlichkeit tun (danke dafür, Dieter Cwienk), erlebte meine persönliche Ausbildung zum Lehrer für Bildnerische Erziehung daselbst unter Miteinbeziehung sämtlicher Sinne und durfte auch später immer wieder als (euphemistisch betrachtet) Bindeglied zwischen Hochkultur (= Literatur) und Gebrauchskultur (= Musik im weitesten Sinne) tätig sein.

1981, sehe ich in meinem Archiv, begleitete ich Helmut Eisendle bei einer Autorenlesung im Speisesaal des Schlosses, der noch kurz zuvor ein ziemlich verkommenes Kellergewölbe war. Markus Jaroschka war der pädagogische Leiter des Bildungshauses nach einer etwas dubiosen Absägung Dieter Cwienks, literarisch aktiv wie auch passiv tätig sowie auch offen für Zeichen der Zeit versuchte er sehr erfolgreich, Bildungsauftrag des Landes mit persönlichen Vorlieben unter ein Konzept zu bringen. Die legendären Familienwochen sind nur eines von vielen Beispielen.

Peter Ratzenbeck, und nun kommt ein Mittäter ins Spiel, war ebenso musikalischer Aufhänger einer Literaturveranstaltung. Nach Beteiligung an Folkfestivals in ganz Europa war sein Gedanke wahrscheinlich: warum nicht auch hier?

Peter also, und so bekam ich das Problem vor Augen geführt, wollte eine Neuauflage des Bregenzfestivals, mit Newcomern und Altstars. Ich selbst wurde mit Peters Vorstellungen eher überrollt. Eigene Überlegungen, Intentionen oder Ähnliches waren mir nicht nur fremd, sondern auch äußerst suspekt, nichtsdestotrotz erklärte ich eine prinzipielle Bereitschaft zur Mitarbeit. Und so sollte es auch für die nächsten acht Jahre bleiben.

Anfänglich als „Workshop zur Nachwuchsförderung" geplant, entpuppte sich das Retzhoffestival als eigendynamischer Apparat und bestimmte meinen Terminplan vom Dezember des jeweiligen Vorjahres bis zum Juni des darauffolgenden. Jammern um Gagen, Zetern um Nebenkosten, Argumentieren um Gesamterträgnisse und Beweinen entgangener Möglichkeiten begleiteten meine Verhandlungen mit den jeweils Verantwortlichen. (Herr Ackerl sei bedankt!).

Heute,1998, höre ich, es hätte niemals mehr eine ähnliche Veranstaltungsreihe gegeben. Das mag stimmen, times are a changing, aber auch als Peter nicht mehr mitmachen konnte, oder wollte, versuchten Hannes Urdl und ich, jeweils ein Programm auf die Beine zu stellen, das internationale Vergleiche nicht zu scheuen brauchte.

Hannes brachte den heimischen Anspruch ins Programm, Michael Tobisch lieferte die Trigongedanken, und ich versuchte, meine internationalen Verbindungen bestmöglich zu verwerten.

Wirkliche Intentionen auf dem Sektor Kulturpolitik waren nur hintergründig vorhanden. Wir beabsichtigten jeweils, ein Forum für eigene Vorstellungen zu schaffen. Das zumindest unterstellte ich. Und die Produktionskosten für ein Zweitagefestival konnte bis heute niemand unterbieten.

Acht Jahre Retzhof Folkfestival haben meine persönlichen Vorstellungen geprägt, meine kulturpolitischen Möglichkeiten aufgezeigt und meine Visionen bei weitem übertroffen. Diejenigen, die damals wie heute mitgeholfen haben, diese Visionen zu verwirklichen, seien zutiefst bedankt. Alleine hätten wir uns brausen können.

Diejenigen, die damals einen Stimulus bekommen haben, die Power hatten und haben, andere Festivals zu organisieren, mögen nicht erlahmen.

Mehr ist nicht zu sagen.

Ernst Rainer Pozar, Mai 1998

1. Retzhofer Folkfestival; 5./6. Juni 1982
RUDI SCHUMANN, A/STMK
PETER RATZENBECK, A/STMK
HANNES URDL, A/STMK
WESTWIND, A/STMK
KOVAL UND KLINGENBRUNNER, A/STMK
TREIBER UND DE MATTIO, A/BRGLD
STS, A/STMK
BREHONS, A/STMK
MAERLIN, A/WIEN
BROM, A/STMK
NEWCOMER: FOUR & ONE (später BROADLAHN), A/STMK
LEO LUKAS & CH. MUTHSPIEL, A/STMK
HANNES TSCHERMONIG,
BERNS CHMEL und andere.

Leo Lukas schrieb damals in der Kleinen Zeitung:
„Das Experiment ist geglückt: Das 1. RETZHOFER FOLKFESTIVAL, von Peter Ratzenbeck, Ernst Pozar und Markus Jaroschka auf die Bühne gestellt, war ein schöner Erfolg. Zumindest für die knapp dreihundert Besucher, die kampie-

rend, diskutierend, frisbeespielend und natürlich auch musizierend und zuhörend ein prächtige Wochenende vor der malerischen Kulisse des Retzhof verbrachten ... 'FOLK' ist schon lange Kunstmusik: Geprägt von Gitarrenartistik, wie sie etwa Rudi Schumann, Peter Ratzenbeck und Hannes Urdl zeigten, von mit möglichst perfektem Sound nachgespielten Hits, wie sie 'WESTWIND' vorführten, und von anderen großen Vorbildern orientierten Eigenkompositionen, die beispielsweise 'Koval und Klingenbrunner', 'Treiber und de Mattio' oder 'STS' spielten. Original-Volksmusik wird örtlich (bei den 'BREHONS' aus dem iroschottischen Raum) oder zeitlich ('MAERLIN') weit hergeholt; gelebt wird das alles von einer Minderheit.

Aber die 'Volksmusik' auf den 'Sommerfesten in der Umgebung'? Von einer nervösen Gitarre und einer Rhythmus-Box zusammengekleisterter Einheits-Oberkrainer-Sound – mit mehr Elektronik, wesentlich kommerziellerer Ausrichtung und mit Abstand teureren Musikern ... Hannes Urdl unterhielt das Publikum nicht nur per Gitarre am Samstagnachmittag, sondern initiierte am Sonntagvormittag auch etliche 'Neue Spiele'. Wie auch die Atmosphäre sehr heiter-tolerant war; fehlende Massen sind also durchaus zu verschmerzen.

Eine Wiederholung im nächsten Jahr ist so gut wie sicher."

(Leo Lukas, 8. Juni 1982)

BREHONS.

2. Retzhofer Folkfestival; 11./12. Juni; 1983
GERNOT & GERNOT, A/STMK
STELLWOOD VOICE, A/STMK
SAWOFF & BRANDAU, AUS-STMK
10 SAITEN & 1 BOGEN, A/OÖ
GMOATROMMLER, A/BURGENLAND
HANS THEESSINK, NL/WIEN
WEITBLICK, A/STMK
BROADLAHN, A/STMK
NIKOS & DIMITRIS, GR
HANNES URDL, A/STMK
ERNST POZAR, UTA MOSER,
DAGMAR STEINBÄCKER, BRD/STMK
ZEUS, A/STMK
NEWCOMER: AKKORD/ BROM / GERHARD LIPOLD / MARTIN MORO /
JÖRG M. WILLNAUER / WOLFGANG PAMMER &
WOLFGANG SCHOBER / HANS MOSER REVIVAL COMBO

3. Retzhofer Folkfestival; 26./27. Mai; 1984
HANNES URDL & ERNST POZAR, A/STMK
WILFRIED SCHARF, A/TIROL
GESCHWISTER SIMBÖCK, A/OÖ
GERHARD LIPOLD, A/STMK
10 SAITEN & 1 BOGEN, A/OÖ
HANS THEESSINK, NL/WIEN
LIEDERLICH SPIELLEUT, A/WIEN
WALTER LANGER, A/NÖ
ENSEMBLE BILINOVAC, YU/STMK
MICHAEL KRUSCHE, A/STMK
GEGENLICHT, A/STMK
JOZSEF KOZAK, UNGARN
FOLKFRIENDS (später ANIADA A NOAR), A/STMK
RETZHOF ALLSTARS SESSION BAND
OFFENE BÜHNE / WORKSHOPS / KINDERANIMATION

4. Retzhofer Folkfestival; 15./16. Juni 1985
ERNST POZAR, A/STMK
HANS MOSER REVIVAL COMBO, A/STMK/WIEN
SAWOFF & BRANDAU, AUS/STMK
ZEUS, A/STMK
HANNES URDL, A/STMK
TALTOS, UNGARN
VIENNA CEILIDH BAND, IRL/USA/WIEN
JIM COGAN DUO, A/STMK

KARO & BAND, A/STMK
MICHAEL FRANK, A/NÖ
TOM & LUKEUS, A/IRL
JOHN JAMES, GB
MAERLIN, A/WIEN
RETZHOF-ALLSTARS-SESSION-BAND
FOLKCLUB / WORKSHOPS / MUSIKANIMATION

5. Retzhofer Folkfestival; 7./8. Juni 1986
ERNST POZAR & THOMAS ROTH, A/STMK
OKEMAH, A/STMK
HANSI & CO, A/WIEN
SIGI MARON (erster Ausfall!), A/WIEN
ANIADA A NOAR, A/STMK
VIZÖNTÖ, H
LIEDERLICH SPIELLEUT, A/WIEN
1. LEIBNITZER STRAßENBAHNER MANDOLINEN-
ORCHESTER, A/STMK
STEIRISCHE TANZGEIGER, A/STMK
HAMISH IMLACH, SCOTTLAND
TRIO MARATHON, A/STMK
SAMMY VOMACKA, CZ/BRD
RIPOFF RASKOLNIKOV, A/STMK
GERHARD LIPOLD, A/STMK
RETZHOF-ALLSTARS-SESSIONBAND
FOLKCLUB / WORKSHPOS / MUSIKANIMATION

6. Retzhofer Folkfestival; 13./14. Juni 1987
ERNST POZAR & THOMAS ROTH, A/STMK
AMA, BRD/STMK
MARTIN MORO, A/STMK
RISGAR & NICOLA, KURD/LIB
SIGI MARON, A/WIEN
WOLFRAM MÄRZENDORFER, A/STMK
HANS THEESSINK, NL/WIEN
ZSARATNOK, H
SHAMROCK FOLKBAND, BRD
HANNES URDL, A/STMK
JUNGE KÖFLACHER STREICH, A/STMK
NÄCHSTE GRUPPE, A/STMK
PETER RATZENBECK, A/NÖ
TALTOS, H
RETZHOF-ALLSTARS-SESSION-BAND
OFFENE BÜHNE / WORKSHOPS / MUSIKANIMATION

7. Retzhofer Folkfestival, 11./12. Juni 1988
POZAR & URDL, A/STMK
MIKE LANGLEY – CRAPAZOIDS, USA/WIEN
CIDRE, A/WIEN
KARL M. RIEDL, BRD
KARFUNKEL, A/STMK
WORRIED MEN SKIFFLE GROUP, A/WIEN
MIQUEU MONTANARO, F
ERNST POZAR & TH. ROTH, A/STMK
ANIADA A NOAR, A/STMK
SOAP, A/STMK
STIEDL & SCHMIDT, A/WIEN
STALLHOFNER TANZLMUSI, A/STMK
MICHAEL KAMPELMÜHLER, A/WIEN
KALYI JAG, H/ROM-SINTI
ZEUS, A/STMK
RETZHOF-ALLSTARS-SESSION-BAND
OFFENE BÜHNE (ROBERT MASSER)
D. STEINBACHER
MUSIKANIMATION
KINDERTHEATER WUNDERLICH

8. Retzhofer Folkfestival; 10./11. Juni 1989
„Good to see you" ERNST POZAR
LAST STATION, YU
HUBERT DOHR & M. SUMPER, A/KÄRNTEN
BARTHEL & BAUER, BRD
GERHARD LIPOLD, A/OÖ
ANDREW JOHN & LISSA, DK
ANDY IRVINE, IRL
JIM COGAN BAND, A/STMK
RESILIA, GR/STMK
ERICH DEMMER & F. NUßBÖCK, A/WIEN
BROADLAHN, A/STMK
CINDY PERESS, USA
HAMISH IMLACH & MURIEL GRAVES, SCOT/GB
RISGAR & ARNOLDO, KURD/VENEZ.
RETZHOF-ALLSTARS-SESSION-BAND
OFFENE BÜHNE / FAMILIENANIMATION / TROMMELWORKSHOP

WORKSHOP, Retzhof 1989. (Foto © Peter Schaberl)

DAS STRADENER STRASSENSPEKTAKEL

findet alle zwei Jahre alternierend mit „Aufg'spielt & Ang'sungen" statt; entfiel ausnahmsweise 1998;

„Aufg'spielt & Ang'sungen" am Rosenberg findet alle zwei Jahre alternierend mit dem Straßenspektakel statt.

Andreas Safer im Gespräch mit Wolfgang Seidl, dem Initiator des Straßenspektakels in Straden.

Was war die Grundidee des Stradener Straßenspektakels?

„Vereinfacht gesagt: Nachdem es mit dem WW Kabinett (Kleinkunstbühne in Straden) nicht so gelaufen ist und der Besuch nicht so überragend war, haben wir gesagt, gut, dann bringen wir die Künstler halt zu den Leuten, wenn die Leute nicht zu uns kommen. Wann funktioniert das am besten? In einer traditionell ländlichen Gemeinde, am Sonntag, wenn alle in die Kirche gehen. Dort haben wir es dann hingesetzt, direkt am Kirchplatz, und das war die Gründungsidee vom Stradener Straßenspektakel. Das war im Jahre 1983, und man muß dazu sagen, daß es nur als einmalige Veranstaltung geplant war und nicht wieder hätte stattfinden sollen."

Ihr habt dieses Dorffest alle zwei Jahre organisiert, und heuer, 1998, wird es erstmals entfallen, warum?

„Nein, zuerst lief es jedes Jahr, bis 1985, dann machten wir einen Aussetzer, und seitdem fand es alle zwei Jahre statt. Es waren der Aufwand und die finanzielle Belastung einfach zu groß, die Region ist zu klein, die hält das nicht aus, höchstens du machst es auf kommerzieller Basis, dann mußt du aber jemanden beschäftigen, der das auch durchführt."

Wieso hast du aber dann den Rosenberg in den spektakelfreien Jahren organisiert?

„Der Rosenberg (ein Berg gegenüber dem Stradener Kogel, im Weingarten gelegen) ist deshalb dazugekommen, weil's eine neue Idee gab. Wir meinten, gut, dann machen wir im Jahr zwischen dem inzwischen gewaltig sich entwickelten Spektakel ein kleines Festl, quasi für uns, für die Stradener, für Freunde, nur wie man jetzt sieht, ist es auch schon wieder in der gleichen Dimension wie das Spektakel, aber es ist toll, weil's einen anderen Charakter hat, ein anderer Ort mit anderen Gestaltungsmöglichkeiten, anderen Präsentationsmöglichkeiten."

Wie erklärst du dir diesen gewaltigen Zuspruch vom Publikum, den eigentlich beide Veranstaltungen inzwischen haben?

8. Straßenspektakel Straden, 1. September 1996. (Foto Wolfgang Seidl)

"Wir beide kommen ja eigentlich aus der Folkszene. Ich habe veranstaltet, ihr habt es gespielt. Dann hat die Folkbewegung einen wilden Einbruch erlebt, weil es irgendwann wieder 'out' war. Keiner hat sich das irische Gedudel mehr anhören können. Dann gab's zwei Alternativen: Entweder du hast dir die Originalgruppen aus Irland geholt, oder es war vorbei (aus Veranstaltersicht). Gleichzeitig ist die Entwicklung abgelaufen, daß heimische Gruppen nach neuen Formen gesucht haben, ihr (Aniada a Noar) seid's ja eine der ersten gewesen, und seit drei vier Jahren ist diese Musik wieder absolut im Trend. Jetzt ist es eben einer der momentanen Nachfragemärkte – blöd formuliert –, wo du großartig an die Leute herankommst, und vor allem, ich habe eine Klientel und ein Publikum, für die ich gerne arbeite. Ich wüßte schon, daß die 'Kohle' am Diskomarkt zu holen wäre, aber das ist halt nicht meine Wellenlänge."

Also man kann sagen, Dorffeste sind in.

"Ja, Dorffeste erleben seit der Gründung des Spektakels eine absolute Inflation. Dorf- und Stadtfeste gibt's an jeden Ecken und Enden, ich finde die Idee 'klass', jeder setzt seinen eigenen Schwerpunkt. Wir fangen jetzt schon wieder an, die Idee des Dorffestes neu zu überdenken, hin zu einer Spezialisierung, mit bestimmten Länderbühnen: Es wird eine Slowenische Bühne geben, eine Kroatische, eine Ungarische, vielleicht eine Italienische, sicher eine Steirische und wahrscheinlich eine Restösterreichbühne. Und dazu gibt es das passende Speisenangebot, das typische Getränkeangebot; wir müssen uns halt immer etwas Neues einfallen lassen, das Ganze noch attraktiver gestalten. Der Trend geht absolut dazu, die Leute gehen nicht mehr zu den individuellen Konzerten, die Bereitschaft ist bei den meisten nicht mehr vorhanden, was zählt, ist dieser 'Eventgedanke'. Massen ziehen Massen an. Sie gehen dort hin, wo mindestens dreißig Gruppen aufspielen, sie sind kaum mehr bereit, in Einzelkonzerte zu gehen.

Das Stradener Spektakel läßt sich, übertrieben formuliert, als 'Musikantenstadel mit kulturellem Touch' charakterisieren, aber einen höheren Level werde ich sicher nicht anstreben, das hat keinen Sinn."

Mir gefällt ja auch dieser Gedanke, daß ihr immer schon grenzüberschreitend gedacht habt. Steckt da ein Konzept dahinter, oder ist das deshalb so, weil ihr Gruppen aus Ungarn oder Slowenien persönlich gekannt habt?

"Das hat schon mit dem ersten Spektakel begonnen. Schau, wenn du im letzten Eck von Österreich wohnst, weißt du, daß 18 km weiter nicht alles aus ist. Dann haben wir es uns zur Aufgabe gemacht, mit Ungarn mühevollst den Markt zu öffnen, dann auch mit den Slowenen den Kulturaustausch anzufangen, Gruppen einzuladen (da war von einer Ostöffnung noch lange keine Rede). Beim Spektakel hat sich das besonders angeboten, und ich glaube, daß es auch das Erfolgsgeheimnis des Spektakels ist, diese Internationalität, Musik aus mehreren Ländern, eine äußerst kommunikative Form eben, die letztendlich akzeptiert wurde, sonst wären die Leute nicht gekommen."

Wer – oder besser, wo – waren für dich die Impulsgeber für das Stradener Spektakel?

„*Von der Veranstaltung her sicher der 'Retzhof', das 'Retzhofer Folkfestival', hundertprozentig. Dort gingen die Impulse aus, diese ganz enge Vernetzung mit den Minoriten (Folk im Minoritengarten, Graz), mit der 'Brücke' (Sommerfolkreihe, Graz, als Fortsetzung nach dem Aus im Minoritengarten), mit dem 'Bärfolk', Straden ... das waren gleichzeitig auch die beständigsten Veranstaltungsreihen.*"

Nachfolgend eine alphabetische Liste der Akteure, die bereits bei einer der Veranstaltungen mitwirkten; berücksichtigt werden nur die Musikgruppen.

1. Stradener Spektakel, 2. Oktober 1983
ALTZIEBLER & MAYER / CHOR DER HS STRADEN / ENSEMBLE BILINOVAC / HANS MOSER REVIVAL COMBO / PUCHLEITNER IDA / KLASSISCHES STREICHQUARTETT / LEHRERCHOR RADKERSBURG / MARKTMUSIKKAPELLE STRADEN / NIKOS LIGAS / SOAP / URDL HANNES / VOLKSMUSIKTRIO BAD GLEICHENBERG / ZEUS.

2. Stradener Spektakel, 9. September 1984
ATTACK / BREHONS / BROADLAHN / ENSEMBLE BILINOVAC / FOLKFRIENDS (Aniada a Noar) / HANS MOSER REVIVAL COMBO / JUNGSTEIRER SEXTETT / KERNGAST QUARTETT / KIRCHENCHOR STRADEN / KLASSISCHES STREICHQUARTETT / LICAN ANTEI / LIGAS NIKOS / LIPOLD GERHARD / MARKTMUSIKKAPELLE STRADEN / MOIKER HAUSMUSIK / POZAR UND STEINBÄCKER / RENAISSANCE ENSEMBLE / RIZGAR A. & NICOLA / SCHWARZ / TALTOS / TAMBURASKI ORKESTER / TRUMMER F. / URDL HANNES / WESTWIND / ZEUS.

3. Stradener Spektakel, 8. September 1985
AARY ENSEMBLE / ALTAUSSEER SCHÜTZENMUSI / ENSEMBLE BILINOVAC / BREHONS / BROADLAHN / THE CRAPAZOIDES / DRAGON FLY / ENSEMBLE VUJICSICS / ENSEMBLE TALTOS / FOLKFRIENDS / FOLKLOREGRUPPE PRLEKIJA / HARING WERNER / JUGENDTRACHTENKAPELLE TIESCHEN / MOIKER HAUSMUSIK / KAF / KIRCHENCHOR STRADEN / KLASSISCHES STREICHQUARTETT / LA SEDON SALVADIE / LANGER WALTER / LIPOLD GERHARD / MARKTMUSIKKAPIELLE STRADEN / JUNGSTEIRER SEXTETT / W: PEINHAUPT TRIO / PISCHELSDORFER VOLKSMUSIKANTEN / POZAR ERNST / SAUERKRAUT / STEINER SÄNGER / 1. STRADENER GERÜMPEL COMBO / TAMBURIZZA ORCHESTER CRESNEJEVCI / TESI RICCARDO / TYM & CO / UNTER'M DURCHSCHNITT / URDL HANNES / WI BROS TRIO / ZAGAR & ZACH / ZEUS.

4. Stradener Spektakel, 4. September 1988
AARY ENSEMBLE / ANIADA A NOAR / ACES / BIG BAND BAD GLEICHENBERG / BROADLAHN / BUDAPEST RAGTIME BAND / CON MOTO / CRAZY DASY / CZERMAK PETER / ENSEMBLE DRAVA / ENSEMBLE KALYI JAG / ENSEMBLE TALTOS / FOLKLORNO DRUSTVO PRLEKIJA KRIZEVCI / GESANGSGRUPPE FLORS / GLEICHENBERGER DORFFRAUEN / HOKUS POKUS MUSIKUS / JUNGSTEIRER SEXTETT / LA SEDON SALVADIE / LIEDERLICH SPIELLEUT / MARKTMUSIKKAPELLE STRADEN / MISFIT / MORO MARTIN / MÜRZTAL TRIO / NO PROBLEM ORCHSTRA / OLD STOARIEGLER DIXIELANDBAND / ORIGINAL STRADENER TRIO / POSPISCHIL'S ERBEN / SAITENWIND / SLOWENSKOGORISKI OKTET LENART / STEIRISCHE TANZGEIGER / TAMBURASKO I FOLKLORNO DRUSTVO / PINKOVAC / TANZKAPELLE MELODIE / THEATERZENTRUM DEUTSCHLANDSBERG / VANG DANG DUDL / VLADIMIR & TAMAS / VOLKSMUSIKGRUPPE MAIERHOFER / ZEUS.

1. „Aufg'spielt & Ang'sungen", Saziani-Stuben Neumeister, 3. Sept. 1989
ALTAUSSEER SCHÜTZENMUSI / ANIADA A NOAR / GLEICHENBERGER DORFFRAUEN / JAGDHORNBLÄSER STRADEN / SLOWENSKOGORISKI OKTET LENART / STALLHOFNER TANZLMUSI / STEINER SÄNGER / WEBERHOFER MUSI.

5. Stradener Spektakel, 2. September 1990
u.a. mit ANIADA A NOAR / ATTACK & DORETTA CARTER / BERND LUEF TRIO / BLASKAPELLE DUBRAVA / BUDAPEST RAGTIME BAND / GRAYMALKIN / KALYI JAG / KALARIS / KERNDL JAZZER / OLD STOARIEGLER DIXIELANDBAND / ROSSAVIELLE / STALLHOFNER TANZLMUSI / STEIRISCHE BLAS / SEGREJ MAXIMENKO / WEBERHOFER MUSI / VLADIMIR & TAMAS.

6. Stradener Spektakel, 6. September 1992
ANIADA A NOAR / ALTSTEIRER MUSI BAD RADKERSBURG / ATTACK / BAD GLEICHENBERGER MUSIKANTEN / BRASS AD LIBIUM / BROADLAHN / COCO BAND / ENSEMBLE BILINOVAC / ENSEMBLE KALYI JAG / ENSEMBLE SÜVÖLTÖ / GRAYMALKIN / INTERPRETEN / KERNDL JAZZER / MARKTMUSIKKAPELLE STRADEN / OTTOKARS IRRTUM / POZAR ERNST / WIENER TSCHUSCHENKAPELLE / 10 SAITEN 1 BOGEN ...

2. „Aufg'spielt & Ang'sungen" am Rosenberg bei Straden, 5. Sept. 1993
ANIADA A NOAR / ALTSTEIRERMUSI BAD RADKERSBURG / GLEICHENBERGER DORFFRAUEN / ENSEMBLE BILINOVAC / GRAYMALKIN / HAUSMUSIK SEMLITSCH / JUGENDGRUPPE HS STRADEN / SLOWENSKOGORISKI OKTET ...

7. Stradener Spektakel, 4. September 1994
ANIADA A NOAR / BLASKAPELLE KATERINKA / BROADLAHN / COCO BAND / DIE INTERPRETEN / FEHRINGER SPIELLEUT / GLEICHENBERGER DORFFRAUEN / GRAYMALKIN / LAKIS & ACHWACH / RUTH YAAKOV ENSEMBLE / VUJICSICS / WIENER TSCHUSCHENKAPELLE ...

3. „Aufg'spielt & Ang'sungen" am Rosenberg bei Straden, 3. Sept. 1995
ALTAUSSEER SCHÜTZENMUSI / ALTSTEIRERMUSI BAD RADKERSBURG / ANIADA A NOAR / DEISHOVIDA / DIE ASPHALTIERER / DIE INTERPRETEN / GLEICHENBERGER DORFFRAUEN / GRAYMALKIN / GRIASMOARGEIGER / ALFRED ROSSMANN / SEMLITSCH ANTON / SLOVENSKOGORISKI OKTET LENART ...

8. Stradener Spektakel, 1. September 1996
ALTSTEIRERMUSI BAD RADKERSBURG / AMA / ANIADA A NOAR / BIG BAND BAD GLEICHENBERG / BLACK DOGS / BLASKAPELLE KATARINKA / COCO BAND / DA HANS UND SEINE SAITENREISSER / DAS DSCHUNGELORCHESTER / DEAD FLOWERS GROUP / DR. JEKYLL & THE HYDE COMPANY / ENSEMBLE LOYKO / ENSEMBLE SÜVÖLTÖ / ENSEMBLE VUJICSICS / FANTASY ORCHESTRA GesnbR / GAMS'N ROSN / GESANGSGRUPPE FLORS / K&K STRING QUARTETT / LAKIS & ACHWACH / LE BARON ET JAQUE / LIEDERMACHER AMA / LONSPERCH ROFFLER / MÄNNERXANGSVEREIN 4-XANG / MARKTMUSIKKAPELLE STRADEN / METAL SCHNULZ / ROI BLECH / RUSHOUR / SHLOMIT BUTBUL / SIR OLIVER'S BLUES DISTILLERY&RIPOFF RASKOLNIKOV / THE STRINGLE SWINGERS / TUSKULUM / WIENER TSCHUSCHENKAPELLE / WIESENTALTRIO / YAGA-T ...

BÄRNBACHER FOLKFESTIVAL: 1983–1997

findet nach wie vor statt.
Kontakt: Kulturamt Bärnbach; Veranstalter: Bertl Pfundner, Franz Ederer.

Gespräch mit Rupert Pfundner, der gemeinsam mit Mag. Franz Ederer das „BÄRFOLK" ins Leben rief:

Warum hast du dir diese Arbeit angetan?

„Ich glaube, daß ich einfach was kompensieren mußte; immer wieder gibt's einen Verrückten, der glaubt etwas Besonderes machen zu wollen, man weiß ja vorher noch nicht, wieviel an Arbeit da auf einen zukommt. Die Gemeinden freuen sich, weil sie die Kulturarbeit nicht selber machen müssen, und wir 'Dodln' arbeiten dann meist auch noch gratis. Ich meine damit, daß wir am Beginn kaum unterstützt wurden."

Wieso habt ihr nicht Rockmusik oder Popmusik gemacht, sondern ausgerechnet FOLK:

„Beim Franz ist es so, daß er von Haus aus ein richtiger Folkfan war. Er war als Sprachstudent in den siebziger Jahren in England, wo die Folkmusik boomte, und er hatte dort tolle Erlebnisse bei diversen Folkfestivals – z.B. das Cambridge Folkfestival, um eines der bedeutendsten der damaligen Zeit zu nennen. Es lag auf der Hand, diese Atmosphäre wenn irgend möglich bei uns in Form eines Festivals umzusetzen, die Motivation war enorm. Und ich als aktiver Folkmusiker – ich spielte bei den Folkfriends, heute 'Aniada a Noar' – war, bedingt auch durch meine persönlichen Kontakte zu Vertretern dieser Musikrichtung, der ideale Partner."

Nach welchen Kriterien habt ihr das Programm zusammengestellt?

„Es war zuerst sicher das Bestreben, die österreichische Szene mit den wichtigsten Vertretern zu präsentieren: Jim Cogan, Peter Ratzenbeck, Ernst Pozar oder die Brehons, dazu noch die damals wichtige Liedermacherszene. Durch Kontakte nach Italien, Ungarn oder Slowenien luden wir auch Gruppen aus dem benachbarten Ausland ein. Von Anfang an wollten wir aber auch die regionale, heimische Volksmusik miteinbeziehen, wie den 'Bärnbacher Dreiklang'."

Wieso gerade österreichische Tradition?

„Ich weiß nicht, es war so ein Gefühl. Interessant, daß eigentlich nur die Volksmusikanten selbst Bedenken hatten, ob sie dort überhaupt ankämen, bestehen könnten. Um so erstaunter waren sie dann, mit welcher Begeisterung sie vom

Cogan / Ratzenbeck / Pozar / Krusche (von links) beim 1. BÄRFOLK.

Publikum aufgenommen wurden. Aber letztlich waren sie für die Zuhörer die Exoten, denn die waren daran gewöhnt, daß österreichische Folkmusiker hauptsächlich angloamerikanischen Folk spielten. Das heißt, es wurde englisch gesungen, irische Musik oder Westernmusic zelebriert. So wurden die 'Exoten', die eigentlich um die Ecke wohnten, mit zu den Highlights der Folkfestivals. Dabei darf man nicht übersehen, welche Initialzündung von ihnen ausging. So konnte es nämlich zu einer Auseinandersetzung mit der eigenen Tradition kommen. Auch beim 'Retzhofer Folkfestival' war Volksmusik immer fixer Bestandteil des Programms, und letztlich bin ich überzeugt, daß es diese Plattformen der Begegnung waren, die zu dieser steirischen Vielfalt an Möglichkeiten, mit der Tradition umzugehen, geführt haben.

Noch etwas gilt es in diesem Zusammenhang zu erwähnen. Die steirischen Festivals boten sogenannten Newcomern von Anfang an die Gelegenheit, sich auf öffentlichen Bühnen zu präsentieren und so die ersten Erfahrungen vor einem größeren Publikum zu sammeln. Leute wie Martin Moro oder Matthias Loibner – heute bei 'Deishovida' – machten so das erste Mal auf sich aufmerksam."

Wie sieht's derzeit mit dem Bärfolk aus?

„Nach Unterbrechungen und sicher auch Fehlern, die gemacht wurden, wird das Bärfolk im Jahre 1998 auf jeden Fall stattfinden, denn nun hat auch Bärnbach erkannt, wie wichtig so eine Veranstaltung für die Stadt ist. Es sitzen nun auch sehr engagierte Leute in der Kulturabteilung, und es schaut auch für die Zukunft recht gut aus."

1. 1983/08/27		PETER RATZENBECK	A/STMK
		WESTWIND	A/STMK
		ERNST POZAR	A/STMK
		JIMMY COGAN	A/STMK
		BREHONS	A/STMK
		GOLDRUSH	A/WIEN
		KARO	A/STMK
		FOLKFRIENDS (ANIADA A NOAR)	A/STMK
	08/28	BÄRNBACHER DREIKLANG	A/STMK
		MICHAEL KRUSCHE	A/STMK
		ERICH KLEINDIENST	A/STMK
		ZAGAR & ZACH	A/STMK
		EDI WASCHER	A/STMK
		FRANZ EBERHARD	A/STMK
		ADOLFA KLEINDIENST	A/STMK
2. 1984/06/09		ERNST POZAR	A/STMK
		BÄRNBACHER DREIKLANG	A/STMK
		BREHONS	A/STMK
		JENNY BEECHING	GB
		LIEDERLICH SPIELLEUT	A/WIEN
	06/10	KINDERANIMATION/OFFENE BÜHNE	
		BILINOVAC ENSEMBLE	SLO
		KARO & BAND	A/STMK
		FOLKFRIENDS (ANIADA A NOAR)	A/STMK
		LICAN ANTEI	CHILE
		PETER RATZENBECK	A/NÖ
3. 1985/06/28		GERHARD LIPOLD	A/STMK
		FOLKFRIENDS(ANIADA A NOAR)	A/STMK
		WERNER ZENZ	A/STMK
		MALIN HEAD	SCHOTTLAND
	06/29	WORKSHOP/MUSIKANIMATION/ TANZKURS/OFFENE BÜHNE	
		HACKBRETTMUSIKGRUPPE DEUTSCH	A/STMK
		RICARDO TESI	I
		TALTOS	H
		LA SEDON SALVADIE	I
		SESSION	

Wolfgang Schauersberger, „BREHONS", Bärfolk, 1983. (Foto Franz Ederer)

4.	1986 07/04	KATHARINA BUENO	I
	07/06	ROSENGARTEN	A/WIEN
		PETER RATZENBECK	A/STMK
		KAINACHTALER ALTSTEIRER KOLO	A/STMK
			H
		TAMBURASKA CREVNJEVSZI	YU
		ELISEO JUSSA/ LA SEDON SALVADIE	I
		HANNES URDL	A/STMK
		VILLACHER STUDENTENCHOR „RUCK MA Z'SAMM" mit ANIADA A NOAR	A/STMK
		OKEMAH/E. POZAR/KOGLER TRIO	A/STMK
		MARTIN MORO	A/STMK
		GSCHREAMS	A/STMK
5.	1987/Pfingsten	LIEDERLICH SPIELLEUT	A/WIEN
		RICARDO TESI/ENRICO FRONGIA/ ALBERTO BAGLIA	I
		ZITHER MANÄ	BRD
		ANIADA A NOAR	A/STMK
		KÖFLACHER STREICH	A/STMK
		LEO LUKAS/SIMON PICHLER	A/STMK
		DORIS KRES'	A/STMK
		BÄRNBACHER WIRTSHAUSMUSI	A/STMK
		HUBERT DOHR	A/KÄRNTEN
		GUIDO JESZENSKY	A/STMK
		GSCHREAMS	A/STMK
6.	1988 05/21	MARCO FABRI/COLIN MOLONEY	I//RL
		MALA DUDACKA MUZIKA	CZ
		WELLKÜREN	BRD
		MAX MC. COLGAN & FRIENDS	A/STMK/ SCHOTTLAND
	05/22	WESTERN&COUNTRY FRÜHSCHOPPEN/OFFENE BÜHNE STEIRISCHE TANZGEIGER	
		(Citoller Tanzgeiger)	A/STMK
		ANNI WOLF ZIMMERMANN	A/STMK
		HANNES URDL	A/STMK
		TAMALIN	IRL
7.	1989/07/01	MAX ROSENZOPF	A/STMK
	07/02	ANIADA A NOAR	A/STMK
		BROADLAHN	A/STMK

	GRAYMALKIN	A/STMK
	HANNES URDL / MARTIN MORO	A/STMK
	ZITHER MANÄ	BRD
	MALIN HEAD	SCHOTTLAND
	SEM TAM	TCH
	RITMIA	I
8. 1990/06/02	HUBERT DOHR / MANFRED SUMPER	A/KÄRNTEN
	KAINACHTALER KLARINETTENMUSI	A/STMK
	SQUADUNE	A/STMK
	BARBARO	H
06/03	KINDERPROGRAMM/OFFENE BÜHNE	
	URFAHRER DURCHBRUCH	A/OÖ
	DIE KLESMER	A/WIEN
	MICHAEL KRUSCHE	A/STMK
	NEUWIRTH EXTREMSCHRAMMELN	A/WIEN
	BÄRNBACHER WIRTSHAUSMUSI	A/STMK
	STALLHOFNER TANZLMUSI	A/STMK
	HERMANN HÄRTEL	A/STMK
	STEIRISCHE BLOS	A/STMK
	TRIO ZWANZGER	A/STMK
	PAIER SEPP	A/STMK
	ANIADA A NOAR	A/STMK
	HANS THEESSINK	NL
	DERMUT HYDE	SCHOTTLAND
	GRAYMALKIN	A/STMK
	NICKI EGGL	A/WIEN
	WULLAZA	A/STMK
9. 1991/05/18 05/19	COMPANIE DAI LIBARS SONADORSI	
	MARIO NARDELLI	I
	AN TAIN	IRL
	GRAYMALKIN	A/STMK
	ATTWENGER	A/OÖ
	WIENER TSCHUSCHENKAPELLE	A/WIEN
	STALLHOFNER TANZLMUSI	A/STMK
	MORGENRÖTE BÄRNBACH	A/STMK
	MASKARAS	H
	WUCHTL	A
	WULLAZA	A/STMK

10.	1992/06/05	SÜVÖLTÖ	H
	06/08	VUJICSICS	H
		ALBERTO BALIA & E. FRONGIA	I
		ANIADA A NOAR	A/STMK
		HUBERT VON GOISERN & Alpinkatzen	A/OÖ
		SIR OLIVER'S BLUES DESTILLERY	A/STMK
		JAKO & FUSL	A/STMK
		WIDE SCOPE	BRD
		RIEGLMOARGEIGER	A/STMK
		ZITHERMANÄ & H.H.BABE	BRD
11.	1994/06/17	ANIADA A NOAR & R. P. GRUBER	A/STMK
	06/19	MNOZIL BRASS	A/WIEN/NÖ
		DEISHOVIDA	A/STMK
	06/18	BEN BASA	A/STMK/ BOSNIEN
		BANDITALIANA	I
		DIE KNÖDEL	A/TIROL
	06/19	MUSIKANTENSTAMMTISCH	
		ZIRKUS KONFETTI	
12.	1997 09/19	DIE SPUTNIKS	A/STMK
	09/21	STEIRISCHE LANDSTREICH	A/STMK
		4-XANG	A
		WIENER TSCHUSCHENKAPELLE	A/WIEN
		BLECHBIXNBAND	A/STMK
		RINGSGWANDL	BRD
		ISMAEL BARRIOS/LATIN COMPANY	S-AMERIKA/A
		FUCHSBARTL-BANDA	A/STMK
		GERHARD POLT	BRD
		ANIADA A NOAR	A/STMK

FOLK IM MINORITENGARTEN: 1985–1990?

Zum fünfjährigen Jubiläum 1989 schreibt Harald Seuter, der Initiator von FOLK IM MINORITENGARTEN:

„*... das musikalische 'Gartenfest', jeden Mittwoch im Juli und August, ist zum Renner der Saison geworden. 1988 gelangten wir an die 5000er Grenze ...*
... welchen Stellenwert 'FOLK' in Österreich hat und warum:
Zunächst ist Folk ein Stiefkind der Kulturimperatoren wegen seiner angeblichen Nähe zum Volk, einzureihen unter die Rubrik: Musikantenstadl, höchst suspekt. Dies ist ein Ballast, der einerseits mit der einstigen, so ausschließlich geübten Förderung der Völkisch-nationalen Musik zusammenhängt.
Andererseits gibt es in unserer 'Heimat' keine subversive, gesellschaftskritische FOLK-Musiktradition a la Guthrie wie in good old Amerika. In der 68er Zeit haben besonders Joan Baez und Bob Dylan mit ihren Protestsongs Erfolge gefeiert. Millionen von Blumenkindern haben begeistert diese nach Veränderung dürstende, politisch einende Musik akklamiert ... Diese rebellische Tradition der Volksmusik gibt es im Krainer-Country nicht, wo 'Unterkrainer' allerorts lustig schenkelklatschend unterwegs sind. Deshalb laden wir so viele ausländische Musiker ein, obschon es im heurigen Jahr steirische Gruppen gibt, die nichts mit der Steirerei zu tun haben."

Harald Seuter

1985–1989:	AGRICANTUS	I
	ÄLABÄTSCH	BRD
	ANIADA A NOAR	A/STMK
	TIMNA BRAUER & ELI MEIRI BAND	A/WIEN/ASIEN
	BREHONS	A/STMK
	BROADLAHN	A/STMK
	CALICANTO	I
	COUNTRY BLUES PROJEKT	BRD
	HUBERT DOHR/ MANFRED SUMPER	A/KÄRNTEN
	FRANZ FRANZ & THE MELODY BOYS	A/WIEN
	FOLKFRIENDS (ANIADA A NOAR)	A/STMK
	GREENSLEEVES	BRD
	HANS MOSER REVIVAL COMBO	A/STMK/WIEN
	MELANIE HAROLD & OLIVER BLANCHFLOWER	GB
	HOTLINE FROM LONDON	
	WALTER KELENC	
	KALYI JAG	H

KARO & BAND	A/STMK
LAKIS & ACHWACH	A/WIEN
MIKE LANGLEY	USA
LOSNIZA	
MAERLIN	A/STMK
MAKAM	
MARTIN MORO	A/STMK
UTA MOSER	A/STMK
OKEMAH	A/STMK
PI-MAN &MEMRE BUKU	
PISCHELSDORFER VOLKS-MUSIKANTEN	A/STMK
POSPISCHILS ERBEN	A/STMK
ERNST POZAR	A/STMK
RIPOFF RASKOLNIKOV	A/STMK
RITMIA	I
MARC ROBINE & LONG COURIER	F
THOMAS ROTH	A/STMK
SCHIFFKOWITZ	A/STMK
SHAMROCK FOLKBAND	BRD

Martin Moro, Gitarrist, Sänger und Komponist. Spielt außerdem noch Mandoline, Bouzouki, Tin Whistle, Keyboard und Baß. Als „Zwiezupf" gemeinsam mit Hannes Urdl und statt Herbert Auer bei „Graymalkin".

	STADTPFEIFFER	A/WIEN?
	STEINMANDL	A?
	DIE STEIRISCHEN TANZGEIGER	A/STMK
	TEKA	H
	HANS THEESSINK	NL/WIEN
	MIGO SVOBOD	A
	HANNES URDL	A/STMK
	TURQUOISE	
	VIZÖNTÖ	H
	VUJICSICS	H
	ZWIEZUPF (MORO, URDL)	A/STMK
1990:	NA CASAIDGH	IRL
	SANZA	AFRIKA/A
	ANTARA	BOLIVIEN
	RICARDO TESI	I
	FRITZ & FRITZ	A/WIEN
	ZSARATNOK	H
	HÄNS'CHE WEISS ENSEMBLE	CH

ST. RADEGUNDER FOLKFESTIVAL: 1985–1986

Dieses hat nur zweimal stattgefunden.

Sa.: 29.06.–So.: 30.06.1985

1. 1985/06/29	JOHANN KOGLER (ALPHORN)	
	BÜRGERMEISTER VON ST. RADEGUND	
06/30	CHOR VON ST. RADEGUND	
	MARTINA VICENZI, ÖRTLICHE DICHTERIN	
	AUSSEER BRATLMUSI	A/STMK
	MIKE LANGLEY	USA
	ZEUS	A/STMK
	BROADLAHN	A/STMK
	BLASMUSIKKAPELLE	
	HANNES URDL	A/STMK
	LA SEDON SALVADIE	I
	FOLKFRIENDS (ANIADA A NOAR)	A/STMK
	MALIN HEAD	SCHOTTLAND
	TALTOS	UNGARN

2.	1986/05/01	MÄNNERGESANGSVEREIN MARIATROST	A/STMK
	14:00	DIE STEIRISCHEN TANZGEIGER	A/STMK
		HANNES URDL	A/STMK
		MAERLIN	A/WIEN
		RICCARDO TESI & ENRICO FRONGIA	ITALIEN
		TALTOS	UNGARN
	05/02	PISCHELSDORFER VOLKSMUSIKANTEN	A/STMK
	15:00	ERNST POZAR	A/STMK
		BUNTEMP	ITALIEN
		JIMMY COGAN & KURT KEINRATH	A/STMK
		LIEDERLICH SPIELLEUT	A/WIEN
		VIZÖNTÖ	UNGARN
	05/03	GERHARD LIPOLD	A/STMK
	14:00	TINKUNAKUS	AMERIKA
		MARTIN MORO	A/STMK
		CONTACTO LATINO	S-AMERIKA
		BROADLAHN	A/STMK
		NEUWIRTH EXTREMSCHRAMMELN	A/WIEN
		GRUPPO EMILIANO DE MUSIKA POPULARE	ITALIEN

TREFFEN DER DUDELSACK- UND DREHLEIERSPIELER MIT SPIELKURSEN

Seit 1989 findet – jeweils Mitte September- auf Schloß Freiberg bei Gleisdorf das Treffen der Dudelsack- und Drehleierspieler statt. Einer der herausragendsten steirischen Vertreter dieser Instrumente ist Sepp Pichler, ein Kenner vor allem der traditionellen aber auch sehr bewandert in der internationalen Bordunmusik (Notenbüchl: „Wer tanzt nach meiner Pfeife", von Sepp Pichler. Erhältlich im Steir. Volksliedwerk). Er organisiert alljährlich, gemeinsam mit dem STEIRISCHEN VOLKSLIEDWERK, diese Wochenendveranstaltung, bei der hochkarätige Musikanten aus dem In- und Ausland als Referenten eingeladen werden.

Wichtige Schwerpunkte sind:
- INSTRUMENTALKURSE
- SAMSTAGABEND-KONZERT
- GEMEINSAMES MUSIZIEREN
- INTERKULTURELLER TANZNACHMITTAG

INSTRUMENTENAUSSTELLUNG
FLOHMARKT
NOTEN, CD's

Info: STEIRISCHES VOLKSLIEDWERK
Karmeliterplatz 2
A-8011 GRAZ
Tel. +43(0)316-877/2660
Fax. +43(0)316-877/4388

SPEIK LIVE DEUTSCHLANDSBERG: 1990–1991

1990/06/30	SOUTHERN COMFORT	A/STMK
07/01	HANS THEESSINK & BAND	HOLLAND / USA
	COUNTRY JOE MCDONALD	USA

Folkfestival Deutschlandsberg, 1990. V. li. n. re.: Ernst Pozar, Allan Taylor, ?, Milica. (Foto Utri, Graz)

SO. 07/01	JIM COGAN & BAND	A/STMK
	WORKSHOP AB 10.00 Uhr	
	mit HANS THEESSINK bis 13.00 Uhr	
13:00	PETER RATZENBECK	A/STMK
	WESTWIND (10-JAHR-JUBILÄUM)	A/STMK
	ERNST POZAR	A/STMK
	ALLAN TAYLOR	GB
	THE DUBLINERS	IRL
1991/06/29	ROONER MEYE	A/NÖ
16:00	PLAVA TRAVA	YU
	W W BIG NOSE	A/STMK
	JOHN JACKSON	USA
	OYSTER BAND	GB
06/30	COLIN WILKIE	GB
10:00	KINGS OF AFRIKA	A/SENEGAL
	RICHARD DOBSON & BAND	USA
	HANS THEESSINK &	NL/USA
	BLUE GROOVE	
	DOLORES KEANE	IRL
	BLUESBREAKERS	A

1. RETZNEIER FOLKFESTIVAL, 1990/03/02

BERGHOLD & WESTREICHER	A/STMK
FOR THE PRESENT	A/STMK
ROBERT MASSER	A/STMK
NAGELE & PODESSER	A/STMK
SQUADUNE	A/STMK/ KÄRNTEN
ERNST POZAR	A/STMK

SOMMERFOLKREIHE IN DER BRÜCKE: 1991–1997

(findet nach wie vor statt)

Freitog Obnd Lockere Kultur
DIE BRÜCKE
GRABENSTRASSE 39a
8010 GRAZ

Die Brücke als Kommunikationszentrum behinderter und nichtbehinderter Menschen versucht – neben vielen anderen Aktivitäten – auch durch kulturelle Veranstaltungen gemeinsames Erleben zu fördern.
Doris Schimpl und Wolfram Riedl, die seit 1988 gemeinsam für die Programmgestaltung verantwortlich zeichnen und auch bei MINORITENFOLK bereits aktiv waren, riefen 1991 die Sommerfolkreihe in der Brücke ins Leben: Motto: Freitog Obnd Lockere Kultur, und sie sind in Graz inzwischen zum konsequentesten und wichtigsten FOLK- und ACUSTIC-MUSIK-Veranstalter avanciert.

VERANSTALTUNGEN: Jeden Sommer Freitags, 20 – 22 Uhr, bei jedem Wetter in der BRÜCKE, open air oder im Saal.

1. 1991:	RIPOFF RASKOLNIKOV	A/STMK
	ANIADA A NOAR	A/STMK
	SHAMROCK	BRD
	HUBERT DOHR &	
	MANFRED SUMPER	A/KÄRNTEN
	LLOYD HALVERSON	USA
	GRAYMALKIN	A/STMK
	CHUCK LE MONDS	USA
	WULLAZA	A/STMK
2. 1992:	ENRICO FRONGIA & ALBERTO BALIA	I
	COLIN WILKIE & PETER RATZENBECK & GRAYMALKIN	GB/A
	WORRIED MEN SKIFFLE GROUP	A/WIEN
	WHIPPERSNAPPER	GB
	XAREU	SPANIEN
	AGRIKANTUS	I
	LAKIS & ACHWACH	A/WIEN
	HANS THEESSINK & DORRETTA CARTER	A/WIEN
	RIEGELMOARGEIGER	A/STMK

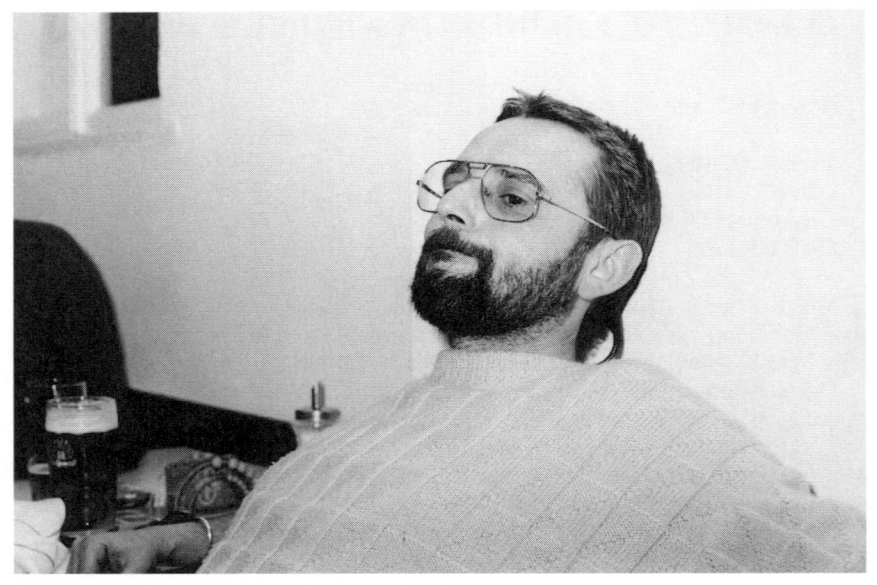

Wolfram Riedl, Veranstalter „Sommerfolkreihe in der Brücke", Graz.

ERNST POZAR & FRIENDS	A/STMK
HARRY WURM & ISMAEL BARIOS	A/VENE-ZUELA
CHRISTINA ZURBRÜCK & JUDITH PAHOLA	A/WIEN
HANS SAMER-BERKYOVA-ENSEMBLE	
DIE INTERPRETEN	BRD
MAKVIRAG	UNGARN

1993: Pause, keine Sommerfolkreihe

3. 1994

GOJIM	A/WIEN
AGRIKANTUS	I
HARMONIOUS WAIL	USA
KARL D. & GEBRÜDER FIDEL	
LAKIS & ACHWACH	A/WIEN
RUZA NIKOLIC-LAKATOS & FAMILIE	
KLAUS TRABITSCH	A/WIEN
CHUCK LE MONDS	USA
GRAYMALKIN	A/STMK

„Graymalkin". Stehend Herbert Auer, Andreas Fasching (li.), Oliver Pedesser (re.).

4. 1995	ERIKA PLUHAR &		
	KLAUS TRABITSCH	A/WIEN	
	MARIOS & JULIE	GRIECHEN-LAND	
	LA CIAPA RUSA	I/PIEMONT	
	MC LAUCHLIN & MAC DONALD	SCHOTTLAND	
	RIPOFF RASKOLNIKOV &		
	SIR OLIVER	A/STMK	
	RUZA NIKOLIC LAKATOS		
	DEISHOVIDA	A/STMK	
	LIEDERLICH SPIELLEUT	A/WIEN	
	LENA ROTHSTEIN	A/WIEN	
	GRAYMALKIN	A/STMK	
5. 1996	BUDOWITZ	A/USA	
	GRAYMALKIN	A/STMK	
	4-XANG	A	
	HANNES URDL & HARRY WURM	A	
	GRENZGÄNGER	BRD	
	YANNIK MONOT &		
	NOUVELLE FRANCE	FRANKREICH	

	WIENER TSCHUSCHENKAPELLE	A/WIEN
	RICARDO TESI & BAND ITALIANA	I
	POZAR & ROTTENSTEINER & ZIEGERHOFER	A/STMK
	OMNIFARIUS	A/KÄRNTEN
	CLOSE HARMONY	A/WIEN
	ANIADA A NOAR	A/STMK
6. 1997	RUTH YAAKOV ENSEMBLE	
	SHENNANIGANS	IRL
	CRAOBH RUA	IRL
	VIZÖNTÖ	UNGARN
	GEORG DANZER	A/WIEN
	LAKIS & ACHWACH	A/WIEN
	ZIPFLO WEINRICH	BRD
	NEUWIRTH EXTREM-SCHRAMMELN	A/WIEN
	QUINTETTO ACCENTO	
	GRAYMALKIN	A/STMK

VON AMA BIS ZWIEZUPF

GESCHICHTE UND BIOGRAFIEN STEIRISCHER MUSIKER/INNEN

von Andreas Safer

AMA

„*Der selbstgewählte Eigenname AMA bedeutet einfach: sein ... Also nicht etwa wichtig sein im Sinne einer berufstitulierten, gesellschaftlichen Stellung. Sein im Sinne einer Liebe, die alle Lebensformen dieser Welt gleichrangig achtet und auf eben dieser wertfreien Betrachtungsgrundlage auch die Unterschiedlichkeiten beachtet. Das 'Sein' ist für mich die reinste Form der Liebe ...*"

Der aus Deutschland stammende Sänger und Musiker arbeitete jahrelang als Redakteur in einer bürgerlichen Tageszeitung, ehe er einen Schlußstrich zog, um sich und die Welt näher kennenzulernen. Sieben Jahre dauerte seine Reise, bis er schließlich in Graz landete und seßhaft wurde.

Als ich noch in Graz wohnte und in der Innenstadt viel unterwegs war, traf ich ihn immer wieder an; zu den unterschiedlichsten Tages-, ja sogar Nachtzeiten, am Glockenspielplatz oder in der Sporgasse, vor allem aber am Färberplatz, verliebt in den Klang seiner Gitarre, sang er und freute sich an der Akustik der Grazer Altstadt. Er sang von unscheinbaren Dingen, erweckte Details zum Leben, sang von den Gassen und den Menschen, die dort anzutreffen sind:

„*... der Inhalt und die Vortragsart meiner Lieder sind ohne Biß – ich bin nicht bissig –, sie sind einfühlsam, different und deutlich im Sinn des Verstehens ... von meinen Liedern erzählt der weitaus größte Teil das Leben und mein Erleben in dieser Steiermark.*"

„Im Stadtpark, die Bäume", „Wann i wiederkomm ins Schaftal", „Gleisdorfer

AMA live im Babenbergerhof in Graz, am 4. Mai 1990.

Lichter", "Erzherzog-Johann-Allee entlang", "So beim Haring", "Graz – geräts, so geräts", "Viertel Drei am Färberplatz", "Elise am Ruckerlberg"...
Zum Färberplatz meint Ama:
"... Dieser Platz, mit seiner für eine Großstadt seltenen Homogenität in der Vielfalt an traditionellen, kleinen Einkaufsläden, der Haupt- und Musikschule, den zahlreich verbliebenen Wohnungen, Beiseln und Restaurants und jenen vielgeliebten Kastanienbäumen und einer Linde, äußert sein liebenswertes Ambiente gerade in seiner normalen Alltäglichkeit ..."

ANIADA A NOAR

Ich danke Martin Krusche, daß er mir seine Aufzeichnung (Aniada a Noar, Dokumentation, 1990) zur Veröffentlichung überlassen hat. Die Beschreibung von der Gruppe Aniada a Noar wäre für mich sehr schwierig geworden, da ich selbst Mitglied dieser Gruppe bin. Den ersten Abschnitt entnahm ich aus Martins Dokumentation von 1990. Den zweiten Teil stellte ich aus Zeitungsartikeln zusammen.

Besetzung:
MOITZ WOLFGANG; Dudelsack, div. Flöten, Gesang.
KRUSCHE MICHAEL; Gitarre, Geige, Gesang.
PFUNDNER BERTL; Ziehharmonika, Gitarre, Mandoline, Mundharmonika, Gesang.
SAFER ANDREAS; Geige, Mandoline, Dudelsack, Maultrommel, Gesang.

Jeder ist ein Narr. Anders ausgedrückt: es braucht sich keiner für so schlau zu halten, daß er darauf verzichten kann, sich auf verschiedenste Dinge einzulassen. Etwas erfahren, etwas weitergeben – auch in Gegensätzlichem Gemeinsamkeiten suchen; zumindest Neugier aufbringen ...
Urbesetzung:
PFUNDNER BERTL; spielte damals zusätzlich noch E-Baß.
SAFER ANDREAS.
ZAGAR WOLFGANG; (→Stringband) 5-String Banjo, Gitarre, Gesang.
ZWANZER EDI; Gitarre, Mandoline, Gesang.

Ende der siebziger Jahre hatte es in der Weststeiermark eine eingeschworene Country & Western-Partie gegeben; grad keine Teenager mehr, musikalisch auf Berge wie Prärie gestimmt, denn:
"Wenn du keinen Rock & Roll spielen mochtest, auch keine Schlager oder Oberkrainertöne, blieb nur noch Country." (Bertl)
Amerikanische Farmer- und Viehhirtenmusik für die Nachkommen steirischer Bauern.

Das erste größere Engagement brachte die Folkfriends in die älteste Disco der Gegend. Jeden Dienstag lief im Voitsberger La Bohéme die Steirerdisco, jeden Mittwoch Country & Western. Ein schweißtreibender Job für das Amateurquartett.

Bertl: *„Damit haben wir uns den Teil einer ersten eigenen Verstärkeranlage verdient."*

Zur nächsten Live-Serie holte sie der Wirt des Burgkellers.

Andreas: *„Dem war die Besetzung egal; auch was da gespielt wurde. Hauptsache, es wurde flott gespielt. Als Gage gabs ein Trinkgeld und jeden Tag ein Steak."*

Bertl: *„Da hab ich elf Arten von Steaks kennengelernt."*

Wolfgang: *„Zu der Zeit, als ich bei den Folkfriends einstieg, spielte Folkmusik für mich eine ziemlich geringe Rolle. Ich hörte vor allem Rock und Popmusik. Die späten Genesis, Pink Floyd, Dire Straits und überhaupt die Musik der sechziger Jahre. Und die Doors. Folkmusik war für mich in erster Linie Folkrock. Steeleye Span, Fairport Convention. Aber auch Alain Stivell und Ougenweide mit ihren alten deutschen Liedern. Später mochte ich eine Reihe von irischer und schottischer Musik. Die Trinklieder der Dubliners gingen leicht ins Ohr, ihre Tänze ließen sich gut nachspielen. Die Bothy Band oder De Danan, deren Tänze so dahinhopsten, daß man kaum ruhig sitzenbleiben konnte. Die Furey Brothers mit ihren schönen Balladen und schrägen Dudelsackstücken. Das mochte ich*

Pfundner Rupert spielt Gitarre, Mandoline und Zieharmonika bei Aniada a Noar. (Foto W. Suppan)

Die FOLKFRIENDS (v.li.): Edi Zwanzer, Wolfgang Zagar, Bertl Pfundner, Andreas Safer (1981).

wahrscheinlich, weil mir auch verzerrte E-Gitarren taugen. Nicht zu vergessen Gruppen wie The Chieftains, Planxty, Clannad, die Battlefield Band. Mir gefiel an der irischen Musik, daß sie so lebendig wirkte. Ich hatte die Vorstellung, man bräuchte dort nur in irgendein Pub zu gehen und wäre schon mitten in einer Session. Ähnlich erlebte ich Countrymusic, die mir bloß kommerziell stärker ausgeschlachtet erschien. Aber wenn ich an Doc Watson denke oder die New lost City Ramblers ..."

Im Juli '83 hat's mit Graz geklappt. Eine größere Veranstaltung, gemeinsam mit mehreren anderen Künstlern in der Brücke. Hier kam Michael erstmals mit den Folkfrieds zusammen.

An jenem Abend trafen sich Literatur, Blues und Rock & Roll und die Folkfriends in der Grazer Begegnungsstätte für Behinderte und Nichtbehinderte (Die Brücke, Grabenstraße 39 a) zu einem lebhaften Act. Drei Autoren, fünf Musiker. Michael hatte gerade seine ersten eineinhalb Jahre mit Auftritten hinter sich, war vorher meist nur als Straßenmusiker und bei Sessions aufgetaucht.

Andreas: *„Damals war Michael für uns als Musiker noch nicht im Gespräch."*
Bei einem Weihnachtskonzert in Rosental gabs eine neue Zusammenkunft.
Wolfgang: *„Zu der Zeit war's schon fix, daß der Edi aussteigt."*

ZUPACKEN ...

Bertl: *„Im 'Kleeblatt' (Leonhardstraße) waren wir dann zu viert."*
Im März '84 hatte sich das Klangbild der Folkfriends verändert. Durch eine ruppige Stimme und eine eigenwillig gespielte Gitarre.
Bertl: *„Der Michl ist als Außenseiter gekommen, hat aber schnell angefangen, was zu organisieren."*
Andreas: *„Wir waren ja ein total chaotischer Haufen."*
Michael: *„Ich wollt' halt zupacken ... was machen. Und da haben wir dann angefangen ... weil ich durch Literatur Blues- und Rock & Roll-Veranstalter kannte. Nicht bloß in der Steiermark."*

Im Grazer Petersstüberl hatte sich der Verein Anlauf eingerichtet, um für kulturelle Aktivitäten zu sorgen. Ein Teil der Grazer Szene hatte das Lokal zum Wohnzimmer erklärt. Hier trafen die Folkfriends mit der Gruppe La Sedon Salvadie zusammen und besuchten die Friulaner zu Ostern (1985) in deren Heimat.
Michael: *„Wir haben gespielt wie die Bösen. In Kneipen, bei einem Feuerwehrfest, was weiß ich ... vormittags gabs immer nur Prosciutto und Rotwein. Wie der restliche Tag verlief, kann man sich vorstellen."*

Im Mai 1985 standen die Folkfriends auf der TV-Bühne der Großen Chance. Andreas hatte eine Nummer geschrieben, bei der sie erstmals belegten, was heute zu ihren Qualitäten gehört: der mehrstimmige Gesang. Textlich blieb Andreas bei seinen einfachen Geschichten, in denen er sich weder aufklärerisch noch altklug gebärdet: „Z'lempad miad" (EX 105).

HEIMAT UND SO...

Michael: *„Solche Nummern ... das ging in erster Linie vom Andi aus."*
Andreas: *„Ich wollte eben nicht immer Sachen spielen, zu denen ich im Grunde wenig persönliche Beziehung hab. Darum hat mich unsere traditionelle Musik interessiert. Auch als Gegenpart zur irischen und angloamerikanischen Musik. '85/86 fuhren wir schon zweigleisig."*
Bertl: *„Und wir erlebten, daß es für das Traditionelle Interesse gibt. Auch bei den jungen Leuten."*
Wolfgang: *„Aus der Zeit mit dem Edi hatten wir noch die Vertonungen von zwei sehr schönen Walcher-Texten. Leider haben seine Nachkommen uns untersagt, sie zu spielen."*
Andreas: *„Damals sind wir zum ersten Mal an so einen Stoff gegangen. Das Verbot empfand ich als Rückschlag."*
Wolfgang: *„Ein ziemlicher Dämpfer. Unsere beiden wichtigsten Kompositionen einer anderen Richtung. Aber wir haben intensiv weitergemacht."*

SOMMER 1985 ...

Bertl, der als Jugendlicher ein eingefleischter Rolling Stones-Fan gewesen war („uneingeschränkt!") und später sehr unter dem Einfluß von Jim Cogans International Travellers gestanden hatte, ging nun musikalisch in ganz anderen Begriffen auf. Der Sommer 85 brachte den Folkfriends eine Einladung zum großen Folkest in San Daniele, wo auch Alain Stivell auftrat, wo es vor allem engeren Kontakt mit den friulanischen Musikern gab.

Michael: *„Wir haben viel gemeinsam mit den Friulanern gespielt. Und der Andi hat sich ja leicht beeinflussen lassen."*

Andreas: *„Ich weiß nicht, wie das so geht. Man hört eine Musik, und dann spielt man sie."*

Die Auslandsaufenthalte, die vielen Sessions mit anderen Musikern, vor allem mit Leuten, die ihre landeseigene, traditionelle Musik spielten, prägten nun das

Aniada a Noar. V. li. n. re.: Wolfgang Moitz, Michael Krusche, Andreas Safer, Rupert Pfundner, 1992. (Foto Andreas Hofer)

Repertoire des Quartetts zunehmend. Nach dem steirischen Bärfolk im Sommer spielten die Vier das zweite Mal in San Daniele.

Wolfgang: *„Dort kamen persönliche Spannungen wieder stark heraus."*

Michael: *„Das hatte sich von Bärnbach hergezogen. Ich schleppte eine Menge privater Probleme mit."*

Bertl: *„In Italien haben wir vom Aufhören gesprochen."*

Michael: *„Nach der Heimfahrt sahen wir uns gut zwei Monate überhaupt nicht. Wir trafen uns erst wieder für einen Auftritt beim Seerock-Festival in Altaussee."*

Wolfgang: *„Dort kamen wir erst am Nachmittag zusammen, um uns einzuspielen."*

Michael: *„Und das lief trotz der langen Pause reibungslos."*

Bertl: *„Noch dazu vor einem Rock-Pop-Publikum, das unheimlich mitging."*

Michael: *„Das war irgendwie der letzte Auftritt. Danach blieb alles offen. Nach dem Seerock kamen wir uns wie die letzte Kommerzpartie vor."*

ANIADA A NOAR:

Was gewöhnlich als Anlaß gilt weiterzumachen – wenn es unter allen Bedingungen läuft –, ließ bei Aniada a Noar die persönlichen Ungereimtheiten in den Vordergrund treten. Das ist eine der Eigenarten des semiprofessionellen Bereiches, wenn die Reizschwelle für inhaltliche Fragen nicht durch ein profitorientiertes Management in die Höhe getrieben ist. Wer zu gründlich eingespielt ist, kann allemal etwas über den Haufen werfen. Das galt für die Vier (ansatzweise) bezüglich ihrer persönlichen Beziehungen zueinander und (generell) für ihr musikalisches Konzept. Eine neue Orientierung als nötige Grundlage, um weiter beisammenzubleiben.

Wolfgang: *„Da blieb kaum was vom alten Programm."*

Im Mai '87 hatte Aniada a Noar beim Grazer Stadtfest den ersten Auftritt mit dem neuen Repertoire.

Michael: *„Einige französische und friulanische Nummern, einige steirische Tänze. Sonst ausschließlich Eigenkompositionen."*

Neu war auch der Dudelsack, mit dem sich Wolfgang nun intensiv beschäftigte. Ende Mai wurde die Gruppe zum Festival Musik und Poesie in den Alpen in Gries im Ötztal eingeladen.

Michael: *„Dieses Festival hatte einen starken völkerkundlichen Aspekt. Dabei bekamen wir konkrete Anerkennung für unseren Weg zwischen Folk- und Volksmusik."*

Andreas: *„Und zwar sowohl bei unseren Auftritten, wie auch beim Zusammenspiel mit anderen. Wir haben zum Beispiel mit den Grasl-Geigern gespielt. Ein reines Volksmusikensemble."*

Bertl: *„Diese Begegnungen und die Übereinstimmung – auch mit alten Menschen."*

Da wurde also die Musik ganz konkret ein Berührungspunkt zwischen Menschen verschiedener Generationen, verschiedener Herkunft ... stärker, als die Vier das vorher je erlebt hatten.

NEUORIENTIERUNG:

Nun herrschten ganz andere Stimmungen, als jene der Clubs und Motorradfeste. Michael hatte sich inzwischen zu einem der gefragtesten Grazer Live-Mixer im Jazzbereich entwickelt und seine Tontechnikerfahrungen auch für die eigene Gruppe genutzt. Eine Cassettenproduktion wurde eingespielt. Kurz darauf folgte die erste LP.

Aniada a Noar hatte in Tirol eine Erfahrung verstärkt wahrgenommen und weiterverwendet: das akustische Spiel, den Verzicht auf eine elektronische Verstärkeranlage.

Andreas: *„Wir erleben heute, daß es egal ist, wo wir spielen – ob in einem Wirtshaus oder einem Schloß ... in Gleinstätten zum Beispiel; rund 400 Zuhörer in Abendgarderobe, die von dort her vor allem klassische Musik gewohnt sind – das geht auch ohne Bühnenelektronik."*

Martin Krusche, 1990

WIE ES WEITERGING –
Acht Jahre im Zeitraffer aus Zeitungsartikeln, zusammengestellt von Andreas Safer

1989 erscheint die Produktion „Geduld Geduld". Poidinger (lange Zeit hatte er eine eigene Sendung auf Ö3: „Poidinger auf seiner Welle") schreibt dazu im April 1990:

Und nun zur Platte „Geduld Geduld" der vielleicht auch von mir via Ö3 mitentdeckten steirischen Gruppe ANIADA A NOAR. Die auf ihrem zweiten Album noch lustiger und umfänglicher sowohl einheimische wie auch internationale Volksmusik bringen, mischen, verändern, parodieren und zum absoluten Genuß machen ...

wou is daham
(Text und Musik: Andreas Safer)

taradam
bruada bruada
taradam
voda muta
rota zug foaht hin und zruck
tamtaradam
und i foah ausn tram
bin scho daham

vüle gschichtn
bruada bruada
vül zan richtn
voda muata
duachanaunda dischgariert
i bin heit scho miad
gimma schnöll a frisches gwaund
bin nix guat banaund

nia koa zeit
bruada bruada
bold net heit
voda muata
rota zug der bringt mi zrugg
tamtaradam
und wiarimi in sessl druck frog i
wou is daham

1993, in jener Zeit, als die Medien den Begriff „Neue Volksmusik" erfanden, schielte die Plattenindustrie auf jene Gruppen, die unter diesem Schlagwort Gewinn bringen sollten. Damals nahm Aniada a Noar klar Stellung:
„Wir haben uns entschlossen, bei der Welle der 'Neuen Volksmusik' nicht mitzumachen. Wie seit acht Jahren werden wir Volksmusik spielen, so wie sie uns gefällt", erklärt Rupert Pfundner. Der Entschluß bezieht sich darauf, daß der Top-Produzent Robert Ponger (Falco) an sie herangetreten ist ... Michael Krusche präzisiert: „Obwohl jetzt der ideale Zeitpunkt wäre, haben wir kein Interesse, unsere Musik Ö3-gerecht aufzubereiten. Es wäre unsinnig, einige Jahre vor großem Publikum zu spielen, was wir musikalisch mitteilen, ist langlebig ..." (KLEINE ZEITUNG, Juni 1993)
Als ideale Kombination erwiesen sich die gemeinsamen Auftritte mit Reinhard P. Gruber. Steiermark in Wort und Musik: „ War es eine Lesung oder ein Konzert? Oder Beides? ... vielleicht ein 'Heimatabend'? ... obwohl (oder vielleicht gerade weil) der Festsaal der Forstschule bis auf den letzten Platz ausgefüllt war, herrschte eine beinahe intime Atmosphäre, so als hätten sich alte Bekannte getroffen, um zu singen und über die Steiermark zu plaudern ... die Distanz zum Publikum abzubauen, die ursprüngliche Spontanität und Freude am Musizieren in den Vordergrund zu rücken, diese Aufgabe hat sich die Weststeirische Gruppe AAN gestellt ... die Musiker rissen durch Improvisationen das Publikum mit. Fast bedauerte man es, daß kein Platz zum Tanzen war. Solche 'Heimatabende'sollte es bei uns öfters geben ..." (OBERSTEIRER, Oktober 1993)
Zu einer intensiven Begegnung, nicht nur für die Zuhörer, auch für die Musiker, geriet eine Konzertreihe mit Felix Mitterer, jenem Tiroler Schriftsteller, der bei uns vor allem durch die „Piefke Saga" breite Popularität erlangte:
„ 'Er liest', erklärt einer aus der Gruppe AAN und nickt hinüber zu Felix Mitterer, 'und wir spüln', womit das Programm einer schönen, stimmungsvollen Ver-

anstaltung im Orpheum in Graz schlicht und treffend umrissen war. *Die vier Musiker sind als Gruppe in der Steiermark längst populär; ungemein zünftig spielen sie auf, frisch und forsch; verstehen es aber auch meisterlich, ihren Instrumenten feine, wehmütige Töne zu entlocken. Zu diesem Quartett paßt der Tiroler Felix Mitterer, einer der meistgespielten Dramatiker des deutschsprachigen Raumes ('Kein Platz für Idioten', 'Stigma', 'Sibirien') hervorragend ..."* (NZ, 1994)

Daneben wurde aber fleißig weitergearbeitet und „Die Hupfade", die dritte CD eingespielt:

„... 'einischmeckn' in die Musik des steirischen Quartetts kann man auf ihrer dritten CD 'Die Hupfade', einem Kleinod musikalischer Übergriffe ... bei AAN stehen 'biermöselblaserische' Stückln wie 'Jagalatein' neben irischen Anklängen mit leichtem 'Pogues'-Touch, türkischen Noten und französisch anmutender Ziehharmonika, wie man sie sonst zum Beispiel im Valse der 'Negresses Vertes' zu hören bekommt ... besonders vereinnahmend wird das alles aber erst dadurch, daß man immer die Freude am Spiel und den Schwung, mit denen die vier Steirer ans Musizieren gehen, zwischen den Noten heraushört." (TIROLER TAGESZEITUNG, Februar 1995)

jagalatein
(Text und Musik. Andreas Safer)

*der jägersmann der trägt so schwer
an seinem teuren schießgewehr
damit er's nicht weit tragen muß
nimmt er das auto nicht den fuß
und fährt ist das nicht heiter
bis vor des hochsitz leiter*

*füa die niedagwolztn latschn
füa die noabm in da olm
vadienta a poa watschn
und softig sulla zohln*

*so mancher wald ein garten ist
wo das wild gar reichlich sprießt
da wird gehegt da wird gepflegt
das unkraut mit der büchs erlegt
und kommt sodann die erntezeit
sind noble herren hilfsbereit*

*daunn foahns mit die ollrodbrumma
auf die foastweg ummadumma
schiassn aussi glei vam wogn
weidmanns heil kaunnst do nua sogn*

du hirsch voll kraft oh edles tier
wartest nun geduldig hier
bis der weidmann wohl bedacht
dich füttert damit deine ganze pracht
dem schützen der am ausguck wacht
das zahlen etwas leichter macht

es gweih is eam vüll zschwaa
die gaunze zeit nua mostfuatta
vabeissn deafara kan bam
wal mia jo sunst koan schutzwold hobm
sou wiad a gmäßtat bis a steht
im fodnkreitz da fiama leitz

jo mei diariaiho
darajeho huljoiri
holjo diriaiho
es bixal knollt

holjo diriaiho
es hiaschal follt jucheh
huljo die jagasleit
dei hobm a freid

Die Linie der Band wurde konsequent weiterverfolgt, wobei unter Linie nicht Eingrenzung auf einen bestimmten Stil gemeint ist, sondern zuerst einmal Spaß an der Musik und Spaß an der Spannung, die dabei ist, wenn vier unterschiedliche Menschen zusammensitzten, einzelne musikalische Vorlieben beibehalten, musikalische Ideen gemeinsam verwirklichen. Daß dabei die alpenländische Tradition die Basis ist, versteht sich:

„Frisch, saftig, steirisch – man möge mir dieses plumpe Plagiat aus der Apfelwerbung verzeihen, doch dies waren meine ersten Assoziationen beim Anhören der neuen CD von AAN – und zwar im positivsten Sinne ... im Gegensatz zu vielen anderen Vertretern des in den letzten Jahren populär gewordenen Genres Neue Volksmusik ist die Gruppe AAN ein Original, das sich entsetzlich hartnäckig weigert, kommerziell lukrative Kompromisse einzugehen. Gottseidank ... da setzt man schon lieber auf die Kraft erdiger, bodenständiger Spielfreude, auf die Liederschreiber-Qualitäten des Andreas Safer, die geschliffenen Texte von Michael Krusche und die Virtuosität im instrumentalen Zusammenspiel ... das Ergebnis ist eine CD, die man mit Freude als Musterbeispiel für Worldmusic aus Österreich empfehlen kann." (CONCERTO; 1997, zur bislang letzten CD, „Wärme")

V. li.: R. P. Gruber, Rupert Pfundner, Andreas Safer, Michael Krusche, Wolfgang Moitz, Schloß Trautenfels, 1997. (Foto Wolfgang Suppan)

juchu eu
(Text und Musik: Michael Krusche)

wia wulltn partu in die EU
jetzt samma dabei holarie holarei
holarei holaro und jetzt steh ma do

und do is net duat und bruxelles is weit fuat
und weit fuat is net noh jo wos moch ma denn do

jo do brauchst net vül tuan moch da nua kane soagn
wal heit is net moagn und moagn is nou weit
und füa sulche probleme gibts gscheitare leit

die werden beauftragt vom volke entsandt
und treffen entscheidungen für unser land
und zwoa die besten das liegt auf der hand

wia khöan dazu
Eu juchu
EU juchei
wia san dabei

olls wiad jetzt bülliga des haßt net teia
es büllige brot und die büllign eia
weitgereiste butta vom supamoaktregal
garantiert mei frühstück is international

wenn nix mea wos koustn sull führt des daunn ebm
in a büllige zukunft douch a bülliges lebm
könnt sein wer weiß hot vielleicht sou sein preis

preisdruck is aungsogt und der garantiert
wos net üwalebm kaunn wird subventioniert

wia khöan dazu
EU juchu
EU juchei
wia san dabei

vielleicht denk ma uns daunn in a poa joahn
wea hot uns des eingreid
wos woan des füa noan

1998 ist für Aniada a Noar ein denkwürdiges Jahr. 15 Jahre in unveränderter Besetzung gemeinsam auf der Bühne:
„*Witz, ein loses Mundwerk, das sich auch zum Singen eignet, Klasse an verschiedenen Instrumenten – eine vielversprechende Kombination. Volksmusik würde man freilich bei diesen Eigenschaften nicht vermuten, steirische Klänge gleich weniger. Doch weit gefehlt: Köstlich amüsieren ließen sich etwa 150 Besucher in Kranzberg ...* " (SABINA DANURA, Jänner 1998, Süddeutsche Zeitung)

WAS NOCH? Schlußwort von Martin Krusche:

„*Die Geschichte könnte hier weiterführen ... diese Dokumentation würde sich ständig der Drucklegung entziehen; denn: Aniada a Noar sind unterwegs. Nicht als Preisträger-Combo, nicht als ethnologisches Fundstück. Das Quartett ist als Folk/Volksmusik-Ensemble kein Posten aus einem Reiseführer, sondern die Summe von vier persönlichen und musikalischen Neigungen; für eine Nacht, für eine Woche ... je nachdem. Mit allen Widersprüchen und mit leichtem Gepäck.* "

Diskografie:
RUCK MA Z'SAMM; LP; gemeinsam mit Ernst Pozar, Okemah, Kogler Trio, 1986, Pro Sound 407 912
ANIADA A NOAR; CD; MC,1986, Extraplatte 105
GEDULD GEDULD; CD; MC,1989, Extraplatte 109
DIE HUPFADE; CD; 1993, Extraplatte 195
WÄRME; CD; 1997, Extraplatte 295-2

Andreas Safer und Michael Krusche, Halleiner Folkfestival 1998.

AUSSEER HARDBRADLER

Besetzung:
RANDACHER FLORIAN (FLOW), *1974: Gitarre, Gesang
GOTTSCHMANN ERNST, *1970: Gitarre, Perkussion, Gesang
KREIMER FRANZ (FOSSI), *1972: Steirische Harmonika, Keyboard
ZAND DIETER, *1973 : Trompete, Steirische Harmonika, Geige
BABUSEK REINHARD, *1970: Baß, Geige
GERSTL CHRISTOPH, *1972: Schlagzeug
UNTERLECHNER CHRISTINA, *1975: Gesang

Meine anfängliche Skepsis dieser Band gegenüber relativierte sich nach persönlicher Kontaktaufnahme bei gemeinsamen Auftritten. Alles sympathische Leute, ausgezeichnete Musiker mit ehrgeizigen Plänen. Das von der Plattenfirma aufgebaute Image der „Alpenrocker" und das Bemühen, diese Gruppe in Konkurrenz zu Hubert von G. zu stellen, waren mir suspekt. Zwangsläufig bedingt die ähnliche Instrumentierung einen sehr nahe zu „Goisern" stehenden Sound, der Salzkammerguter Dialekt tut sein Übriges, um einen Vergleich kommen sie nicht herum: Die HARDBRADLER, die steirische Antwort auf Hubert von Goisern (lieber „hardbradln" statt „hiatamadln"). Über die Tiefgründigkeit der Texte läßt sich bei beiden Gruppen streiten, fest steht, daß sie der österreichischen Popkultur (aber auch der volkstümlichen Ecke) ihren Stempel aufgedrückt haben (aufdrücken), Hits produzier(t)en, frischen Wind in die Austropopszene gebracht haben (bringen) und mit ihren Volksmusikeinflüssen ein breites, junges Publikum erreich(t)en. Erneuert wird aber die Volksmusik dadurch noch lange nicht, und traditionelle Zitate mit einem Popmascherl zu versehen, ist ein alter Hut. Nur in Österreich mußte es so lange dauern.

Bleibt mir zu hoffen, daß nach anfänglicher Euphorie nun abseits vom Busineßdunst der großen Plattenkonzerne mit Geist und Herz in aller Ruhe an diesen Ideen weitergewerkelt wird und frische Früchte reifen können.

Nun zur Geschichte der HARDBRADLER. Florian Randacher hat mir dazu einige Zeilen geschrieben. Herzlichen Dank.

Eigendefinition: Mundart-Pop-Rock
Seit 19. Juni 1998 gibt es die Band genau fünf Jahre, eine aufregende Zeit. Es war die Idee, ein bißchen Volksmusik mit ein paar rockigen Grooves zu verbinden. Wir spielten bis dahin in zwei verschiedenen musikalischen Welten: Rockmusik in der Schul-Band, Volksmusik als „Junge Ausseer Bradlmusi". Es war also naheliegend, diese zwei Seelen in der Brust in einem Musikprojekt zu vereinen, ja und der Name hat sich fast aufgedrängt. 'Bradln' ist ein altes Mundartwort und bedeutet: musizieren für einen Braten. In Kombination mit Hard-Rock ergab das: „D'Ausseer Hardbradler". Der Stil war zu Beginn sehr rauh und rockig. Mit der Zeit wurden wir aber disziplinierter, und das war notwendig, da-

Ausseer Hardbradler. (Foto © Helmut Stangl)

mit wir unser großes Ziel, eine CD aufzunehmen, erreichen konnten. 1995 gingen wir ins Studio um unsere erste CD „hardbradln" einzuspielen, und dort wurden uns (das Durchschnittsalter lag bei knapp 20 Jahren) die Augen geöffnet. Es war nahezu keine musikalische Ausbildung vorhanden, und es war unglaublich schwer, die eigenen Ideen auf Band zu bringen. Heute haben die meisten Mitglieder der Band Musikunterricht, bei den Hardbradlern spielen sie aber doch wieder ein anderes Instrument.

Wie entstehen unsere Lieder:
Meistens komme ich mit einer „kleinen Idee", spiele sie mit der Gitarre vor, oder es sind ein paar Textzeilen, und beim „jamen" entwickelt sich dann schön langsam ein fertiges Lied. Jeder bringt seine Gedanken ein, und es kann passieren, daß das fertige „Liadl" mit der Grundidee gar nicht mehr so viele Gemeinsamkeiten hat. Textmäßig lehnen wir uns manchmal an alten Volksweisen an, wollten mit unseren eigenen Texten bisher aber nie sozialkritisch sein oder gar ernste Themen aufgreifen. Bödeleinen, die Leute unterhalten, eine gute Stimmung verbreiten, Spaß an unserer Musik haben, das waren unsere Anliegen. Aber wenn „ma a weng gscheida und reifer wean", ändert sich das vielleicht, wer weiß?

Vorbilder:
Unsere Vorbilder sind sowohl erstklassige Volksmusikanten, von denen es im Ausseerland genügend gibt, als auch internationale Rockgrößen wie zum Beispiel die Gruppe TOTO. Im Grund sind es Musiker und Bands mit Charakter und gutem „Live-Können".

Stationen:
19. Juni 1993 erstes Konzert als AUSSEER HARDBRADLER, in diesem Jahr noch weitere Auftritte im regionalen Raum.
1994 erschien die erste Demo-CD, es folgten Auftritte landesweit. Einladung zum Festival für neue Volksmusik in München: „Schräg dahoam".
1995: weitere Auftritte und die Aufnahme der ersten CD „hardbradln".
1996: Präsentation der ersten CD und erste offizielle Österreich-Tournee. Ende 1996 Aufnahmebeginn der zweiten CD: „Bradlfett".
1997: erst im Juni erscheint die zweite CD, Präsentationstour, zweite (kleinere) Österreichtournee.
1998: erste kleine Band-Pause, Arbeit an der dritten CD, geplanter Veröffentlichungstermin: Februar 1999.

Ziele, Motivation:
Wir wollen zusammenbleiben, Band-Krisen gemeinsam überstehen, daraus wachsen und uns von der teilweise schwer zu handhabenden Musikbranche die „Freid am spuin nit verderbm lossn". Und natürlich mit unserem neuen Album „Bradlgum" am österreichischen Pop-Sektor neue Maßstäbe setzen, damit bei den Popsendern „wenigstens amol oa Liadl steirisch is, nit alle amerikanisch ..."

Diskografie:
BRUNFTZEIT IS; MCD;1993, Joy Sound, 1001
HARDBRADLN; CD; 1995,EMI,
BRADLFETT; CD; 1997, EMI, 07243 8 5762420

BLUEGRASS COMPANY

„*Der Name ergab sich aus der Musik, die wir spielen: BLUEGRASS*", sagt der Bandleader Helfried Mörtl. Nach ihrer Eigendefinition machen sie original amerikanische Volksmusik, und zwar „just for fun". Gespielt haben die Vier, die sich 1988 zusammenfanden, alles, von Rock & Roll bis Tanzmusik, wobei die gemeinsame Vorliebe für Bluegrass im Vordergrund steht. „*Wichtig ist auch die Möglichkeit, rein akustisch zu spielen, nicht nur verstärkt – und das mindestens bis zur Pension.*"

Besetzung:
HELFRIED MÖRTL: Mandoline, Gesang
KURT SUPPANZ: Gitarre, Gesang
GERALD KÖNIG: Baß
VOLKER SCHIFFKORN (aus Salzburg): Banjo

BREHONS, 1979–1985

Die „Brehons" gibt es leider schon lange nicht mehr. Beim heutigen „Irland-Boom" (Pubs schießen wie Schwammerl aus dem Boden, Irish music ist sehr gefragt) würde die Band eine große Anhängerschar vorfinden. Die Freude am Musizieren ist Josef Seewald, dem damaligen Bandleader, bis heute geblieben. Der vielbeschäftigte Architekt überließ mir interessantes Material zur Geschichte dieser bedeutendsten Irish-Folkband am Anfang des steirischen Folkrevival.

„*Nach Deinem letzten Bestechungsversuch – für den ich mich recht herzlich bedanke – habe ich mich entschlossen, in meinen alten Kisten zu kramen. Es waren sehr schöne Erinnerungen, welche da völlig verstaubt zum Vorschein kamen. Nach 13 Jahre ohne 'Brehons' ist es gar nicht so einfach, eine einigermaßen nachvollziehbare Dokumentation über unsere musikalische Laufbahn zusammenzustellen ...*" (Dipl. Ing. Josef Seewald, 1998)

Besetzung:
SUSANNE ZELLINGER: Gesang, Geige
WOLFGANG SCHAUERSBERGER: Geige, Dudelsack; Tin Whistle, Gesang
WOLFGANG HEIGL: Mandoline, Gitarre, Tin Whistle, Gesang
JOSEF SEEWALD: Gitarre, Dudelsack, Tin Whistle, Gesang

Woher stammt das Wort BREHONS?

„Neben den ältesten historischen Schriften Irlands, die Ende des 11., 12. Jahrhunderts enstanden und teilweise auf Klosterdokumente der beiden Jahrhunderte vor der Niederschrift zurückgreifen, sind auch eine Reihe verschiedener, alter Gesetzessammlungen und Rechtsglossen in späteren Abschriften aus dem 12. Jahrhundert überliefert.

Die wichtigsten dieser Gesetzessammlungen sind die 'Brehonlaws', so genannt, weil sie von den BREHONS, den alten Richtern, die meist zugleich Poeten, Barden und Chronisten waren, aufgeschrieben wurden. Nach der Überlieferung soll der heilige Patrick im Jahre 438 den von ihm bekehrten Oberkönig Langair bewogen haben, die alten heidnischen Gesetze aufschreiben zu lassen. Der König beauftragte damit seinen Poeten und Barden Dubthach und übergab dann

Die Brehons (v. li. n. re.): Wolfgang Schauersberger, Josef Seewald, Susanne Zellinger (Gruber), Wolfgang Heigl.

dessen Entwurf einem Ausschuß, der aus drei Oberhäuptlingen, drei hohen Geistlichen und drei einheimischen Richtern bestand. Nach einer Arbeit von drei Jahren war das Gesetzbuch fertig, das zunächst als Fénechas (= Volksgesetz) bezeichnet wurde."

Erzähle mir bitte was von deinem / eurem musikalischen Lebenslauf:

„Bereits mit zehn Jahren erhielt ich meine erste b/es/as-Knöpferlharmonika. Meine Freude hielt sich – im Gegensatz zu meinem Vater – in Grenzen. Dank meines ausgezeichneten Lehrers Harald Pfeffer (Anmerkung: er ist auch ein Kenner internationaler Volksmusik) konnte ich mit diesem Instrument dann doch Zugang zur heimischen Folkore finden. Musik war mir sehr wichtig – aber so nicht. Die Ziehharmonika war mir damals ziemlich peinlich, und so entschloß ich mich mit ca. 16 Jahren – gegen den Willen meines Vaters – autodidaktisch Gitarre zu lernen. Sehr bald landete ich bei Folk und Bluesmusik und hatte auch relativ früh meine ersten Auftritte als Bluesgitarrist. Ob als Vorprogramm bei →Peter Ratzenbeck, als Solist bei diversen kleinen Veranstaltungen in Graz oder als NZ-Chance-Teilnehmer (z.B.: Masters of Murdelta Blues, mit Armin Pokorn), der Erfolg gab mir recht. Nach einigen Europatourneen als Straßenmusikant konnte ich mit dem Abstand zur heimischen Folklore endlich auch die Qualitäten der bereits sehr vernachlässigten b/es/as-Quetsche schätzen lernen. Ausschlaggebend für diese Erkenntnis waren meine positiven Erlebnisse in Irland. Hier wurde mir erstmalig richtig bewußt, was Folklore bedeutet: Kommunikation aus dem Bauch, unabhängig von der Muttersprache, vorurteilslos, aber trotzdem kritisch. Ich hatte das Bedürfnis, diese Stimmung mit nach Hause zu nehmen und zu verbreiten. Aber nicht als Solist!

Im Sommer 1979 lernte ich zufällig den außergewöhnlichen Geiger Wolfgang Schauersberger kennen, welcher ähnliche Bedürfnisse aus Schottland mit nach Graz brachte. Ohne Grundsatzdiskussionen erarbeiteten wir uns in kürzester Zeit ein beachtliches Repertoir. Nachdem sich Wolfgang Heigl mit seiner Mandoline zu uns gesellte, konnten wir bereits im Herbst 1979 unseren ersten Auftritt im Orpheum (noch ohne Sängerin) absolvieren. Es folgte Maria Kramer als Sängerin, die uns aber leider bald berufsbedingt wieder verlassen mußte. Mit Susi Gruber (Zellinger) als zweite Sängerin hatten wir aber sicher die ideale Besetzung für die nächsten sechs abwechslungsreichen Jahre gefunden.

Als junge Studenten war uns klar, daß das gemeinsame Musizieren, bedingt durch die unterschiedlichen Interessen der einzelnen Mitglieder, irgendwann ein Ende haben mußte. Abgesehen von den äußeren Einflüssen, wie dem immer größer werdenden Aufwand durch größeren Bekanntheitsgrad trotz niederer Gagen, Vernachlässigung des Studiums, gab es in der Endphase auch interne Diskussionen über die von uns meist authentisch dargestellte Musikform. Vielleicht hätte damals ein experimenteller Ansatz unsere Auflösung noch etwas verzögert.

Musik ist für mich auch heute noch sehr wichtig. Ich spiele, wann immer ich Zeit finde, zuhause, oder wenn man mich holt, mit Gitarre oder den Highlandpipes."

Was wollten die BREHONS mit ihrer Musik vermitteln?

„Mit den 'Brehons' haben wir versucht, auf ein anderes musikalisches Bewußtsein bzw. auf ein europäisches Land mit gigantischen politischen und religiösen Problemen aufmerksam zu machen.
Das Wesentliche ist aber die Freude am Musizieren, da Stimmungen in dieser Form verbal nicht auszudrücken sind."

Welche Motivation hattet ihr, euch hinzustellen und Musik zu machen?

„Die erste Motivation war: produzieren, statt konsumieren. Aber auch die eigene Trägheit zu überwinden."

Wolltest du damals von der Musik leben können?

„Musik war (und ist) für mich immer als Hobby gedacht. Ich wollte nie davon leben. Die Gage spielte dabei für mich eine untergeordnete Rolle, die Unkosten sollten aber dabei gedeckt sein."

Was fällt dir zu alpenländischer Volksmusik ein?

„Sie kann schlimm sein, muß aber nicht."

Was meinst du zur „Neuen österreichischen Volksmusik"?

„Ich denke, die Tendenz ist beruhigend. Ich glaube schon, daß das ganze Zukunft hat."

Was hast du als „Highlandpiper" und Gitarrist für Ziele?

„Daß es aufwärts geht. Musik werde ich immer spielen."

Zum Abschluß noch ein paar Zitate aus vergangener Zeit:

„... exotisch und professionell geigten die 'Brehons': Die Dudelsack-Ouvertüre versetzte die Zuhörer blitzschnell in die schottischen Highlands. Kaum zu glauben, daß da waschechte Steirer am Werk waren..." (Kronen Zeitung, 1983)
„... Gartenfeststimmung bei den Grazer Minoriten: Eine sommerlich warme Nacht, zahlreiche begeisterte Fans und die Musik der 'Brehons' – die Rechnung ging auf. Die 'Brehons' sind in Graz die Experten für irische und schottische Folklore, die sie authentisch und kompetent interpretieren. Was ihrem Minoritenauftritt zusätzlichen Reiz verlieh, war der Verzicht auf jegliche Verstärkeranlagen – absoluter Natursound, traditionelle Balance zwischen Instrumenten und Stimmen sind eigentlich bei allen Arten von Volkskunst das klangliche Ideal ..." (NZ, 1985)

BROADLAHN

Die Steirische Szene lebt. Broadlahn geben dafür ein schönes Beispiel. Die selbstauferlegte Schaffens- und Nachdenkpause von eineinhalb Jahren war wichtig. Viele dachten sich, daß Broadlahn endgültig aufgehört hätten, dem ist nicht so. Freilich, in dieser Massivität – etwa 100 Konzerte pro Jahr – wird es die Gruppe live nicht mehr zu hören geben, aber die Qualität wird stimmen, davon bin ich überzeugt.

Broadlahn ist nicht mehr nur Ernst Huber (er steuerte am Beginn die meisten Kompositionen bei, dominierte das Geschehen auf der Bühne), deutlich waren die Fähigkeiten der übrigen Broadlahner bereits auf der zweiten CD „Leib & Seel" (1993) spürbar. Wer diese Entwicklung nicht wahrhaben wollte, wurde vielleicht etwas enttäuscht, alle anderen freuten sich an der Abwechslung, am frischen Wind, der in die Sache kam.

Die eineinhalb Jahre wurden vielseitig genutzt, Reinhard →Ziegerhofer vertiefte sein Talent als Komponist, Arrangeur und Produzent („Die Geierwally", Filmmusik zu Christina Zurbrüggs Dokumentation über die Dudlerinnen von Wien, Aufträge im Schauspielhaus und in der Oper in Graz, Solokonzerte am Baß ...), Philipp Rottensteiner erarbeitete gemeinsam mit Ernst →Pozar und Ziegerhofer ein Trioprogramm (CD erscheint in diesem Jahr) usw. ...

Broadlahn (v. li.): Philipp Rottensteiner, Reinhard Grube, Franz Schmuck, Ernst Huber, Reinhard Ziegerhofer, Josef Ofner.

„*Broadlahn*", sagen die Leute „oben" in der Gegend von Kleinsölk. Das klingt so geheimnisvoll – schön – nach etwas Ersehntem, „*Broadlahn*", das heißt breite Lawine. Eine Alm ist so benannt. „*Auf Broadlang eihi fahrn*", sagen die Leute „oben"...

Broadlahn:

Warst no gern bliebm
warst daham in Broadlahn
muaßt do wieder fuat
an neichn Sinn entgegen ...

(Ernst Huber)

Besetzung:
GRUBE REINHARD: Sopran-, Alt-, Tenorsaxofon, Klarinette, Querflöte, Stimme;
HUBER ERNST: Gitarre, Ziehharmonika, Maultrommel, Gesang;
OFNER JOSEF: Gitarre, Stimme;
ROTTENSTEINER PHILIPP: Mandoline, Geige, Stimme;
SCHMUCK FRANZ: Schlagzeug, Congas, Jembe, Marimba, Sense, Klavier, Percussion, Maultrommel, Gesang;
ZIEGERHOFER REINHARD: Kontrabaß, E-Baß, Bundloser Baß, Stimme.

Zwischen den wöchentlichen Proben mit Broadlahn, montags in Graz, bei Franz Schmuck und seinen Ordinationszeiten in St. Gallen, dort ist er praktischer Arzt, fand Ernst Huber Zeit, auf sein Diktaphon, das er üblicherweise zur Diagnose und Therapie verwendet, sich Gedanken über die Geschichte von Broadlahn zu machen. Gemeinsam mit Philipp Rottensteiner und Jimmy Steiner gründete er das Trio „Four in one", später umbenannt in „Allerlei", ständig hin- und hergerissen zwischen der Folk- und Beatmusic der sechziger und siebziger Jahre und der Liebe zu mittelalterlicher Musik.
Ich erlaube mir, seine Ausführungen 1:1 – allerdings ins Hochdeutsche übertragen – hier wiederzugeben:

Die Anfänge:
„Soweit ich mich erinnern kann, spielten wir vom Repertoir her vor allem Country und Westernsachen und auch Lieder von den Beatles. Das definitiv erste Konzert war dann in Schwanberg. Wir haben uns des öfteren mit dem Ratzenbeck 'gekreuzt' oder als Vorgruppe bei seinen Konzerten gespielt.
Auf jeden Fall haben wir in Gaishorn und in mehreren kleinen Ortschaften gespielt. Dann traten wir ziemlich bald im Retzhof auf, wo wir Nummern wie

Reinhard Ziegerhofer.

'Teach your children' von Crosby, Stills, Nash & Young gesungen haben. Aber schon damals, ich weiß leider nicht mehr, welches Jahr das war, hatten wir das Stück von der Wagner Leni gespielt, das auf unserer ersten Platte drauf ist, mit dem Tanzl vom 'Edler-Trio' danach."

Gruppengründung:
„Und überhaupt zur Gruppengründung muß ich noch sagen: ich war ja mit dem Philipp zusammen in der Schule. Und wir haben da schon zweistimmig gespielt und gesungen, und vom Jimmy haben wir gehört, daß der einfach schön singt. Wir haben uns dann einmal getroffen und haben da einen Nachmittag lang ein Lied nach dem anderen, Lieder die wir gekannt haben, gleich anstandslos dreistimmig singen können. – Das war der eigentliche Gründungstermin unserer Gruppe."

Die erste Eigenkomposition:
„Unsere erste Gruppenkomposition war ein Stück vom Jimmy (Steiner), das hieß: 'I hob a G'fühl'.
Ab diesem Zeitpunkt haben wir uns dann wöchentlich getroffen, haben geprobt und zum Teil Stücke aufgenommen und haben versucht, unser Spielen und Singen zu perfektionieren. Und daß wir aufgetreten sind, hat sich dann sozusagen von selbst ergeben, weil wir einfach ein gewisses Repertoir gehabt haben."

Four in one:

„*Wir haben zuerst ein paar Namen durchprobiert, haben nicht genau gewußt, wie wir uns nennen sollen, einer war eben „Four In One". Unter diesem Namen haben wir dann auch beim ersten Retzhofer Fest gespielt, dann haben wir 'Allerlei' geheißen, weil wir auch so mittelalterliche Sachen gespielt haben.*

Zum Umfeld, in dem das passiert ist, möchte ich sagen: das erste, was mir an einer musikalischen Verbindung einer Volkskultur oder Volksmusik mit 'modernen' Einflüssen im sogenannten alpinen Bereich begegnet ist, war eine Gruppe, die bei 'Wünsch dir was', einst eine Fernsehsendung von Dietmar Schönherr, gespielt hat. Eine Schweizer Gruppe, die ein Lied mit dem Titel 'Jo griazi Gott Frau Stirnima' gesungen hat.

Man sollte solche Sachen gar nicht unterschätzen, die geben einem oft Ideen, das auf eine andere Art zu machen.

Ich kann mich erinnern, daß ich den Günther Meinhart vom Ensemble 'Studio Percussion', den habe ich damals ganz gut gekannt, im Stadtpark gehört hab. Sie haben 'Marimba' gespielt, und ich hab mir gedacht, da würde irrsinnig gut ein Jodler drüberpassen. Das wurde dann später auch ein Stück mit einem eigenen Marimba-Riff als Untergrund und einem Jodler drüber.

Erwähnen muß ich noch unbedingt den Hannes Urdl (→Urdl), allein wie man ein Stück bezeichnet, das sagt viel aus. Er hat ein Stück gespielt, ich glaub im Retzhof, das hat geheißen: 'Oststeiermoak'. Und das war so ein Punkt, wo man gesehen hat, daß man auch seinem eigenen Umfeld einen Titel widmen kann. Der Hannes hat damals auch einen 'Drahra' (= Dreher; Tanz) gespielt, also irgendwie war er auch ein wichtiger Einfluß, daß wir das damals gemacht haben.

In Wien hat es eine Gruppe mit dem Namen 'Merlin' gegeben. Aber ansonsten war mir damals nichts bekannt in der Richtung, daß irgendwer eine Verbindung von Folk und Volksmusik gesucht hätte. Eine ungeheure Trennung zwischen der traditionell alpenländischen Volksmusik und irgendwelchen anderen Einflüssen war spürbar. Ich hatte damals mit den 'Ausseern' Kontakt, und die haben schon so zum Spaß z.B.: den Erzherzog Johann-Jodler 'verswingt'. Ja und die 'Neighbours' haben auch den Erzherzog Johann-Jodler in eine Free-Jazz-Nummer eingebaut – das dürfte auch vor unserer Zeit gewesen sein; und von Werner Pirchner und dem Bernd Breit habe ich auch vielleicht schon damals Sachen gehört. Pirchner hat nicht ausdrücklich Volksmusik bearbeitet, aber ich hab gespürt und er hat auch darauf hingewiesen, daß ihm diese Musik gefällt. Ungewöhnlich, was er damals schon alles gemacht hat. Eine spannende Kombination (→Werner Pirchner, Audiothek des Steir. Volksliedwerks). Der Breit ist dann in späterer Zeit für mich ein sehr wichtiger Freund geworden, das spielt aber für die Gründung unserer Gruppe nicht wirklich eine Rolle.

Die Volksmusikgruppen, die eben so ein bißchen auf 'Swing' gespielt haben, haben das eher mit kabarettistischem Charakter gebracht. Das hat man nicht ernst genommen, das war immer im Rahmen von irgendeiner Gaude, aber es wurde nicht ernsthaft an eine Verbindung zwischen moderner Musik und Volksmusik gedacht."

Ernst Huber von Broadlahn, Minoritensaal, Graz, Juli 1989.

Auftritte:

„Einmal – kann ich mich gut daran erinnern – gab's ein Musikatentreffen in Aussee, und wir sind dort mit einem anderen Gitarristen in dieses Haus gegangen und haben währenddessen ein bißerl Samba gespielt, da ist ein Großvater mit seinem Enkerl vorbeigegangen. Das Enkerl wollte dann zu uns kommen und zuhören, aber der Großvater hat ganz beschwörend gesagt: 'hör eana nit zua'.

Ja, noch einmal zu den Auftritten, vielleicht ist das auch ganz interessant: wir haben in den jeweiligen Heimatorten und in anderen kleineren Orten „umeinaundag'spüt" und auch z.B. bei mir daheim, in St. Gallen, in der Konditorei. Die Gage war damals einschließlich Spesen öS 1.000,–. Der Konditormeister hat mich dann nachher immer 'aung'sempert', wie er das hereinbringen soll. Dabei hat er an diesem Tag sicher öS 20.000,– Umsatz gemacht."

Frühes Repertoir:

„Wir spielten: Arlo Guthry: 'Coming in Tolouse' bis Uppercross, bis zu den Stills-Nash-Nummern, immer ein paar Eigenkompositionen dazwischen. Damals hat es auch schon 'Hamfahrn nach St. Gallen' geben. Leider weiß ich da die Jahreszahlen nimmer. Irgendwann – 1984 glaube ich – haben wir unsere erste Kassette aufgenommen, mit einem Bassisten, also einem Bauernbuben aus St. Gallen, der jetzt bei den 'Wiener Symphonikern' spielt. Und mit einem Percussionisten – Martin Schnur –, der jetzt bildender Künstler ist.

Und auf dieser Kassette waren – wenn man's mit dem derzeitigen Stil vergleicht- eben schon 'Freundlichkeit' darauf oder 'Hamfahrn nach St. Gallen', die 'Wagner Leni', das 'Broadlahn-Thema' (alles Titel, die auch auf der ersten Broadlahn-CD zu finden sind). Und ich glaube, die erste Kassette war in irgendeiner Form auch die Grundlage dafür, daß wir später über die 'Steirische Kulturinitiative', unter der Leitung der jetzt zur Unperson erklärten Helga Konrad, Geld bekommen haben, um eben dieses Treffen mit den Jazz-Musikern bezahlen zu können – und auch die Proben und die Aufenthaltskosten. Das waren insgesamt öS 30.000,–, zuerst 'irrtümlich' öS 33.000,–, öS 3.000,– habe ich dann zurückbezahlen müssen."

Wagner Leni:

(Musik / Text: Ernst Huber)

Frua is's
a Holzkarrn knarrt durchn Hof
die Wagner Leni maht das Gras
ganz bucklat schon, jedn Tag.

Und sie maht an Stroafn, nachan
legt sie auf, ziagt den Wagn davon,
ganz bucklat schon, jedn Tag.

Leni, du hast so anders glebt wia mir,
Leni, mir wissn nur von dir:
du bist jedn Tag mahn kumman
in da Frua, jedn Tag.

Und für di und jede Magd und
jedn Knecht spün mir oan
in euer Dunkelheit ...

„Wir haben dann im '86er Jahr in St. Gallen eine Woche lang mit den Jazzern zusammen geprobt und unsere Gründung als erweiterte Kombo gefeiert. Das waren damals der Klaus Bruh am Saxophon, als Bassist der Rudi Taussing, und Schlagzeuger war damals schon Schmuck Franz. Ja, er war Schlagzeuger, Marimbaphonist und 'Sensophonist', d.h., er hat mit der Sense den Rhythmus 'gestrichen'".

Erste Reaktionen:

„Ich möchte jetzt noch ein bißchen zurückgreifen und noch sagen, daß unser Name zwar in der Zeitung gestanden hat, wenn wir im Retzhof gespielt haben, aber sonst hat es eigentlich überhaupt keine Reaktionen gegeben. Unsere erste Kritik war dann irgendwann in der 'Kleinen Zeitung' nach einem 2-Stunden-

Franz Schmuck am Werk. Spielt bei „Broadlahn", „Angklung", „Jazzmer", „Studio Percussion", „Time Bandits".

Konzert, und zwar nur ein kleinens 'Gsätzerl', Leo Lukas als Kritiker. Ein größeres Echo hat dann eben dieses St. Gallener Konzert ausgelöst, die Präsentation unserer einwöchigen Arbeit mit den Jazzern – auch wieder eine Kritik vom Leo Lukas in der 'Kleinen Zeitung'. Diese öffentlichen Reaktionen waren natürlich ermutigend, allein die Tatsache, daß man uns bemerkt hat, war schon großartig."

Die erste Platte:
„Es ist bei uns immer so, daß wir sozusagen als 'Endprodukt', wenn wir beschließen uns aufzulösen, noch eine Dokumentation aufnehmen – also sowohl bei der ersten Kassette und dann auch bei der ersten Platte, die glaube ich im '90er Jahr entstanden ist, haben wir zum Schluß sozusagen dokumentieren wollen, was wir gemacht haben. Dann wurde die erste Platte doch ein recht überraschender Erfolg, der uns sehr viele Türen geöffnet hat."

Broadlahn:
„Also wir haben z.B. vorher nie in Wien gespielt, da hat uns dann der 'Neuwirth' (Neuwirth Extremschrammeln; →Audiothek) 'a Rutschen g'legt', wie er gesagt hat. Das heißt, er hat uns geholfen, die richtigen Kontakte zu knüpfen. Wien war ein sehr guter Boden für uns, wir haben sehr viele Konzerte in Wien gespielt. Damals war halt wirklich unsere Kombination mit Jazz irgendwie etwas Neues, das man vorher nicht gehört hat."

Neue Volksmusik-Medien:
„Später waren wir auch in Bayern unterwegs, spielten unter anderem Konzerte mit dem jetzt sehr bekannten 'Hubert von Goisern'. Ja, damals hat Christian Seiler (heute beim 'Profil') einen sehr großen Artikel im 'Standard' veröffentlicht. Und zwar keine Kritik, sondern ein Portrait unserer Gruppe, über die 'Neue Volksmusik', deren Vertreter usw. Für diesen Bericht hat er den 'Josef Roth-Preis' für Publizistik bekommen – in Klagenfurt, beim Bachmann-Publizistik-Wettbewerb. Zum Schluß hat er darin irrsinnig auf den 'Goisern' geschimpft. (Wir haben ihn damals nicht um diesen Kommentar gebeten). Interessant ist das ganze aber deshalb, weil später, als der 'Goisern' so erfolgreich war, Seiler dann das Gegenteil vertreten hat und schamhaft in seinem Buch über die Neue Volksmusik schrieb: '... soweit die damalige Meinung des Autors'.

Und da möchte ich gleich anhängen, daß diese Bewegung, eigentlich die ganze neue Volksmusikbewegung, bis jetzt noch keinen guten Kritiker gefunden hat, der das alles gut einordnen kann oder der wirklich Bescheid weiß. Der auf der einen Seite in der Volksmusik beheimatet ist und auf der anderen Seite sich auch in 'moderner Musik' auskennt. Und einer der weiß, was das eigentlich soziologisch bedeutet hat, daß man das tut, daß man heraustritt aus dem engen bäuerlichen Lebens- und Kulturkreis. Das hat soziologisch schon eine wichtige Auswirkung gehabt, man merkt es ja jetzt an der Hinwendung zur Volksmusik. Daß es in Ö1 eine Sendung über Volksmusik geben kann, wäre damals ein Wahnsinn gewesen, das hätte man sich niemals vorstellen können – zur Zeit des Aufkommens dieser neuen Gruppen. Diese neue Sicht auf die Volksmusik – die es meiner Meinung nach gibt –, das ist schon ein Verdienst dieser 'neuen Volksmusik-Bewegung', eben einen offeneren Blick auf die Volksmusik und aus der Volksmusik heraus."

Weitere Schritte:
„Wir haben eine zweite Platte gemacht, und daß wir Gott sei Dank jetzt eine dritte machen, das finde ich schön. Und es freut mich persönlich sehr, daß so viel Saft da war, 100 Konzerte im Jahr zu spielen, unseren Berufen nachzugehen und die Familien, die das mitgetragen haben. Die Pause war sehr wichtig, denn es ist keine Zeit übriggeblieben, neue Nummern zu erarbeiten, das Repertoir zu einem großen Teil neu zu gestalten. Ja, jetzt haben wir schon seit $1^1/_2$ Jahren Pause und es eigentlich recht gut überstanden. Es war für uns ein richtiges Vergnügen, wieder zu spielen.
    Ich bin gespannt auf die ersten Schritte zu den neuen Auftritten. Also, leicht ist es nicht, wieder anzufangen, und es kommen halt so Gedanken, wie 'es geht überhaupt nimmer', und natürlich ist es ein 'gewaltiger Schlauch' neben dem Beruf, professionell oder so halbwegs professionell, spielen zu wollen. Die Entfernungen spielen natürlich auch eine Rolle, es wäre sicher einfacher, wenn wir alle in einem Ort wohnen würden.
    Zur Entwicklung kann ich sagen, daß die Stücke von der ersten Platte zum Großteil von mir stammen – damals habe ich studiert und hatte dadurch relativ viel Zeit. Außer einer Beatles-Nummer sind glaube ich alle Nummern von mir. Es war einfach ein Aufarbeiten meines ländlichen Lebens, das was sich eben mehr als 20 Jahre lang aufgestaut hat.
    Bei der zweiten Platte hatte ich dann schon weniger Zeit, und erfreulicherweise sind die Kompositionen von den anderen drauf, die – glaube ich – einen wesentlichen Teil ausmachen."

Tramt hat a jeder

(Text / Musik: Reinhard Ziegerhofer)

I haun mi net traut
aufstehn und gehn
meistens laß i ma nix anmerken
beim Arbeiten vergißt dei Wut
Hab scho oft die Hand am Feitl ghabt
habn dann allweil
steckenlassn
tramt hat a jeder
vom eigenen Hof
oder nur einfach vom Fuatgehn

„Dafür, daß wir z.B. mit dem Zawinul spielen konnten, sind sicher die Stücke vom Franz Schmuck verantwortlich. Das ist auch ein irrsinniger Flash für uns gewesen, mit einer Band wie der Zawinul-Band spielen zu können. Das ist natürlich ein enormes Vergnügen, das haben wir dreimal gemacht. Das ganze ist natürlich nach unserer zweiten Platte passiert, die eben unter 'professionellen Bedingungen' aufgenommen wurde. D.h., sie (Anmerkung: Produzent Robert Ponger, BMG Ariola) haben uns Geld 'aussag'rissn, daß es nur so krocht hot', da könnte man noch viele Geschichten über diese Umstände erzählen. Oder auch über die Reaktionen auf die Platte, wo viele Leute sagen, so wie z.B. der Wolfgang Schlag (Anmerkung: Mitgestalter der Sendung 'Spielräume', jeden Freitag von 17.30 – 18.00 Uhr, Volksmusikexperte auf Ö1), daß sie einfach nicht gut klingt, und damit ist die Sache erledigt. So einfach sehen wir das ganze aber nicht. Es hat eine Entwicklung stattgefunden, wie gesagt durch die Kompositionen der anderen Bandmitglieder ist es sicher zu einer Erweiterung gekommen, viele wollten diese Entwicklung vielleicht nicht mitgehen, wer weiß ...

Aber es sind doch für uns wichtige Sachen drauf, z.B.: 'Litanei', das ist eigentlich eine sehr wichtige Komposition vom Philipp und hat uns vom Repertoir her auch weitergebracht. Es ist ein anderer Raum, den wir mit den Stücken der zweiten CD erkundet haben. Da kann ich noch einflechten, daß es natürlich ein schönes Erlebnis war, daß wir auch international spielen konnten. Also von Deutschland angefangen, wo wir eben bis Norddeutschland rauf gespielt haben, Tanz und Folkfestival Rudolstadt, dann Dänemark, Portugal, einmal in Kanada, beim Vancouver-Folk-Festival, einem der größten Folkfestivals der Welt, in Polen usw. Und wir hatten durchaus das Gefühl, daß eine österreichische Gruppe mit so einer Musik auch international spielen kann und sich international auf irgendeine Art etablieren könnte. Das man da einfach noch eine Nische finden könnte. Und durch dieses Womad-Festival in Wiesen (Burgenland) haben wir eigentlich schon gehofft, daß wir in diese Womad-Schiene hineinkommen und öfters solche Konzerte spielen können."

Litanei
(Text / Musik: Philipp Rottensteiner)

Da Schwamml Ferdl hat so dicke Brülln ghabt
daß ma gedacht hobn der kann überhaupt nix mehr sehgn
seine Augn worn so groß wia Stecknodlköpf
und sei Fuaß hot si draht beim Gehn

Zu Fronleichnam hot er die Stangan vom Goldenen Himml trogn
die Tante erzählt uns sei Muata kummt vom Loschitzgrobn

Wia er mitn Postler sein Bruada in Graz besuchn wollt
is eahm da schiach angangen und er hot nimma mögn
er hot kan Bahnhof mehr gfundn und is z Fuß ham
da Herr Griesmeier hot n in Frohnleitn gehn gsehgn

Türkischer Honig am Kirtag
mit n Ringelspül is a gfohrn
am Lebkuchenherz war a Spiegel drauf
die Plastikrosn hot a verlorn

Eisbluman auf die Fenster
in da Sakristei war s immer schön warm
am Karsamstag is a am Nachmittag
beim Holztragn gstorbn

Diskografie:
BROADLAHN; CD;1990, Extraplatte 136
LEIB & SEEL; CD; 1993, BMG Ariola 74321 169032
ALMRAUSCHEN IM WELTEMPFÄNGER; CD; 1998, Extraplatte 355-2

BRUNNER HERMANN
... und das „Steirische Brunnrohr",
Juni 1998

„*Ich war lange Jahre in der Behindertenarbeit bei der Steiermärkischen Landesregierung tätig, bin dort ausgestiegen und befasse mich jetzt im speziellen mit diesem Musikinstrument und eigentlich mit einer Art von privater Forschung, wie die Dinge zusammenhängen, und wie sie überhaupt funktionieren. Die Dinge schlechthin, das Leben, alles miteinander.*"

Du warst in der Behindertenarbeit. Wann ist das Bedürfnis bei dir entstanden, Musik zu machen?

„*Ich bin ein lebenslustiger Mensch, der eigentlich immer gesungen hat und Musik gern gehabt hat, aber selber nie dazu gekommen ist, ein Instrument zu spielen, weil, ja, entweder war ich zu faul es zu üben, oder alle haben gesagt, 'do wird nix d'raus', dann habe ich es gar nicht wirklich versucht. Jetzt ist die Zeit reif geworden, daß ich mich mit diesen Schwingungen befasse, was irgendwie selbstverständlich durch diese Arbeit mit den Behinderten gekommen ist – man kommt automatisch zum Nachdenken, wie die Zusammenhänge funktionieren. Und da habe ich gemerkt, daß alles mit Schwingungen zu tun hat, mit dem 'guten Ton' sozusagen. Der 'gute Ton' macht die Musik, und man merkt ja, wenn eine*

Musik angenehm 'trägt', sie beruhigt und belebt die Leute. Umgekehrt kann es durch Musik auch zu anderen Ergebnissen kommen, daß man eben disharmoniert wird. Ich finde, für mich persönlich, daß Musik harmonisieren sollte, weil man sowieso von genug Störfaktoren umgeben ist. Und Musik ist sicher dazu da, uns zu harmonisieren und uns in Wohlbefinden und Lebensfreude zurückzuversetzen. Anders kann ich es mir nicht vorstellen, weil sonst kann ich eh gleich in der Werkstatt bleiben.

Ich bin von Beruf Schlossermeister und habe sehr viel mit Instrumenten und Werkzeugen zu tun gehabt, die destruktiv wirken und Lärm erzeugen, also disharmonische Töne. Da ist es dann recht angenehm, sich wieder zu harmonisieren, da man die Schwingungen der Maschinen ja aufnimmt. Das läßt sich heute wissenschaftlich beweisen, und es ist unabwendbar. Niemand hält diese Situation wirklich aus, und du nimmst körperlichen Schaden, es sei denn, du bringst dich nachher in ein harmonisches Schwingungsfeld, oder du gelangst, mehr oder weniger bewußt, in Bereiche, wo du dich entspannen kannst. Und das funktioniert. Wenn es jemand trotz solcher Informationen nicht macht, ist er selber schuld. Da ist man nach dem Gesetz von Ursache und Wirkung selber dafür verantwortlich – wenn man das weiß. Wenn das jemand nicht weiß, kann man diesen Menschen darauf aufmerksam machen. Irgendwann kommt sowieso jeder drauf, daß es besser ist, harmonisch unterwegs zu sein als destruktiv."

Hermann Brunner am Brunnrohr.

Welche Instrumente hast du versucht?

„Ja probiert habe ich alles. Gitarre habe ich gespielt, Geige hab ich probiert, aber der Löffel zum Üben hat mir gefehlt. Ich weiß es nicht, warum."

Und du beschäftigst dich heute ausschließlich mit deinem Instrument? Du nennst es „das Steirische Brunnrohr".

„Es war so, daß ich in der Behindertenarbeit draufgekommen bin, was Töne wirklich bewirken. Ich konnte das an Tagen feststellen, an denen die Jugendlichen nicht so gut drauf waren, wenn die Mondphasen gewechselt haben oder es einen Wetterumschwung gegeben hat, da habe ich einfach einen Spaß gemacht und z.B. in ein Wasserrohr hineingeblasen, so daß es getutet hat, und da haben sie alle gelacht, und nachdem sie gelacht haben, waren alle gut drauf. Also hat das irgend etwas bewirkt.

Und dann kam es zur Begegnung mit Aboriginals und Derwischen, die am Schloßberg ein Gastspiel gegeben haben., Das war der eigentliche Auslöser für ein 'Deja-vu-Erlebnis', für meine Jugenderinnerung:

Und zwar hat mir als achtjähriger Bub ein Müller in einem Wald – in der Gegend, wo ich aufgewachsen bin – auf einem Instrument vorgespielt, beziehungsweise habe ich ihn dabei überrascht, als er auf einer hölzernen Brunnenröhre Töne erzeugt hat. Früher waren die Brunnenröhren aus Holz, diese wurden mit einem Bohrer gebohrt. Ich habe ihn gefragt: 'wos mochen sie do?', und er hat geantwortet: 'Brunnrohrblasen', dann habe ich ihn gefragt: 'für wos is des guat?', und er hat gesagt: 'des is guat gegen die Lungenfeuchten, und scheane G'schichten kaunst a sehn'. Das habe ich dann wieder vergessen. Bis zu diesem Erlebnis am Schloßberg, vor nun sechs Jahren."

Wie hat er diese Töne erzeugt? Womit kann man das vergleichen?

„Na ja, das war der gleiche Sound wie beim australischen Digeridoo, das ich dann bei den Aboriginals am Ton wiedererkannt hab. Ich bin mir sicher, er hat die ganz gleiche Technik angewendet wie beim Digeridoospielen, er hat die Zirkularatmung beherrscht, das war offenbar sein Geheimnis, denn er war froh, als ich wieder gegangen bin, denn zu den damaligen Zeiten war es nicht ohne, so etwas zu machen, der wäre sicher sofort als totaler Spinner abgestempelt gewesen. Das war immerhin vor 42 Jahren, ich werde heuer 50 Jahre alt."

Und am Schloßberg ist dir das wieder eingefallen?

„Ja. Diese Schwingung ist ein Auslöserreiz, daß man hinhört – und nicht zuhört –, weil das Instrument im pentatonischen Bereich schwingt – Fünfklang. Der Wal-Sound, die Schamanentrommeln, das tibetische Mantra, gregorianische Chöre, Digeridoo usw. schwingen im pentatonischen Schwingungsbereich. Dieser Fünfklang entspricht auch den fünf Farben des Regenbogens und den Längenabstufungen nach Feng Chui – diese Feng Chui-Maße, die es da gibt: also gewisse Längen und Abstimmungen, der goldene Schnitt z.B.: 173,6 cm – Leonardo da Vinci. Das ist genau das Maß, wenn man z.B. bei einer Tonanlage die Kabel auf die Länge von 173,6 cm abschneidet, bringen minderwertige Kabel den gleichen Effekt wie hochwertige, gemantelte Kabel.

Dann habe ich mit der Zeit eben dieses Instrument unter die Leute gebracht bzw. ihnen den Umgang damit beigebracht und ihnen gesagt, daß es das bei uns auch gegeben hat."

Das ist mir jetzt etwas zu schnell gegangen. Du hast die Leute am Schloßberg gehört; warst du damals noch in der Behindertenarbeit?

„Ich war in der Behindertenarbeit, war dort Schlossermeister. Ich bin dann sofort zum Tischler gegangen und habe ihn gebeten, so ein Instrument nach meinen Anweisungen zu bauen und habe dann selber zu spielen begonnen."

Was hat der Tischler gemacht?

„Ich habe ihm gesagt, er soll bitte Lärchenholz nehmen, weil ich wußte, daß Brunnenoberrohre früher auch aus Lärchenholz waren. Lärchenholz ist das härteste Nadelholz, sehr harzreich, ist also wasserresistent, und wenn es gut abgelagert ist, ist es am widerstandsfähigsten – es bekommt keine Risse. Es war naheliegend für mich, gleich das original Brunnrohrholz zu verwenden, die steirische Lärche ..."

Du hast diesen Menschen damals getroffen und dann nie mehr etwas von ihm gehört. Das heißt, du weißt nicht, ob er einmal in Australien war oder nicht, das bleibt alles im dunkeln.

„Ich habe versucht, das herauszufinden, habe recherchiert, die Leute gefragt, aber es wußte niemand etwas. Das muß sein großes Geheimnis gewesen sein, und es war ihm gar nicht recht, daß ich ihn getroffen habe, das war für mich damals deutlich spürbar: Es dürft so a bißl a Woldschrattl oder a heimischer Schamane g'wesen sein."

Was verstehst du unter „heimischer Schamane"?

„Na ja, daß ist bei uns einer, der sich auskennt, Zusammenhänge sieht, aber wo keiner merkt, daß er über die nicht unmittelbar greifbaren Dinge Bescheid weiß."

Das heißt, einer der versteht „hinter die Dinge blicken" zu können?

„Ja, einer, 'der zwischen den Zeilen lesen kann' und ein bißchen mehr Feingefühl hat als die meisten Menschen, die sich total dem ganzen Drumherum ausliefern – das aber nicht realisieren – und sich selber nicht mehr wahrnehmen können."

Also, du meinst mit Schamanen nicht jemanden, der bestimmte Kulthandlungen setzt, bestimmte Zyklen im Jahreslauf ganz bewußt nutzt usw.?

„'Kulthandlungen setzen', das klingt irgendwie okkult. Ich finde, in unserer denaturierten Gesellschaftsform oder Lebensweise, die wir pflegen und das gar nicht merken, ist eigentlich gar nicht mehr viel Kultur vorhanden. Und wenn ich einen Faktor entwickle, ganz egal wie die äußeren Umstände sein mögen, mich meiner Selbst zu erinnern, dann kann ich wieder anfangen, Kultur zu leben. Das heißt, meinen Bedürfnissen entsprechend meine Lebensweise zu gestalten, so daß ich mit mir selber eine Freud hab. Das ist einmal die Ausgangsbasis fürs Wohlbefinden, und die Reflektionen sind dann eh dementsprechend, weil 'des was i in den Wald einiruaf, kommt z'ruckaußa'. Und die alten steirischen 'Soga' gelten genauso wie Weisheiten, die jetzt aus dem Orient kommen. – Eine Wiedererinnerung an unsere Kultur, möglicherweise. Das würd uns auch gar nicht schaden, weil es geht uns zwar vordergründig gut, aber in Wirklichkeit geht es uns schlecht. Weil wir vor lauter guat gar net wissen, wos überhaupt guat is."

Oder schlecht ist. Aber sprechen wir jetzt noch einmal konkret über dieses Instrument. Erkläre bitte kurz, welche Technik notwendig ist, um diese Geräusche zu erzeugen.

„Also in erster Linie ist dazu nur notwendig, daß 'man Kind ist'. Daß man sich daran zurückerinnert, daß man ganz unbeschwert Luft auslassen, so richtig Dampf rauslassen kann und dabei die Lippen 'flattern' läßt. Das ist einmal die Grundvoraussetzung, quasi die Grundschwingung. Und dieses 'Flattern' der Lippen überträgt sich dann in diesem Instrument, und es beginnt eine Luftsäule zu schwingen. D.h., wenn ich dieses Instrument bediene, erzeuge ich damit eine Schwingung, die sich auf den ganzen Körper überträgt, so daß ich selber auch in diese Schwingung komm. Ich schwinge jetzt praktisch nicht mehr vom Mund weg, mit dem ich dieses Instrument betreibe, sondern ich schwinge in mich hinein – in meine innere Flöte, die innere Flöte wird aktiviert. Ich kann vom Hara heraus 'sounden' und gelange so bis zu meinem innersten 'Om' 'runter. Nehme mich von ganz unten, dort wo ich praktisch den Boden berühr, bis ganz oben wahr."

Du provozierst also deinen inneren Gleichklang?

„Ja, und dann geht's natürlich auch in den Oberton-Bereich hinauf. Und zwar ist das mit einer Technik verbunden – Zirkularatmung ist der Fachausdruck –, bei der ich erst einmal bewußt das Zwerchfell benutzen lerne, ich wende dabei eine gezielte Hara-Atmung oder Bauchatmung an, das heißt, der Bauch wölbt sich beim Einatmen nach vor (dasselbe lernen schwangere Frauen bei der Geburtsvorbereitung: der Bauch wird rausgedrückt, das Zwerchfell wölbt sich nach unten und funktioniert vergleichsweise wie eine Saugglocke), ich ziehe durch die Nase die Luft ein, und das Gaumensegel, das ja den Rachenraum vom Nasenraum trennt, ist geschlossen, und mit der Zunge kann ich dann die Restluft herausdrücken, das passiert in diesem kurzen Moment der Einatmung, und es wird zu einem fließenden Übergang, dann nämlich, wenn sich diese Muskulatur mit der Zeit konditioniert.

Die Zirkularatmung erlebt man wie Radfahren oder Schwimmen, das ist eine momentane Erfahrung, da macht's plötzlich 'schnipp': aha, jetzt habe ich durchgeatmet, jetzt ist es übergangslos gegangen – es beginnt zu fließen. Und sobald es zu fließen beginnt, beginne ich innen zu schwingen – dann komme ICH mit meiner ganzen Ausdrucksform 'raus. Und zwar ohne Vorkenntnisse. Das heißt, ich versuche mit mir 'eins' zu werden, losgelöst von allem Drumherum, eine Art vollkommener Zustand, und dann „fährt" mein innerer Sound.

Das wird individuell erlebt, 'do foahrt a jeda sei eigenes Programm', es gibt keine Vorschriften, Zeremonien ...

Anhand wissenschaftlicher bzw. klinischer Tests (LKH Graz) läßt sich folgendes nachweisen: es wurden die Blut-Sauerstoffwerte gemessen, und nach einer $^1/_4$ Stunde spielen mit dem Brunnrohr waren die Werte, bedingt durch die Zirkularatmung, um 25% höher ..." (Hermann zeigt mir Tabellen, wo dies ganz klar hervorgeht. Die Uhrzeit davor und danach wurde registriert, und Zahlenwerte von zuerst 72,8 und später 93,2 wurden gemessen.

Amerkung: Es kommt bedingt durch diese Atemtechnik anscheinend zu einer Sauerstoffschuld. Anders ausgedrückt, wird der Körper in eine „Sauerstoff-Streßsituation" versetzt, produziert er vermehrt rote Blutkörperchen, kann somit mehr Sauerstoff im Blut transportieren. Man fühlt sich fiter, vitaler. Meiner Meinung nach eine ideale Trainingsmethode für Spitzensportler, die, um das Blut mit roten Blutkörperchen anzureichern, ihr Trainingsprogramm in hochgelegenen Regionen absolvieren müssen, beispielsweise in Südamerika, in den Anden oder sonstwo, mit demselben Effekt. Nur, die Erkenntnis von Hermann Brunner wäre somit viel kostengünstiger, denn die Herstellung eines Brunnrohres kostet nicht viel mehr als öS 1000,–. Ganz abgesehen von den harmonisierend auf Körper und Geist wirkenden Schwingungen. Vielleicht eine kleine Anregung für die Sportmedizin.

„... Die Veränderungen lassen sich auch optisch belegen. Ich kann dir Aura-Fotos dazu zeigen, 'Vorher-/Nachher-Fotos'."

Wie macht man bitte Aurafotos?

„Da gibt es spezielle Kameras, die, einfach formuliert, das Licht, das uns umgibt, sichtbar machen können. Eben die Aura, die Ausstrahlung, die dich umgibt."

Auf deinen Vorher-Fotos sehe ich da sehr unterschiedliche Farben, unsymmetrisch ...

„Ja, die beiden Gehirnhälften sind nicht ballanciert, die eine Gehirnhälfte ist

praktisch yinisiert mit Zigaretten und Bier, die ich davor konsumiert habe, die andere yangisiert, geerdet (Yin/Yang). Und bei den Nachher-Fotos sieht man schön die Harmonisierung, den Ausgleich in den beiden Gehirnhälften, die Chakren, die durchlaufen, die aufzuleuchten beginnen."

Unglaublich! Noch einmal, da gibt es eine spezielle Kamera und einen speziellen Film?

„Da steht eine Information."

**Auravision Österreich, Mondsee, Seepark 1.
Aufgenommen am 3. März 1996, vorher um 18,50 Uhr, nachher um 19 Uhr.
Ja, du hast jetzt schon sehr ausführlich erzählt, was dir dieses Instrument bedeutet.Und jetzt hast du gerade bemerkt, du hast einen Weltrekordversuch gestartet?**

„Ja, das war im Rahmen einer Veranstaltung über ein Radrennen in Australien. Ich habe den Veranstalter kennengelernt, und wir haben gleichzeitig so eine Art 'Antwort' vom Dachstein zum Ayers Rock initiiert. D.h., die Aboriginals verbreiten das Digeridoo als Sound, der praktisch die Menschen an sich selbst zurückerinnern soll. Durch die Bedienung dieses Instrumentes haben die Aboriginals ihre hohe Spiritualität erhalten. Sie leben zwar sehr einfach, aber das sind hochintelligente Menschen, sie beherrschen noch Dinge, die wir schon lange verlernt haben.

Es stimmt ja nicht, daß man mit dem heutigen know how und den sogenannten Erleichterungen, mit denen wir leben, sich das Leben leichter machen kann. Diese Dinge verwirren uns ja eher und bringen uns in Streß. Weil es ein Überangebot an 'Vereinfachungen' gibt, wissen wir überhaupt nicht mehr, wie wir uns orientieren sollen. Wenn ich jetzt z.B. ununterbrochen 'hackeln' muß, um mir diese Vereinfachungen leisten zu können, schieße ich mir eigentlich ein Eigentor.

Ich habe mir gedacht, wenn ich ein bißchen einfacher lebe und mehr Wert auf Qualität lege, so ist das Ganze lebenswerter, und ich muß wirklich weniger 'rackern', ich muß zwar arbeiten aber muß mich nicht zu Tode schinden."

Du hast dieses Instrument für dich entdeckt, und ich habe gelesen, daß du auch beim Dalai Lama aufgespielt hast. Scheinbar ist mittlerweile auch eine große Clique um deine Person herum entstanden, die dieses Instrument erfahren hat, dieses Instrument spielt. Wie war der Weg eigentlich bis dorthin? Du hast dich erst einmal damit befaßt, wie ist das dann weitergegangen?

„Na ja, ich bin ja noch jung, und wenn ich nichts zu tun habe, ist mir unter Umständen noch langweilig. Und es ist so eine tolle Sache, mit der man den Leuten etwas Gutes bringt, und diejenigen, die sich dieses Instrumentes bedient haben, haben mit sich selbst positive Erfahrungen gemacht. Haben bemerkt, daß sie Schwierigkeiten leichter meistern können, weil es durch die Harmonisierung der

Schwingungen und die Sauerstoffanreicherung im Gehirn zu einer Endorphin-Ausschüttung kommt – zu einer Ausschüttung des Glückshormons.

Und diese Ausschüttung des Glückshormons führt in weiterer Folge wieder zu einem Zustand, in dem man den 'Klartraum' erleben kann – den Tagtraum, die Vision, das Katathyme-Bildererleben, wie man es im Autogenen Training nennt. Das ist eine Sache, die uns eigentlich permanent weggenommen wird, wir werden mit so vielen Informationen vollgestopft, so daß wir selbst kaum mehr kreativ werden können. Und das ist mein eigentlicher Beweggrund – die Leute darauf aufmerksam zu machen, daß es etwas anderes auch noch gibt als vorgegebene Dinge."

Und wie ist es dir gelungen, daß du eben mit deiner Person, mit deinen Erfahrungen auch andere Leute erreicht hast?

„Na ja, sagen wir so: man darf nicht sagen, daß man alles nur aus sich heraus macht, es ist möglicherweise eine Aufgabe, die ich von irgendwoher bekommen habe. Die mir zugefallen ist, der sogenannte Zufall!"

Du mußt diese Erfahrungen ja auch irgendwie beworben haben, sonst würden nicht so viele Leute zu diesen Treffen kommen.

„Das bin nicht nur ich allein. Es gibt sehr viele begeisterte Leute, es spielen schon wesentlich mehr Leute, als man glauben möchte, weil sie den Wert der Sache erkannt haben. Weil sie das Instrument nicht nur als Musikinstrument sehen, sondern auch irgendwo als Freund betrachten, mit dem sie eine Kommunikationsmöglichkeit finden, die man sonst was weiß ich wo suchen muß. Die Aboriginals z.B. wundern sich über Leute, die in einen Blechkasten Münzen reinwerfen, wenn sie mit Verwandten kommunizieren wollen. Und ich finde, wenn man dieses Instrument spielt, kann man unter Umständen das 'persönliche Internet' wieder aktivieren."

Noch einmal zurück auf meine Frage: Du hast deine persönliche Erfahrung mit diesem Instrument gemacht, was ist dann passiert?

„Ich habe meine Erfahrung damit gemacht und habe andere Menschen damit 'angeturnt', weil ich gemerkt habe, daß mir das gut tut. Ich habe sie darauf aufmerksam gemacht, welche Wirkung es hat, und habe gesagt, sie sollen es mir nicht nur glauben, sondern es auch ausprobieren. Und nachdem sie es ausprobiert haben, hatten sie eine Freude mit dem Instrument – und auch mit mir. Weil sich zu treffen und miteinander zu spielen ist lustig, dieser Zustand 'is net so schlecht'."

Ich habe gelesen, am „Schwarzl" hat ein Rekordversuch stattgefunden?

„Ja, wir haben uns am 7. Dezember, vor zwei Jahren, in Graz getroffen, in Ver-

bindung mit dieser Crocodile-Trophy – sprich dieses australische Radrennen. Tatsächlich sind 96 Leute gekommen, und jetzt stehen wir im 'Guiness-Buch der Rekorde'. 96 Leute – von der Zahl her ist es ja nicht viel, aber möglicherweise ein Ansporn, daß das jemand nachmacht und dann vielleicht 500 Leute kommen, und das würde mir Spaß machen. Vielleicht kommen dann bei der folgenden Veranstaltung 1000 Leute, weil dieses Instrument, wenn so viele Leute spielen, wirklich etwas bewirkt. Man kann dadurch die Lokalenergien harmonisieren, und dieses Energiefeld bleibt dort auch. Man schafft praktisch eine hochenergetische Atmosphäre und harmonisiert das Drumherum.

Wenn ich z.B. in einer Wohnung wohne, in der die Lebensumstände nicht besonders günstig sind, kann ich dort für mich ein günstiges Energiefeld schaffen. Das ist wirklich machbar, daß ich mit diesen Schwingungen die Atmosphäre in einem Raum harmonisiere, – daß ich einen Ausgleich schaffe."

Anhand der Aura-Fotos sieht man das ja auch optisch.

„Mittlerweile ist das wissenschaftlich beweisbar."

Ich habe ein gewisses Vorurteil, was diese Esoterik-Ecke betrifft.

„Das verstehe ich. Es wird heutzutage mit Esoterik – ich sage immer 'E so terisch' – natürlich auch eine übertriebene Art von Geschäftssinn praktiziert."

Was ist für dich Esoterik?

„Esoterik sagt für mich: Geheimwissenschaft, Exoterik ist praktisch eine offene Wissenschaft. Und ich finde, all diese Sachen, die heutzutage als esoterisch beschrieben sind – es gibt ja so viele schriftliche Abdrucke darüber –, da ist ja nichts Geheimes mehr daran, das Wissen liegt schon offen. Für mich ist es wichtig, daß man Religion und Esoterik in einem klingen läßt. Ich finde, daß Religion dem Menschen dient. Leider Gottes hat sich das ganze so entwickelt, daß die Leute praktisch der Religion dienen. Deswegen wird auch rundherum gemault, und sie haben berechtigte Angst vor einer gewissen neuen Abhängigkeit.

Ich kann Religion in meinem Leben erleben, ich muß mein Schicksal nicht mehr erleiden. Ich komme vom Erleider-Zustand in einen Erleber-Zustand. Ich schaue mir selber zu, wie ich mein Leben erlebe. – Sich als integrierter Beobachter selbst beobachten, so sehe ich das."

Das heißt, du würdest deinen Weg so beschreiben, daß du über die Erfahrung des Instrumentes in eine andere Ebene deines Bewußtseins gekommen bist, und als nächsten Schritt läßt du dein Wissen auch anderen zukommen, ohne jetzt unbedingt prophetisch wirken zu wollen.

„Ich mache einfach die Leute darauf aufmerksam. Wenn ich Hunger habe, dann weiß ich, ich muß etwas essen; wenn ich Durst verspüre, muß ich etwas trinken, und wenn ich müde bin, gehe ich schlafen. Und wenn ich jemanden halten möchte, dann möchte ich jemanden halten, weil ich ein angenehmes Gefühl dabei spüre. Wenn ich aber im Streß bin, dann sage ich 'mein Gott na, i bin im Streß', aber ich tue nichts dagegen. Und mit diesem Instrument kann ich mich praktisch einer einfachen Art von Geistesberuhigung bedienen, damit es mir wieder gut geht. Meinen Geist, der durch das viele Drumherum praktisch im Viereck springt, lasse ich wieder 'rundlaufen'.

Dafür muß ich aber etwas tun. Und wenn das jemand nicht beachtet, dann hat er eben gegessen und getrunken und geschlafen, aber frage nicht, wie."

Was möchtest du jetzt in diesem Zusammenhang noch mitteilen? Eben Musik, Instrument, Erfahrung, Veränderung in Deinem Leben?

„Leben verändert. Ich finde, daß permanent Entwicklung stattfindet, und wenn man das nicht wahrnimmt, dann versäumt man etwas im Leben. Man versäumt das effektive Lernen und wird zum Konsumenten, man existiert. Und ich finde, der Unterschied zwischen existieren und leben liegt im Gebrauch der Freizeit."

Und wie würdest du den Gebrauch deiner Freizeit jetzt definieren?

„Ja, einen Faktor entwickeln, ganz gleich, wie die äußeren Umstände sein mögen, mich meiner selbst zu erinnern. Und das möglichst einmal am Tag."

Gibt es da ein bestimmtes Ritual, wie so ein Tagesablauf passiert?

„Ich finde, das soll jeder mit sich selber ausmachen, wie er mit sich zurechtkommt, wie sein Tagesrhythmus ist, und wenn er – z.B. von äußeren Umständen gegeben seinen Rhythmus irgendwo anpassen muß, dann kann er sich möglicherweise mit diesem Instrument so ballancieren, daß ihm die Umstellung nichts ausmacht und er dann seine Freizeit wieder mehr genießen kann. Man kann mit dem Instrument praktisch Zeit gewinnen. Weil, wenn ich eine Sache streßfrei mache, dann mache ich sie in kürzerer Zeit effektiver und habe dadurch Zeit gewonnen.

Ich muß nur dann so gescheit sein und diese gewonnene Zeit für mich nutzen und 'mir net wieder irgend a G'schicht einidrucken loß', die gar nicht notwendig ist, im Glauben, ich könnte zu kurz kommen."

Schön! Jetzt noch zwei Fragen, meine Arbeit betreffend: Ich möchte noch kurz von dir wissen, welche Beziehung du zur Folkmusik hast, wie du diese definieren würdest. Oder ob du das Instrument, und das, was du machst, dort zuordnen würdest.

„Unser musikalisches Geschehen ist eigentlich sehr geprägt von äußeren Einflüssen, sprich, englisch gesungene Lieder klingen gut, wenn etwas in unserer Muttersprache gesungen wird, wird das irgendwo schräg angeschaut und

belächelt, weil die Volksmusik bei uns oft mit steirisch tanzen und Humtata und Schrammeln in Verbindung gebracht wird.
Aber, wenn ich jetzt z.b. auf eine Alm gehe, und dort sind ein paar Leute beieinander, und man hört zwei,drei schöne Stimmen, die wunderbar ein 'klasses' Lied zusammen singen, das von den Bergen, von unseren wunderschönen Wäldern, unserer traumhaften Heimat handelt – denn die Steiermark ist ein wunderschönes Land –, wenn dort gesungen wird, dann kann man schon bemerken, daß so ein gewisses Gefühl aufsteigt, dann kommen Emotionen hoch, die 'das Körperli wärmen'. Und wenn das passiert, dann weiß ich, ich bin dort daheim. Und wenn dieses Gefühl von Heimat aufkommt, dann ist auch die Musik, die dort gesungen wird, richtig.

Und da kann unsere Musik genauso dazu beitragen, weil es gibt so schöne Lieder, die bei uns gesungen werden, es kommt nur darauf an, ob das Herz dabei ist."

Das heißt, jetzt so schnell bemerkt, du differenzierst jetzt eigentlich gar nicht zwischen Folk- und Volksmusik.

„Folk kommt aus der Volksmusik, hat sich daraus entwickelt. Gesänge entspringen aus rituellen Handlungen, und Singen ist nichts anderes, als sich selber in eine harmonische Schwingung zu bringen. Es liegt eigentlich auf der Hand, daß das Sprichwort stimmt: 'Wo man singt, da laß Dich nieder, weil böse Menschen haben keine Lieder'. Und wenn es vom Herzen rauskommt, dann spricht es eigentlich alle Leute an."

Jetzt ist es ja so, daß du ein Instrument spielst, das zu den exotischen Instrumenten gezählt wird. Wie siehst Du das?

„Das ist nicht richtig, denn was ist exotisch? Exotisch klingt so – das ist fremd, fremdländisch. Nur, für uns sind diese Töne insofern fremd, weil wir sie gar nicht mehr wahrnehmen. Denn wer kennt schon wirklich Stille, und in der Stille kommen automatisch diese Töne, denn sie entspringen dem kosmischen Urklang – dem Fünfklang. Das ist praktisch unser Urklang, von dem wir permanent umgeben sind. Nur hören wir ihn nicht mehr, weil wir schon taub dafür sind. Und mit diesem Instrument kann ich den Ton nachvollziehen und kann mit dem Urklang kontemplieren. Dann bin ich eigentlich dort, wo ich hingehöre."

Das heißt mit anderen Worten, daß du eigentlich ein Volksmusikant bist, der mit dem Urklang, ganz an der Basis ansetzt.

„In dieser abgehobenen Gesellschaft, in der wir leben, ist Basisarbeit vielleicht gar nicht so daneben. Daß wir wissen, daß wir mit den Füßen noch auf die Erde kommen können. Denn immerhin haben wir dieses kostbare 'Fahrzeug' bekommen, damit wir gehen können. Ich weiß nicht, warum die Leute Angst haben und schon abhauen wollen. Weil, wie will man das wunderbare Raumschiff dann verlassen und auf die Planeten rausgehen, wenn die Basis kaputt ist. Wie soll man dann wieder zurück? Auch unsere Enkelkinder wollen noch etwas zu essen haben.

Es ist eine Rückerinnerung, ich würde vielleicht sogar sagen, eine Rückführung. Und wenn einer dieses Instrument wirklich spielt, dann kann er sein eigenes Rebirthing erleben. Er wird zum Kind."

Ist es für dich kein Bedürfnis, die traditionellen Formen unserer Volksmusik kennenzulernen dich damit näher zu beschäftigen?

„Auf jeden Fall, weil Tradition ist regional entspringend und regionalspezifisch auf diesen Platz dort abgestimmt. Und die Menschen, die früher dort gelebt haben, haben sich regionalspezifisch verhalten. Das heißt, sie haben ihrem Platz entsprechende Musik gemacht, und wenn es Probleme gab, haben sie entsprechende Maßnahmen getroffen, das ganze zu harmonisieren/auszugleichen.

Was man mit dem Instrument anfängt, bleibt jedem selber überlassen, man kann dann in jede musikalische Richtung gehen, in die man gehen will.

Das ganze Projekt, das ich verfolge, oder besser, die Idee, nenne ich Spiroton.

Ich war Taucher, habe mit Tauchgeräten zu tun gehabt, und da hat es ein Tauchgerät gegeben, einen Lungenautomaten von 'Spirotechnik'. Das war ein italienisches Produkt. Spiro heißt Luft und Geist, und Spiroton – Geistton, Geisterfänger. Das was uns umgibt und unsichtbar ist damit wahrnehmbar machen – ist der einfachste Weg mit diesem Instrument. Es kommt darauf an, womit man sich identifiziert. Es kommt für jeden möglicherweise die heilige Wahrheit zutage, daß er selbst erkennt, wer er ist, und wenn ich weiß, wer ich bin, dann weiß ich auch, was ich zu tun habe. Und dann geht es mir eigentlich gut."

Jetzt ganz zum Schluß noch eine Frage, eben meine Arbeit betreffend: es geistert seit ein paar Jahren der Begriff „neue Volksmusik" herum, wie stehst du dazu?

„Es ist immer so witzig, wenn die Leute glauben, daß sie etwas neu erfinden, was schon immer da war. Es ist alles permanent vorhanden, man kann nur alles wiederentdecken. Die vorgekauten Sachen sind einfach fad, deswegen will man immer etwas Neues entdecken. Und wenn die Leute etwas wiederentdecken, was vergessen war, so finde ich das nur begrüßenswert, daß man sich wieder daran erinnert, was es alles gibt. Aber etwas Neues gibt es kaum, es ist alles schon da."

An dieser Stelle bedanke ich mich herzlich für dieses Treffen und für deine Gedanken. Du legst schon Wert darauf, daß dieses Instrument nicht Digeridoo heißt, sondern Brunnrohr. Das ist eine witzige Wortspielerei, denn du heißt ja Hermann Brunner, und das Instrument nennst du Brunnrohr.

„Das hat sich lustigerweise ergeben, und das ist mir vielleicht zugefallen, weil ich eben Brunner heiße. Und weil Brunnenröhren aus Holz waren, paßt das eben *zusammen. Möglicherweise resultiert das aus alten Traditionen, daß ich jetzt eben wieder dazu komme. Nur, daß ich jetzt, gemäß meinem Namen, keine Brunnen baue, sondern mich mit Wasser befasse und mit Schwingung, aber die beiden Dinge gehören eigentlich ja eh zusammen."*

BULLHEAD

Bei den Bullheads wußte ich nie so genau, ob die Gruppe noch existiert oder nicht. Klarheit verschafft eine Aussage in ihrem Info: *„Bluegrass ist nicht nur eine eigene Art von Musik, sondern auch eine Lebenseinstellung."* Offenbar haben sich nach zahlreichen Umbesetzungen schlußendlich Menschen getroffen, bei denen sich die Frage der Existenz durch angeführtes Zitat erübrigt. Sie leben, spielen aus Spaß und haben eine gemeinsame musikalische Sprache: Bluegrass. Es geht um Beziehung, Freundschaft, nicht darum, möglichst viele Konzerte übers Jahr zu spielen, um davon leben zu können. Trotzdem ist ihre Musik weit entfernt von Dilettantismus, der Anspruch an das Resultat über die Jahre gereift.

Die Gruppe wurde im Februar 1988 von Jörg Ruprechter und Rudi Graschi, zwei ehemaligen Mitgliedern der Folk-Band „GSCHREAMS", gegründet. Bei der Besetzung des Gitarristen erinnerten sie sich an einen Herrn namens Wolfgang Spiel, seines Zeichens auch Ex-Mitglied von GSCHREAMS, und baten diesen zum Tanz. Um den Sound nach unten hin abzurunden, wurde als Bassist noch Peter Kainz zwangsverpflichtet.

Besetzung heute:
RUDI GRASCHI:
Wenn Rudi seine Mandoline würgt, bleibt auch dem einen oder anderen Profimusiker erstaunt der Mund offen. Daß er auch auf der Westerngitarre manch renommierten „Fingerpicker" noch das Fürchten lehren kann, sei nur nebenbei erwähnt. Und singen tut er auch.
PETER KAINZ:
Er spielte Gitarre in einer der ersten Country-Bands von Graz, ehe er von Jörg und Rudi animiert wurde, auf dickere Saiten umzusatteln. Nachdem er anfangs auf einem E-Baß ordinierte, besorgte er sich um des Sounds willen einen Kontrabaß und gibt seitdem die tieferen Töne der Band akkustisch zum besten. Als Sänger ist er eine der Stützen der Gruppe.
JÖRG RUPRECHTER:
Der ehemalige Sängerknabe ist das „Goldkehlchen" der Band. Sein virtuoses Spiel auf dem 5-String-Banjo gibt der Gruppe den typischen Bluegrass-Sound. Gleichzeitig ist er sich nicht zu schade, für eine ruhige Ballade in die Saiten seiner Westerngitarre zu greifen.

WOLFGANG SPIEL:
Ein flinker Finger, der die akkustische Gitarre im für die Bluegrass Music typischen „Flatpicking Style" spielt und dazu auch des öfteren seine Stimme erhebt, um diverse Girls aus Georgia und aus den Mountains zu besingen.

Von „Gschreams" zu „Bullhead":
(von Wolfgang Spiel)
„Es begann alles damit, daß mein Freund Heinzi Reicher im Jahre 1983 sein 1. eigenes Lokal – das 'Petersstüberl' – eröffnete und sich bemüßigt fühlte, in der damaligen Subkulturszene mitzumischen. Zu diesem Zweck wurde 1984 der Kulturverein 'Anlauf' gegründet, der regelmäßig Veranstaltungen (Musik, Lesungen, Malerei etc.) im Petersstüberl organisierte. Dem Vorstand dieses Vereins gehörte neben Heinzi und mir unter anderen auch ein gewisser Walter Held an. Im Laufe unserer Zusammenarbeit fanden wir heraus, daß jeder von uns (so recht und schlecht) das eine oder andere Instrument spielen konnte, und so gründeten Walter (zuerst Gitarre, später Bass) und ich (Gitarre) zusammen mit Michael Tobisch (Mandoline) im Herbst 1984 die Folk-Band „Gschreams". Wir spielten Folk quer durch den Gemüsegarten (daher auch der Name „Gschreams"), von irischen Liedern über italienische und französische Tänze bis „jiddisch" alles, was uns gefiel, wobei wir kurzzeitig noch von einer Sängerin (an den Namen kann ich mich nicht mehr erinnern) unterstützt wurden. Im Frühjahr 1985 lernten wir beim Folk-Festival in St. Radegund einen Knaben namens Jörg Ruprechter kennen. Dieser spielte damals Gitarre und ein wenig 5-String-Banjo, und wir luden

Die Gruppe „Bullhead" live auf Schloß Spielfeld.

ihn ein, mit uns zu spielen. Als im Sommer 1985 Michael Tobisch aus der Band austrat, wurde er durch Rudi Graschi, einen alten Freund von mir, ersetzt. Mit Jörg und Rudi, zwei echten Bluegrass-Fans, fand auch diese Stilrichtung bei uns Einzug, und wir begannen, auch einige Bluegrass-Songs zu spielen. Nachdem nach einiger Zeit Meinungsverschiedenheiten über die Stilrichtung der Band auftraten, verließ Walter die Gruppe. An seine Stelle (Bass) trat Andreas Gotole, ein Jugendfreund von Jörg. Doch auch dieser verließ uns nach einigen Monaten, und wir holten Heinzi Reicher, der bis zur Auflösung der Band im Herbst 1987 bei uns Bass spielte. Der Grund für die Auflösung waren wiederum Meinungsverschiedenheiten bezüglich Stilrichtung.

Bald darauf, im Februar 1988, gründeten Rudi (Mandoline, Gitarre) und Jörg (Banjo) die damals noch namenlose Bluegrass-Band „Bullhead". Als Gitarrist wurde Andreas Gotole verpflichtet, als Bassist Peter Kainz, ein ehemaliger Lehrer von Rudi. Im März 1998 stieß ich als Gitarrist zur Band, und Andi wurde auf Keyboard umgeschult. Wir spielten in dieser Besetzung bei einigen Folk-Festivals (Bärnbach, Retzhof) und zwei- oder dreimal life in Radio MM2 in einer Sendung, deren Namen ich vergessen habe, die aber von David Oresic (oder so ähnlich) moderiert wurde. Manchmal gab sich auch Jimmy Cogan die Ehre, mit uns zu spielen. Zu Ostern 1989 (glaube ich zumindest) nahmen wir dann zusammen mit Okemah und der Jim Cogan Band eine Kassette mit dem Titel 'Styrian Country Favorits' auf, wobei wir unsere Aufnahme wieder im Studio von MM2 einspielten. Zu diesem Zweck benötigten wir nun dringend einen Namen, der kurz und einprägsam war, und so entstand 'Bullhead'. Im Jahre 1990 kam es zur 1. Umbesetzung, als uns Andi verließ und dafür Wolfgang Zissler, der ehemalige Drummer der Rockband 'Christal Heaven', der auch recht gut Geige spielte, als Fiddler zu uns kam. Ich meine, mich erinnern zu können, daß sogar Du uns im Retzhof mit ihm bekannt gemacht hast. Leider verließ er uns schon nach ein paar Monaten wieder, da er aus beruflichen Gründen nach Wien ging. Und so spielten wir die nächsten Jahre, abgesehen von einem kurzen Intermezzo, als Wolfgang Rath, der damalige Freund meiner Nichte, bei uns die Fiddle würgte, aber bald W.O. gab, wieder zu viert. Im Februar 1996 kam der ungarische Geiger Georg Tarnai, der seit 1985 als 1. Geiger an der Grazer Oper beschäftigt ist, zu uns. Doch auch er blieb nur bis Herbst 1996, da er, wie er sagte, die meisten Tage, an denen er an der Oper frei war, nun mit uns beim Proben oder mit Konzerten verbringe und für sein Privatleben kaum noch Zeit übrigbliebe. Seit Georg uns verließ, spielen wir nun bis heute wieder zu viert, würden aber gerne wieder einen Fiddler aufnehmen (Tips dazu sind dringend erwünscht, die Message soll auch weiterverbreitet werden!)."

Was versteht man unter BLUEGRASS?

„Der Stil entwickelte sich aus der String-Band Musik zwischen 1920 und 1930. Nach ihrem Gründer 'Bill Monroe and his Blue Grass Boys' ist die Musik auf fünf Hauptinstrumenten aufgebaut: Banjo, Mandoline, Geige, Gitarre und Baß. Jedes Instrument hat seine spezifische Rolle, die von Lied zu Lied, von Band zu Band verschieden sein kann.

Gewöhnlich wird die Hauptmelodie eines Stücks vom Sänger an die Instrumente weitergegeben und wieder zurück. Dadurch entsteht ein natürlicher Freiraum für kreative Improvisation.
Bluegrass ist eine der vielen modernen Formen der traditionellen Country Music. Deren Wurzeln reichen bis ins 17. Jahrhundert zurück, als Emigranten von den Britischen Inseln die 'Neue Welt' besiedelten."

Warum wir Bluegrass spielen?

„Wir lieben die teilweise recht schnellen Songs, den mehrstimmigen Gesang und die mitunter ganz schön haarig zu spielenden Soli und Instrumentalstücke (Fiddletunes), kurz, wir sind vom Bluegrass-Virus verseucht, und dagegen helfen keine Medikamente!"

Wie wir Bluegrass spielen lernten?

„Wir alle haben unsere Instrumente autodidaktisch erlernt und sind auch gesanglich reine 'Naturtalente' (außer Jörg, der war bei den Wiener Sängerknaben). Am Anfang versuchten wir, die Songs von Platten und Kassetten nachzuspielen (auch die Soli), was uns mehr schlecht als recht gelang. Doch mit der Zeit entwickelten wir eine gewisse Fingerfertigkeit und vor allem das Gefühl für diese Musik, so daß wir nun zwar auch hauptsächlich Songs nachspielen, diese aber auf unsere Weise arrangieren. Weitere Quellen zum Lernen der Spieltechnik und von Songs waren Tabulaturen und einige Lern-Videos, die wir in Amerika bestellten (z.B. Homespun Tapes)."

Diskografie:
STYRIAN COUNTRY FAFORITS; MC; 1989, gemeinsam mit JIM COGAN; OKEMAH; Radio MM2

CHUCK LEMONDS

„LeMonds is especially proud of his discs funkier material, which is fueled by drummer Clyde Stubblefield, former sideman for James Brown, and David Bell, a welsh bassist who has recorded with Joan Armatrading and toured with Terry Williams, ex-drummer of Dire Straits." (LEADER TELEGRAM; Wisconsin, USA)

„Zwei Stunden lang witzig-spritzige und berührende Lieder und Geschichten." (DIE WOCHE)

„Seine Songs sind Dokumente eines wachen, zeitgemäßen Bewußtseins. Er bezeichnet seinen Stil als 'Funky Blue Folk'. Im Mittelpunkt steht nicht die Musik in ihrer perfektionistisch-virtuosen Ausprägung, sondern die Kommunikation. 'Musik liegt einer inneren Entwicklung zugrunde, durch welche sich Herz und Persönlichkeit ausdrücken.'" (KLEINE ZEITUNG)

„Geboren bin ich in St. Louis, Missouri, USA. Ich wohne jetzt seit acht Jahren in der Steiermark und seit ein paar Jahren in der Oststeiermark, auf Schloß Freiberg (Anm.: Hier fanden schon früh immer wieder interessante open air-Konzerte statt. Schloß Freiberg kann getrost als bedeutende 'Brutstätte der Folkszene' betrachtet werden. Peter Ratzenbeck, STS spielten hier in ihren Anfängen. Heute veranstaltet das 'Liadakastl' im wunderschönen Ambiente des Schlosses Folkkonzerte und setzt so die Tradition des Ortes fort). Ich wohne hier eigentlich sehr gerne, obwohl ich sagen muß, daß die ersten zwei Jahre sehr hart für mich waren. Es war eigentlich eine der schwersten Herausforderungen, die ich in meinem Leben hatte. Ich mußte mir alles von Anfang an neu aufbauen, gottseidank hatte ich die Musik, die mir Wege öffnete, mir half andere Menschen kennenzulernen, mit ihnen Musik zu machen. Ja, es macht mir sehr viel Freude, mit anderen zu spielen, dabei ist es für mich egal, ob es auf der Bühne ist oder einfach zuhause oder auf einem Fest. Manchmal gibt es diese zauberhaften 'magic moments', wo man nach ein paar Stunden Spielen ganz 'durchgeputzt' und mit Energie aufgeladen ist. Und das hab'ich eigentlich nirgendwo anders erlebt, muß ich ehrlich sagen. Und es ist hauptsächlich die Freude, die ich von der Musik bekomme, das ist meine Motivation. O.K., Geld spielt natürlich auch eine Rolle, aber wenn man nur mehr Geld verdienen muß, und nur mehr spielt, um eben Geld zu haben, blockiert das die eigentliche Motivation, man vergißt sie.

Mit sechzehn hab ich angefangen, Musik zu machen, mit Banjo hab ich begonnen, 'Bluegrass Music'. Ich war ein richtiger Fanatiker und spielte diese Mu-

Chuck LeMonds, Singer & Songwriter. (Foto © Gernot Muhr)

sik jahrelang. Es hat mir damals sehr geholfen, einfach Musik zu lernen, mit anderen Leuten zu spielen, aber ich suchte doch eine Möglichkeit, einen Weg, etwas Tieferes auszudrücken, einfach ganz pur und direkt durch Musik, und hier habe ich Möglichkeiten entdeckt, die ich sonst nirgendwo fand. Ja, man kann sagen, das ist meine Philosophie, obwohl ich mir darüber nicht wirklich den Kopf zerbreche. Wichtig ist für mich, daß meine Musik irgendwie Freude hat, und daß ich eben diese Freude ausstrahlen kann, in meine Musik legen kann. Ich mag es, wenn dabei noch eine bestimmte Spontanität zum Tragen kommt.es ist egal, ob ich etwas ganz perfekt spielen kann, es darf nur nicht trocken werden. Wenn ich mir andere Gruppen ansehe, wo alles ganz perfekt ist, es aber keine Emotionen mehr in der Musik gibt, sage ich mir, die stehen nicht wirklich hinter ihrer Musik, sie spielen es einfach nur runter. Sowas taugt mir überhaupt nicht. Deswegen ist es so wichtig für mich, wenn ich Konzerte habe, oder einfach etwas vorspiele, daß ich wirklich zu dieser Musik stehen kann. Das erklärt auch mein Bedürfnis, selbst gute Lieder zu schreiben, oder von anderen Leuten Lieder zu singen, an die ich glauben kann.

Ich würde mich heute als Songwriter beschreiben, das heißt, ich versuche meine Eindrücke, alles was um mich geschieht, in Songform auszudrücken. Manchmal gelingt mir das sehr gut, manchmal ist es 'just another song'. Das reitzt mich an der Sache, nicht Pop- oder Hitlieder nachzuspielen, da wär's mir sehr schnell langweilig. Wenn ich Sachen nachspiele, dann müssen sie mir persönlich was bedeuten, oder es muß einfach ein starker Song sein.

So hängt meine Musik logischerweise ganz eng mit meiner persönlichen Entwicklung zusammen. Wenn ich einen Durchbruch in meinem Leben habe, dann läuft auch die Musik viel einfacher ... "

Cuck live zu erleben, ist ein Erlebnis, allein oder mit Band, egal. Ich dank dir für deine auf Band gesprochenen Gedanken und für die Songs, die du ganz spontan darauf verewigt hast.

Diskografie:
HEARTS OF 1905; CD; 1989 aufgenommen, 1996 erschienen auf CD, Eigenvertrieb
COLOUR OF THE SUN; CD; 1994, Shamrock Vertrieb
FOR A MOMENT'S GAIN; CD; 1996, BMG

COGAN JIM

BIOGRAFIE und DISKOGRAFIE siehe Kapitel „FOLK IN DA STEIAMOAK".

DEISHOVIDA

Urbesetzung:
KURT BAUER: Geige, Gesang
LOTHAR LÄSSER: Akkordeon, Gesang
MATTHIAS LOIBNER: Drehleier, Akustische Gitarre, Gesang
WALTER POGANTSCH: E-Baß, Violoncello, Gesang
ab Mitte 1998; statt Walter Pogantsch
SASENKO PROLIC: E-Baß, Gesang

A – Darf ich euch zu einem fiktiven Interview bitten?

„*Aber gern.*"

Sprechen wir über die nachgeburtlichen – d. h., die nach der Geburt auf euch einwirkenden – musikalischen Schlüsselreize.

Bauer:
„*Meine opernbegeisterte Mutter hatte drei Opernplatten zuhause: Martha, Barbier von Sevilla und ...? Diese hörte ich immer wieder und wieder an – so wie es Kinder eben tun, aber auch so, wie man am besten Musik erfassen kann, so wie ich auch heute noch Musik rezipiere. Diese drei Platten konnte ich irgendwann ungefähr mitsingen und habe vor dem Einschlafen im Bett meine Lieblingsarien nachgesungen ... eine schöne Erinnerung. Mit sechs Jahren entdeckte ich die Geige meines Bruders, der sie hin und wieder herumliegen ließ. Die Mutter konnte vom Vater nicht mehr zurückgehalten werden, so landete Klein-Kurti am Grazer Konservatorium bei einer wunderschönen jungen Frau – meine erste Geigenlehrerin – die mich zehn Jahre lang das Geigenspiel lehrte ...*"

Wie war das bei dir, Matthias?

„*Unspektakulär. Die Drehleier hab ich bei Oliver Podesser gesehen und ausprobiert, das war's.*
Davor genoß ich umfangreichen Musikunterricht: Blockflöte und Klavier in

der Musikschule Krieglach, Klavier und Harmonielehre in Ligist bei Nono Schreiner, Komposition und Jazzkomposition, Orchsterleitung und Chorleitung; außerdem Klavier und Geige (zwei Jahre) an der Grazer Musikhochschule ...

Von der Logik der Harmonielehre war ich so begeistert, daß ich Musik lange Zeit ohne gefühlsmäßiges Empfinden gespielt hab."

Lothar:

„Mein Onkel war Berufsmusiker. Ich habe ihn öfters live in irgendwelchen Tourismuslokalen gehört; ich war schwer beeindruckt. Zum Akkordeon kam ich zufällig. Es wurde gerade in einer Tanzpartie gebraucht. An der Grazer Musikhochschule hab ich's dann studiert."

V. li.: Matthias Loibner, Kurt Bauer, Lothar Lässer, Walter Pogantsch. (Foto Andreas Hofer)

Welche Beziehung habt ihr zu Noten?

Lothar:
„*Für gewisse Musik sind sie notwendig, für andere unbrauchbar, ich versuche mit wenig bis überhaupt keinen Noten auszukommen, aber ich bin da nicht so streng. Klassische Musik braucht Noten, sie klingt halt dementsprechend.*"
Matthias:
„*Die Kenntnis von Noten führt dazu, alles was man hört in einem gewissen (Noten-) Raster aufzunehmen und zu verstehen. Das heißt, man überhört leicht Dinge wie die Gestaltung von Tonsatz, Tonende oder Verzierungen, Phrasierungen, Dynamik innerhalb eines Tones, kleine Vibrati oder Glissandi, rhythmische Feinheiten und Verschiebungen. etc. etc., die man aber automatisch übernimmt, wenn man Musik nur durch Hören erlernt. Diese o. g. Dinge sind aber in jeder traditionellen Musik (die durch Hören und Erinnerung an Melodien sowie Stimmungen weitergegeben wird) wesentliche Vermittler der Musik.*

In diesen Dingen kann man ganze Universen (die Geschichte eines Volkes bzw. eines einzelnen Musikers) hören, wenn zum Beispiel in einer fröhlichen Melodie jeder einzelne Ton gleichzeitig Schmerz, Trauer etc. beinhaltet ..."

Wie habt ihr eure ersten Auftritte erlebt? Habt ihr im Laufe der Zeit bestimmte Rituale entwickelt, euch vorzubereiten?

Matthias:
„*Die ersten Auftritte waren sehr spannend. In der Musikschule, an Vorspielabenden, die offene Bühne beim Bärfolk, erste professionelle Auftritte innerhalb der österreichischen Folkszene. Besondere Rituale hatte ich vor einem Konzert nicht. Heute versuche ich mich vorher 'einzugrooven', zu singen oder zu spielen, keine Musik, nein, irgendein Spiel, das entspannt. Außerdem habe ich eine eigene Bühnenkleidung. Das gibt mir ein Gefühl positiver Spannung, Feierlichkeit ...*"
Lothar:
„*Unseren erste Auftritt als Quartett Deishovida hatten wir in Wien, im Keller der TU. Wir haben uns sehr lang dafür vorbereitet, viel geprobt und ein ziemlich fixes, straffes Programm erarbeitet. Vor einem Konzert versuchen wir uns natürlich einzustimmen, durch gemeinsames Singen, gemeisames Trinken, Spiele, wie auch immer ...*"
Kurt:
„*Deishovida war zuerst ein Duo. Ich spielte mit Matthias bei kleineren Anlässen, Sessions bei der Anniwirtin im Babenbergerhof in Graz. Das war eine sehr lebendige Szene, eine wichtige Zeit für mich. Vorbereitung ist so ziemlich alles was ich mache, ich laß von mir ja auch viel raus auf der Bühne.*"

Wie entstehen eure Eigenkopositionen?

Lothar:
„*Das ist das große Geheimnis, wir wissen es oft selbst nicht. Im Moment pas-*

siert viel durch gemeinsames Improvisieren, ergänzt durch 'Fundus'-Stücke, die wir im Lauf unserer gemeinsamen Spielerei kennengelernt haben. Das kann Tango, Funk, Klezmer, Französische Bordunmusik usw. sein. Bis zu einem gewissen Grad spielen wir die Stücke traditionell, ein anderer Teil wird komponiert und von der Gruppe gemeinsam arrangiert."

Matthias:
„Vorhandene Ideen werde oft stundenlang gespielt, um auf gemeinsame Auffassungen, Phrasierungen zu kommen. Gleichzeitig sammeln wir Ideen und tasten uns in verschiedene Richtungen vor. Dabei machen wir schnelle Skizzen oder Mitschnitte. Richtig geprobt werden nur fertige Stücke oder Chorsätze."

Kurt:
„Vom freien Zusammenspiel bis zur fertigen Nummer ist es oft ein mühsamer Weg."

Wie steht's mit der Motivation?

Matthias:
„Eine Atmosphäre in einem Raum aufnehmen und weiterspinnen, mit besonderer Aufmerksamkeit auf die ZuhörerInnen. Eine gewisse Magie auf einen Raum samt Zuhörer ausüben, um aus jedem Auftritt etwas Besonderes für alle – inklusive sich selbst – zu machen."

Kurt:
„Die beste Motivation sind hübsche Frauen. Also meine erste Geigenlehrerin..."

Lothar:
„... Imponiergehabe, Kurt. Das ewige Spiel mit Frauen, speziell Tanzmusiker zeichnet das aus, der Trieb nach Selbstdarstellung, im Mittelpunkt stehen wollen. Etwas ungemein Wichtiges weitergeben wollen, mit der Hoffnung, daß es alle vom Sessel reißt."

Was ist für euch an der Musik wirklich wesentlich?

Kurt:
„Musik ist ein eigenes Universum, eine Sprache, mit der sich Dinge ausdrücken lassen, die einem nicht über die Lippen kommen – ja mehr noch –, Dinge, für die es in der Sprache keinen Begriff gibt."

Matthias:
„In einer anderen Sprache oder Welt (Musik) ohne intellektuelle und kulturelle Schranken (Tabus etc.!) über Dinge zu reden oder Eindrücke und Bilder zu erwecken, die der Zuhörer unbewußt auf seine Art und Situation, in der er sich befindet, verstehen kann, mit denen er sich identifizieren, verbrüdern oder sich auch dagegen auflehnen kann. In dieser Sprache (Musik) seine Liebe und Stärke zeigen können, aber auch seinen Haß und seine Ängste ohne Gefahr nicht nur zeigen können, sondern als etwas Schönes, Persönliches, erlebbar machen..."

Lothar:
„*Jedesmal, wenn ich von meiner eigenen Musik eine Ganslhaut kriege und spüre, daß auch viele Leute dasselbe empfinden, das sind für mich die Ereignisse, die für zählen ...*"

Matthias, was waren deine wichtigsten musikalischen Stationen?

„*Da gibt es einige. Sicher die Festivals in St. Chartier in Frankreich* (Anm.: beim traditionsreichen Drehleierwettbewerb belegte er 1994 den ersten Platz als Soloinstrumentalist mit der Drehleier!), *Tanz- und Folkfestival in Rudolstadt 1996 und beim WDR Weltmusikfestival 1997. Dann die beiden CD's mit Deishovida, Les concerts spirituell in Paris: J.B. Boismoitier: Quatre ballets de village, die Auftragskomposition vom ORF für das EBU Folkfestival 1997 ...*"

Und bei dir, Kurt?

„*Wie soll ich sagen. Persönliche musikalische und menschliche Fortschritte sind für mich wichtig. Der Rest – Erfolg/Mißerfolg – ergibt sich von selbst ...*"
Lothar:
„*... das Ganslhautprinzip. Es sagt mir, was gut und wichtig ist ...*"

Nun ein paar persönliche Fragen. Musiker sind ja oft nach einem Konzert mit sehr intimen Fragen seitens der Fans konfrontiert. Wenn euch das manchmal lästig wird, könnt ihr ja auf diese Dokumentation verweisen. Das Volksliedwerk würde sich über massive Verkaufszuwächse sicher freuen. Also zuerst: welche Beziehung habt ihr – zu euren Instrumenten?

Matthias:
„*... sehr intim, bedingt durch den intensiven Körperkontakt. Beim Spielen wachse ich am liebsten mit ihr zusammen. Marken-Drehleiern gibts noch nicht. Ich habe ein Lieblingsinstrument, weil extra für mich gebaut.*"
Lothar:
„*Die Beziehung zu meinem Akkordeon ist gespalten, ich hab noch kein passendes Instrument gefunden. Die Zeit wird kommen, Marken sind mir egal, gute Instrumente muß man bauen lassen, auf alle Fälle muß man intensiv dabei sein.*"
Kurt:
„*Ich bin jetzt mit meiner seit 16 Jahren zusammen, da tut sich natürlich was. Mir ist es eigentlich egal, welchen Namen sie hat, aber es wird langsam Zeit, mit einer anderen Geige fremdzugehen ...*"

Ihr seid ja viel im Ausland unterwegs. Wie läßt sich das mit Partnerschaft, Familie vereinbaren?

Lothar:
„*Ich lebe mit allen Vor- und Nachteilen, es ermöglicht mir viele Freiheiten.*

Ich bin mit meiner Terminplanung flexibel, und meine Frau hat die Möglichkeit, ihrem Beruf als Malerin nachzugehen."
Matthias:
"Das ist schon ein Thema. Meine Freundin ist selbst Musikerin, für sie ist es wichtig, daß ich Musik mache, eine Einstellung, die die Beziehung sehr erleichtert."
Kurt:
"Musik und Partnerschaft ist wie Beruf und Partnerschaft. Ich versuche, nicht länger als zwei Wochen unterwegs zu sein."

Habt ihr Meinungsverschiedenheiten? Wie löst ihr interne Probleme?

Lothar:
"Wir sind eine Meinungsverschiedenheit, das zeichnet uns aus. Wir streiten und streiten, und bevor wir auf die Bühne gehen, streiten wir hoffentlich nicht, und das ist dann schön. Die Themen sind dabei belanglos, über alles wird gestritten ..."
Matthias:
"Ja, richtig. Wobei wir nur über ganz wichtige, große Dinge streiten. Weltbilder, Philosophien eben. Die Problemlösung ist sch....Wir arbeiten aber an einer Patentlösung ..."
Kurt:
"Meinungsverschiedenheiten gibt's doch überall. Besonders wenn man lange auf engstem Raum gemeinsam unterwegs ist. Zweimal am Tag kommt der Supervisor ..."

Thema Alkohol?

Kurt:
"Du bist ja ständig damit konfrontiert, das Publikum in Feststimmung. Manchmal hilft's, um Hemmschwellen zu überwinden, auf längeren Touren gewöhnt man es sich schnell ab ..."
Matthias:
"... kein wesentliches Thema. Guter Weißwein & Cognac haben mir die musikalisch besten Ergebnisse gebracht ..."

Wie seht ihr eure Zukunft?

Lothar:
"Positiv. Wenn wir konsequent weiterarbeiten und kurz vor dem Konzert aufhören zu streiten, werden wir noch WELTMEISTER IN UNSERER DISZIPLIN..."
Matthias:
"Die Zukunft wird sich so ergeben, wie wir sie machen ..." (nicht ganz getroffen! ...)

Was sagt ihr zur Neuen Volksmusik?

Matthias:
„*Ich finde gut, daß es auch in Österreich sowas wie Volks-Popmusik gibt (Zillertaler bis Ausseer Hardbradler), wie das auch in anderen Ländern Teil der Musikszene ist (Chansons, Arabischer Pop, Rai etc.). Ich kenne aber kein Beispiel einer gelungenen Verknüpfung österreichischer Volksmusik mit modernen Musikrichtungen, die Liebe und intensive Auseinandersetzung zum Original erkennen läßt. Gut finde ich, daß es Gruppen gibt, die sehr traditionell, aber auch funktionell (Tanz-, Festmusik) österreichische Volksmusik spielen (Landstreich, Aniada a Noar etc.).*"

Kurt:
„*Neue österreichische Volksmusik ist Gott sei Dank mehr als ein Werbebegriff. Alles Lebendige hat absolute Berechtigung.*"

Wie lange wollt ihr noch Musik machen?

Matthias:
„*... solange sie sich verändert. Dabei ist es für mich wichtig, zu einer projektorientierten Arbeitsweise zu finden. D. h., Proben und Konzerte blocken, um auch Zeit für andere Projekte und Familie zu haben ...*"

Kurt:
„*Den Durchbruch in Österreich und Frankreich schaffen und dann ewig ...*"

Lothar:
„*... so lange die Ganslhaut noch aktiviert wird, mit voller Energie, bis sie halt nicht mehr aufganslt, dann ist's vorbei ...*"

Pressestimmen:

„*... zum Schluß drückte mir Matthias die erste CD seiner Band in die Hand, und beim Abhören lief mir nicht nur ein Schauer nach dem anderen den Rücken herunter, es brannte auf einmal die berühmte 'eureka'-Glühbirne in meinem Kopf: Hier spielt nicht nur ein brillanter Solist (Anm: Matthias mit der Drehleier), sondern ein ebenso brillant besetztes Quartett. Das ist die beste Folkband aus deutschsprachigen Ländern, die du je gehört hast, sie steht für eine Zukunft, die du dir immer gewünscht hast ...*

... als „Studierte" haben sie die harte Lehrbank der ernsten Musik gedrückt, bis sie dieses Korsett zu ersticken drohte. Logische Konsequenz: der Ausbruch und die Hinwendung zum freien Ausdruck.

Gemeinsam begannen Deishovida, die Möglichkeiten einer neuen urbanen Musik zwischen allen Stühlen auszuloten. Dabei werden sämtliche musikalischen Grenzen und Formatierungen niedergerissen. Heraus kommt eine Neu-Definition einer High-Energie-Volksmusik, die mit erstaunlicher Virtuosität und Humor derart überzeugend zu Gehör gebracht wird, daß die Hörer ihrer CD's und Konzertgänger auf's beste unterhalten werden.

Ihre Instrumentenbeherrschung, Matthias Loibners Technik auf der Drehleier läßt einem den Atem stocken, die ausgefeilten und dichten Arrangements sind voller Witz und augenzwinkernder Zitate. Als 'Soundpiraten' lassen sie den E-Baß funkig knallen, die Drehleier irgendwo zwischen Barock und spacigen Sounds oszillieren, das Akkordeon Klezmer-Seligkeit verströmen und die Geige zum Rhythmusinstrument mutieren. Dabei gelingen ihnen Klangkonstellationen von ungeahntem Tiefgang. Ihre Show kommt nie angestrengt rüber, sondern wird mit viel Humor und umwerfenden Moderationen dargebracht ... ein Act, der sich in der Grauzone von Kabarett, imaginärer Folklore und modernen Soundexplosionen bewegt, für alle, die ihre Gehörgänge wieder einmal mit neuen Klängen auffrischen möchten. Wie sagt der Brite so treffend: 'essential listening'! Und das gilt sowohl für ihre Konzerte wie für die neue CD 'not 4 you'..." (Jean Trouillet; FOLKER 01/98)

Diskografie:
FAST FOLK; CD; 1995, Extraplatte 204-2
NOT 4 U; CD; 1997, Extraplatte 304-2
Lothar Lässer:
GAUDIS TIME; „2 Gaudis"; MC 9068 Berton Records
FUTILITATES-SCHAMLOSE VOLKSLIEDER; CD; GE 006
MOTHER TONGUE; „Budowitz"; CD; Koch Rec 3-1261-2
Kurt Bauer:
INVASION OF THE MACHO CHESTS; „Squadune"; CD; 1998, Extraplatte 354-2

DIE LANDSTREICH

Es war nicht so einfach, die LANDSTREICH zu bewegen, mir Informationen zu dieser Dokumentation zu liefern. Sie meinten, sie wären in dieser „Folk in der Steiermark"-Geschichte fehl am Platz. Gottseidank konnte ich Christof Spörk überzeugen, daß die Gruppe sehr wohl in dieser Arbeit vorkommen müsse. Klar, die sogenannte Folkszene hat sich stark verändert, der Begriff ist nicht mehr zeitgemäß, neue Abteilungen gilt es zu beschreiben. Viele Bands aus dem „klassischen" Folkbereich entwickelten sich hin zur alpenländischen Tradition, benutzen sie als Basis, ihre Inhalte (vornehmlich Dialekttexte) zu transportieren. Auf der anderen Seite gibt es aber auch Musikgruppen, die, von der Tradition kommend, neue musikalische Wege beschreiten, verschiedene Stilelemente vernetzen, zu einem typischen Klangmuster finden, um eben auch ihre persönliche Ausdrucksweise zu finden, Volksmusik als Transportmittel verwenden, ihre Anliegen mitzuteilen. Und hier treffen beide „Lager" wieder aufeinander: Gerne auf Kleinkunstbühnen konzertant vertreten, als „Neue Volksmusik" von den Medien oder den Veranstaltern präsentiert und in denselben Topf geworfen. Über Definitionen läßt sich nächtelang streiten, *„... die Sache soll sich verkaufen, soll Publikum ansprechen...",* Etiketten schweigen über die Leidenschaft der Musikanten.

Ich habe mich sehr über den Brief von Christof Spörk gefreut. Mit seiner Einwilligung möchte ich ihn hier wiedergeben:

„Lieber Andreas! 14. Mai 1998

Anbei die Antworten nach den den Fragen begleitenden Buchstaben geordnet. Die Landstreich (früher 'Die Steirische Landstreich'):

A) Zu unserer Besetzung:
EDITH ZIMMERMANN: Geige, Gesang (Graz 1971), Konzertmeisterin, selten Nachschlag;

CHRISTOF SPÖRK: Klarinette, Gesang (Voitsberg 1972), meist 2. Stimme;

LEONHARD PAUL: Posaune, Baß-Trompete, Gesang (Mödling 1967), meist Halbton (halfpipe), 3. + 1. Stimme;

KRZYSZTOF DOBREK: Akkordeon (Krakau 1967), Nachschlag, Symphonieorchester;

GERHARD DRAXLER: Baßgeige, Gesang (Frohnleiten 1969), Baß, verläßlich bis exotisch.

Die Landstreich: V.li.n.re.: Christof Spörk, Leonhard Paul, Edith Zimmermann, Krzysztof Dobrek, Gerhard Draxler.

Die Landstreich: V.li.n.re.: Edith Zimmermann, Christof Spörk, Klemens Riegler, Michael Schwaiger, Gerhard Draxler.

B): Wie entstand der Bandname?

Der Bandname stammt aus der Zeit als sich die Gruppe noch mehrheitlich (=3/5) aus Geigern (Geige, Bratsche und Baßgeige) zusammensetzte. Die Streich ist ein alter Ausdruck für Geigenpartie. Land stimmte aufgrund der mehrheitlich ländlichen Herkunft (=3/5) und der eher ländlichen Musik. Daher das Wortspiel Die Landstreich. Es existieren viele Assoziationen bzw. Mißverständnisse: Der Landstrich, Der Landstreich, Die Strandleich, etc.

Der ursprüngliche Gruppenname „Die Steirische Landstreich" verkürzte sich aufgrund der Besetzungsumstellung und nicht mehr rein steirischen Herkunft der Musik und Musiker 1997 in „Die Landstreich".

C): Wie definieren wir unseren Musikstil?

Wir sind uns unserer traditionellen Wurzeln bewußt, versteifen uns allerdings nicht bewußt darauf. Was unser Ohr hört, ihm gefällt und umgesetzt werden kann, hat gute Chancen, in unsere Musik einzufließen, vorausgesetzt es paßt dazu.

Wir haben keinen klar definierten Musikstil, da wir bei verschiedenen Gelegenheiten verschiedene Musik interpretieren. Der Stil offenbart sich eher im typischen, unverstärkten Klangbild einer untypischen Besetzung und fünf harmonisch verschiedenen Musiker.

Die Landstreich: V.li.n.re.: Christof Spörk, Leonhard Paul, Edith Zimmermann, Gerhard Draxler, Krzysztof Dobrek.

Der Musikstil hängt vom Verwendungszweck ab:

Konzertprogramm: bissig-kabarettistische Texte im Vordergrund, klar ausgemachte Arrangements, Musik von traditionell über Schlager bis zu Jiddisch und Jazz bzw. Latin;

Bälle: Volksmusik à la Landstreich + Jazz-Standards + „Schaßtrommel" (deutsche und internationale Schlager) bis internationale Volksmusik, keine eigenen Texte; Tanzmusik;

Eröffnungen, Schließungen, Firmenfeiern, Werbe- und Lobbying-Veranstaltungen: Kombination aus vorigen Kategorien.

D): Inhaltliches:

Das Konzertprogramm dient einem Verwirklichungsdrang. Da die Texte und Kompositionen, wenn es sich nicht um Parodien handelt, aus der Gruppe stammen, ist das Resultat gewollt oder ungewollt eine Umsetzung der gruppeninternen Lebenswelten.

Ganz anders verhält es sich bei auftragsorientierten Spielereien. Die Gruppe versucht kundenorientiert, aber nicht selbstverleugnend innerhalb der Grenzen des gemeinsam Verträglichen zu agieren. Der gruppeninterne Unterhaltungstrieb verbindet dabei im Idealfall die Stimmung der Gruppe mit der Stimmung der

Konsumenten. Prinzip: Wenn es uns nicht taugt, taugt's den Zuhörern, Mitsängern und Tänzern auch nicht, und umgekehrt.

E): Zur Entstehung der Gruppe, Motivationen:
Die Steirische Landstreich begann im September 1991 als zusammengewürfelte Volksmusikpartie. Ein Auftrag (Herrnbaumgarten, Weinviertel) und fünf steirische Musikanten. Kein Name, kein Konzept, viel Weinviertel. Gehört und geholt. Das war das Fortpflanzungsprinzip der jungen Partie.

Irgendwann, nach vielen Spielereien, begannen wir (damals: Edith Zimmermann, Geige, Graz; Christof Spörk, Klarinette, Ligist; Klemens Riegler, Steirische Harmonika, Graz; Michael Schwaiger, Bratsche, Trofaiach; Gerhard Draxler, Baßgeige, Übelbach) uns unserer de-facto-Geburt als Gruppe bewußt zu werden.

Gemeinsam war uns nur die Volksmusik. Eine Musikstudentin (Geige), drei Studenten (Psychologie, BWL und Politikwissenschaft) und ein Schüler gewöhnten sich an ihren Sound und bescheidenen Erfolg. Der Unterhaltungs- und Geltungstrieb schlug sich bald in Textparodien bekannter und traditioneller Lieder nieder („Steirabua", „Lutschgefühl", „Elefanten").

Die Landstreich sah aus familiären Gründen insgesamt drei Harmonikaspieler (Bernhard Ofner, Pichling bei Söding, und Tilmann Sieghart, Parschlug) vor. Klemens Riegler war als einzigem Vater in der Familie der Rhythmus der Gruppe zu familienfeindlich geworden. Dennoch stieg er ca. 1994 wieder voll ein.

Ungeschriebener Grundsatz war immer: Wenig in-put, viel out-put. Sprich: Es gab so gut wie keine notenbezogene Erweiterung des Repertoires, geschweige denn Proben. Selbst geschickt eingefädelte Versuche einer diesbezüglichen Professionalisierung scheiterten qualvoll. So wurde also immer nur gespielt, was zumindest eines unserer Ohren kannte. Mit teilweise abenteuerlichen Ergebnissen.

Die Engagements wurden häufiger, die Gruppe routinierter, bis schließlich das Verlangen entstand, doch etwas mehr als nur situations- und anwendungsorientierte Unterhaltungsmusik zu bringen. Dieser Wunsch mündete schließlich 1995 in erste ernsthafte Proben und die erste CD „Die Steirische Landstreich", aufgenommen von Norbert Stadlhofer mit Unterstützung des Landesstudios Steiermark.

Die erste CD beinhaltet einerseits traditionelle Volksmusik, andererseits Textparodien zu traditionellen Stücken sowie erste Versuche in Richtung kompositioneller und textlicher Eigenständigkeit. Der Schwerpunkt bei den Texten liegt im humoristischen Bereich, meist allerdings mit durchaus ernstzunehmender Aussage. Besungene und bespielte Themen sind z.B. Alkoholprobleme im Bundesheer, Mißstände in der österreichischen/europäischen Landwirtschaftspolitik, offizielle und gesellschaftliche Ausländerfeindlichkeit in der Steiermark/Österreich, Rohrbombenattentat in Oberwart (musikalisch verarbeitet), Tourismuskrise, neurotische Zukunftsvisionen, etc ...

Die entstandene Mischung war also eine interessante Kreuzung aus einfachem Transportmittel, traditioneller Volksmusik und Liedformen mit intellektuellem Anspruch.

Eine wesentliche Zäsur in der musikalischen Entwicklung der Gruppe stellt die Teilerneuerung der Gruppe durch Krzysztof Dobrek (Akkordeon, Wien) und Leonhard Paul (Posaune, Mödling) statt Klemens Riegler und Michael Schwaiger dar. Sowohl der gebürtige Pole Krzysztof als auch Leonhard sind ausgebildete Musiker mit „hohem Marktwert" und vielen laufenden Projekten. Edith war also nicht mehr die einzige professionelle Musikerin der Gruppe. Zusätzlich studierte nun auch Christof an der Musikhochschule. Aus der Relation 4:1 gegen die Musiker wurde also 1:4 für die Musiker.

Dieser Umstand änderte zwar am grundsätzlichen Gruppenstil der Landstreich wenig. Unüberhörbar war jetzt jedoch die musikalische Professionalisierung, gepaart mit logischer Weiterentwicklung was die Qualität der Texte betraf.

DINK'S
(Text: Gerhard Draxler, 1996)

Jung, gesund, sportlich und adrett
der Anzug vom Boss, durchgestylt komplett
die Brille von Ray Ban, die Uhr von Armani
abends auf an Hummer, nur net allani

Alles ist eitel, alles ist Wonne
liege so gern auf Jamaika in der Sonne
ich bin, ich glaub man nennt es, ein Geck
ich hasse unterm Tanga den schrecklich weißen Fleck

Meine Hasen sind so steil, sie wolln mit mir nur jeten
in Mombasa stehn sie, die schönsten Wasserbetten
in Mailand in der Skala, da schreit a super Stimm
i bin a bißl spät, der Heli bringt mi hin

Ihr glaubts vielleicht, für mich gibts kein Problem
doch stellts euch vor, was letzte Woch geschehn
mei Mercedes hat an Patschen, beim Cabrio klemmt des Dach
bleibt der Ferarri, zum Jagern war er zflach

Jetzt erklärts mir vielleicht, so möchtets ihr net leben
euch ist wichtig, daß den Partner könnts verstehen
zum Glücklichsein brauchts ihr nur vier Wänd
und wenns geht, daß der Nachbar euch noch kennt

Doch mochts mir nichts vor, in den Augen sieht mans gleich
bei sovielen Moneten werden euch die Knie weich.
Der Traum, daß Geld und Macht von euch nur prangt
nach außen bescheiden, wie die Tugend es verlangt.

Das zweite CD-Projekt, „Herzschrittmacher", 1997, aufgenommen von Roland Baumann, Steinakirchen am Forst in NÖ, ist Zeuge dieser Weiterentwicklung und schleichenden Distanzierung von der traditionellen Volksmusik.
Äußere Merkmale dieser Entwicklungen: Die Landstreich ist durch die Umstellung und Jahre älter geworden, tritt nur mehr ganz selten und auf ausdrücklichen Wunsch in Tracht auf, spielt jetzt immer mehr Konzerte.
Konstant blieb die Eigenwilligkeit des Stils, der Kombination textlich-intellektuellen Anspruchs mit musikalisch ländlich-traditionellem Unterbau und v.a. die Vorliebe akustisch und im kleinen Rahmen aufzutreten.

Folkmusik-Definition (wichtig! Persönliche Meinung von Christof Spörk):

Ich persönlich kann mit dem Begriff „Folkmusik" wenig anfangen: Erstens halte ich ihn linguistisch als auch historisch-politisch für verunglückt, weil er – eher aus Angst vor der Konfrontation mit dem belasteten deutschen Begriff „Volk" als aus Notwendigkeit – ins Englische ausweicht, sogleich aber, für den zweiten Teil der Kreation (-musik), ins Deutsche zurückkehrt. Eine sowohl optisch als auch akustisch unschöne Geburt.
Die Sprache lebt von Neologismen. Ich glaube aber fest daran, daß sie nur dann die Selektion der Zeit überleben, wenn sie nicht Ausflucht, sondern Bezeichnung sind, wie z.B. Internet oder e-mail.
Zweitens habe ich ein emotionelles Problem. Folkmusik war nie unter meinen musikalischen Favoriten. Aus vielen Gründen. Vor allem aus emotionellen. Daher sehe ich mich auch in keinerlei Tradition zu dieser Musik und will mich verständlicherweise auch nicht als Folkmusiker bezeichen.
Es geht mir allerdings auch mit dem Begriff „Volksmusik" (und seinem Derivat: Volxmusik) nicht viel besser, da ich das Konzept Volk, in seinen heutigen Bedeutungen, für einen leider noch nicht ganz ausgestorbenen Dinosaurier des letzten Jahrhunderts halte. Ich mache Musik. Wir machen Musik. Wer sich mit dem Hören nicht begnügen will, soll es sprachlich definieren. Viel Glück."

Diskografie:
DIE STEIRISCHE LANDSTREICH; CD; 1995, Vertrieb Extraplatte: LL 65 823 65
HERZSCHRITTMACHER; CD; 1997, Vertrieb Extraplatte: EX 319-2

DREI STAPFLAN AUFFI

Dieses interessante Trio existierte leider nur kurze Zeit (1995). Eigenwilliger Sound und Besetzung erregten Aufsehen. Horst Pessls Vergangenheit als Rock-, Blues- und Unterhaltungsmusiker, Hubert Griningers klassische kompositorische Annäherungen – er ist hauptsächlich Volksmusikforscher, brachte in der Steirischen Volksliedwerkreihe „Sätze und Gegensätze" den Band 5: „Weiblichkeit und Erotik in der Volksmusik" heraus – und Gisela Poschs Folklastigkeit – gemeint ist ihre Liebe zum Irischen, Keltischen – verschmolzen zu einem spannenden Musikprogramm.

Besetzung:
GISELA POSCH: Harfe
HUBERT GRININGER: Akkordeon
HORST PESSL: Trompete

FUCHSBARTL BANDA

Bei den Folkgruppen kennt man das Phänomen, daß sie über die Beschäftigung mit internationaler Volksmusik häufig eine Entwicklung hin zur regionalen Tradition vollzogen. Dabei werden gerne in Vergessenheit geratene Instrumente aktiviert. Zum Beispiel der Dudelsack, die Drehleier oder die Maultrommel. Bei Volksmusikgruppen wird dieser Weg jedoch selten beschritten, noch dazu in einer Art, wie das die „Fuchsbartl Banda" vorführt. Lebendig und natürlich klingt das ganze, weil dahinter der leidenschaftlich musizierende Mensch steht. Allein die Besetzung ist für eine hauptsächlich in Tracht musizierende „Banda" abenteuerlich.

Auf der „Blos"-Seite finden sich Posaune, Klarinette, Baßflügelhorn, Schwegelpfeife neben Dudelsack (Bock), Schalmei und Mundharmonika. In der „Streich"-Besetzung klingt neben Geige und Kontrabaß die Drehleiher. Der „Zupf"-Sektor wird von Gitarre, Mandoline und 5-String-Banjo bestimmt, Rhythmus machen Fußschelle und Schlagzeug. Natürlich darf auch die Steirische „Quetschn" nicht fehlen. Ja, und gesungen wird auch, aus vier „boatatn" Kehlen nähmlich.

Sukic Harald und Albin Wiesenhofer haben mir folgende Eigendefinition geschickt:

Die „Fuchsbartl Banda", das sind vier Wirtshaus-, Hochzeits- bzw. Tanzbodenmusikanten, die mit ihrer Offenheit gegenüber anderen Musikrichtungen nicht nur mit Jodlern, Liedern und regionaler Volksmusik Leib und Seel' erfreuen, sondern auch mit Dudelsack, Drehleier, Schalmei, Schwegelpfeife ehrliche und kräftige Musik machen, die durch Evergreens und Countrysongs mit Gitarren, Mandoline, Banjo und Rhythmusinstrumenten individuell „abgeschmeckt" werden kann.

Zum Markenzeichen entwickelt sich der immer stärker werdende Einsatz ihrer Stimmbänder.

Der Name „Fuchsbartl" ist die Bezeichnung für einen schlauen Menschen (Pfiffikus), vergleichbar mit dem sprichwörtlich schlauen Fuchs. Das Wort „Banda" bezeichnet eine Gruppe bzw. Vereinigung (Bande).

ALBIN WIESENHOFER: diatonische Harmonika, Bock-Dudelsack, Okarina, Kontrabaß, Stimme;

WOLFGANG WEINGERL: C- und B-Klarinette, Geige, Schwegelpfeife, Mandoline, Schalmei, Stimme;

HARALD SUKIC: Posaune, Baßflügelhorn, Gitarre, Drehleier, Schlagwerk, Stimme;

WOLFGANG OSENJAK: Kontrabaß, Gitarre, 5-String-Banjo, Mundharmonika, Fußschelle, Stimme.

Fuchsbartl Banda. V.li.: Harald Sukic, Albin Wiesenhofer, Wolfgang Weingerl, Wolfgang Osenjak.

Aus'n Fuchsbartl Banda Kastl:

„*Dos is a Stückl aus da unterstn Lod*", sogt da Albin, „*das volks- und bordunmusikalische Zugpferd der Fuchsbartl Banda, do san Sochn drinn, die ma ba ana Hochzeit erst in da Fruah spüln kann ...*
Wos a untere Lod hot, hot a a obere Lod, und aus der ziagt da Weingerl Wolfi oft an Jodler oder a Zwanzger Stückl ...
Es wär koa gscheits Kastl, wann ober der oberen Lod net no a Lod wär, in der da Hari öfters stierlt und a glott wos anfind't, wos mit zwa Gitarrn oda mit Schlogzeug zan Spüln is und zu dem ma modern tanzn kann ...
Guat, daß da Osenjak Wolfi immer amol den Kühlschrank, in dem er sei dunkles Bier aufkolt, mit dem Kastl verwechselt, in dem iahm des oberste Ladl ghört. Wennst des a bißl aufmochst, siachst scho an Hols von an Banjo, wia's di anlocht – do kann da passiern, daß a Murds a Blues ausakimmt oda sunst so a Country-Liad, dos mit Mandolin oder Geign und Boßgeign gaunz guat zum Spüln geht."

Harald Sukic, Albin Wiesenhofer

GEGENLICHT

Immer wieder kam es zu Begegnungen bei diversen Folkvestivals oder in Straden, beim Dorffest, mit dieser seit Anfang der achtziger Jahre in der Oststeiermark beheimateten Gruppe Gegenlicht.

Ihre kritischen Texte, der dreistimmige Chorsatz, die gitarrenlastige Instrumentierung bringen sie in die Nähe von STS, ihre Biografien beschreiben aber einen eigenständigen, für sie typischen Weg, der sich in ihren Lieder wiederfindet. Danke für Eure persönliche Mithilfe und Euer vertrauensvolles Entgegenkommen. Nachfolgend einige Auszüge aus der Geschichte dieser Weizer Band:

Besetzung:
STRAHLHOFER CORNELIA: Gesang
STRAHLHOFER WOLFGANG: Gitarre, Mundharmonika, Gesang
PILZ HERBERT: Gitarre, Gesang

„*Wir konnten uns vor unserem ersten Auftritt überhaupt nicht entscheiden, wie wir uns nennen sollten, so beschloß unser damaliger Manager kurzerhand, daß auf das Plakat der Name „GEGENLICHT" kommen sollte. Die Entscheidung war gefallen, und wir blieben dabei, da wir fanden, der Name paßt recht gut zu uns ...*
Im Weizer Jugendzentrum wurde sehr viel musiziert und gesungen. Dort hab' ich auch die Freude und Lust am Singen entdeckt. Die langen Nächte des mit-

einander Singens haben mich sehr geprägt, das Singen hat mich seither nicht mehr losgelassen. Dabei spielten auch die Platten von Donovan, Peter, Paul & Mary eine wesentliche Rolle. Ich besuchte auch einige Folkkonzerte, weil ich die Atmosphäre dort so mochte. Ich hab dann zuhause zu den Platten gesungen und sogesehen eigentlich viel geübt und gelernt, ohne daß es mir eigentlich bewußt war. Die Platte 'Tapestry' von Carol King ist mir sehr wichtig. Mit ihrer Art zu singen habe ich mich ziemlich auseinandergesetzt und große Fortschritte dabei gemacht.

Wesentlich für mich ist, daß unsere Musik heute so angelegt ist, daß ich mein Stimmpotential 'rauslassen' kann. Ich interpretiere ungefähr zwei Drittel der Lieder (mit denen wir ganz bewußt nicht nur nett sein wollen) und bin damit eigentlich zufrieden." (Cornelia)

„Mit 14 spielte ich in der Mittelschule Beatlessongs nach. C-D-G beherrschte ich perfekt, und so wurde gleich eine Band mit Namen 'JOE' gegründet. Beatles, Crosby, Stills, Nash & Young waren unsere Favourites. Mein Vater kaufte mir eine Gitarre unter der Bedingung, daß meine Schwester oder ich in die Musikschule gehen sollten. Zum Glück ging meine Schwester. So kam ich zu meiner ersten Gitarre." (Wolfgang)

Der erste Auftritt:

„Der erste Auftritt mit Gegenlicht war 1982, bei einem Musikfest, daß sich 'Weizstock' nannte. Ich war supernervös, und mir war schlecht vor lauter Aufregung. Danach hatten wir viele Angebote, spielten z.B. beim Friedenszug, bei

Gegenlicht (v.li.): Wolfgang Strahlhofer, Conny Strahlhofer, Herbert Pilz.

Eröffnungen diverser Konferenzen, machte eine Tour durch die Steiermark." (Cornelia)
„Nein, der erste Auftritt war in der Kirche. Wir haben falsch gesungen, falsch gespielt – es war schrecklich." (Wolfgang)

Proben:
„Wir schreiben Eigenkompositionen (daneben spielen wir auch ein paar STS Songs). Die Ideen kommen spontan, Eingebung vielleicht, der Song ist meist in einem Tag fertig. Dabei ist die Notation nicht unbedingt wichtig, vielleicht bei Chorsätzen, wichtig sind die Themen, persönliche Erfahrungen, Erlebnisse, Eindrücke, die dann mit zwei Gitarren und mit dreistimmigem Chor gesetzt werden.

In den Anfängen probten wir regelmäßig, einmal die Woche, heute treffen wir uns ein paar Tage vor den Auftritten und proben das Programm. Beim Einstudieren neuer Sachen übt jeder vorher schon seinen Part, damit geht's beim gemeinsamen Arbeiten schneller voran. Wir proben meist unverstärkt, man hört die Chorsätze besser, kann feiner nuancieren, außerdem treten wir öfters ohne Anlage auf."

Motivation:
„Grundsätzlich macht uns das gemeinsame Musizieren und Singen sehr großen Spaß, die Faszination und Dynamik des dreistimmigen Gesangs – sicher geht's auch um Selbstbestätigung. Unsere eigenen Lieder sind uns wichtig, wir wollen sie an die Ohren des Publikums bringen. Als Basis für diese Bemühungen ist sicher Freundschaft das richtige Wort.

Für mich ist es wichtig, 'raus aus den vier Wänden zu kommen', neue Leute kennenzulernen, Anerkennung zu bekommen für das, was man mühsam gemeinsam erarbeitet hat ..." (Cornelia)

Aussichten:
„Das was wir machen, ist ein Minderheitenprogramm, nicht weil die Texte manchmal mit Minderheiten zu tun haben, sondern weil es Musik zum Zuhören ist, die medial keinen Platz findet. Im Kampf um Einschaltziffern gehen leise Zwischentöne verloren, es wird für uns den 'großen Durchbruch' nicht geben ..." (Wolfgang)

„Ich glaube, in kleinem Rahmen kann diese Musik überleben. Da momentan die Chance, als österreichischer Künstler im Radio gesendet zu werden, sehr gering ist, kann ich mir einen flächendeckenden Erfolg nicht vorstellen. Folkmusik oder Liedermacher – zu denen wir uns eigentlich rechnen – waren im Radio immer schon unterrepräsentiert, obwohl ich glaube, daß das Bedürfnis der Hörer danach da ist. Solange wir Freude daran haben, Musik zu machen, hat es Sinn, in die Zukunft zu blicken ..." (Cornelia)

Diskografie:
I STEH AUF DI; Single; Spinello Rec.
GRODAUS; LP; VM Records
TRÄUME, ANGST UND SEHNSUCHT; LP, CD; VM Records
LIADASÄNGER; CD; 1998, VM Records

GRAYMALKIN

da teifl

a vogl, stad, ganz ohne singan –
hat mit schwoaze, schwere schwingen –
des blau vom hümme gwischt.
nur am horizont tobt no der kriag,
in dem da tog gegn d'nocht valiat –
und zu tod getroffn –
in schenstn rot vabliat.

dei joahr wird oid, es draht si ham –
du riachst den staub, aus dem ma san –
nur a zoate schwermut stöt da d'frog –
noch dem joahr und noch dem tog,
an dem di d'nocht dann wieda zu ihr nimmt.

drum, du host dem teifl dei sö vakaft –
fia an guatn wein und a schens liad.
jetzt suachst wen, der da dei liad okaft –
fia a herz, des a bissl no gliaht.

(Text, Musik: Andreas Fasching)

Auftritte:
„Am Anfang war das vielleicht stressig. Wir spielten auf Kleinkunstbühnen, in Straden beim Spektakel oder in Gresten, NÖ. Wir haben einfach drauflosgespielt, ohne Rücksicht auf Verluste. Heute ist das ganze ziemlich genau eingeteilt: Anlage rein, Instrumente rein, Koffer auf, damit sich die Gitarren aklimatisieren können, stimmen. Wichtig ist auch die Zeit für's Einspielen und Einsingen, die Chöre ..."

Eigenkompositionen:
„Andi bringt meist Liedtext samt Gitarrebegleitung. Manchmal entstehen bei Sessions aus irgendwelchen Grooves neue Sachen, Probenmitschnitte sind dabei sehr wichtig. Die genauen Arrangements entstehen gemeinsam."

Die Musik:
„Die Erfahrungen und Sichtweisen, die jeder einzelne gemacht hat, lassen das Lebensgefühl von heute fünf Individuen widerspiegeln."

Oliver Podesser, Mitglied von „Graymalkin" von der ersten Stunde an. Tontechniker, spielt Bouzouki, Mandoline, Gitarre, Drehleier.

Die Zukunft:
"... sehe ich zwiespältig. Wir machen es, wie wir es machen wollen. Wir entscheiden, was wie gespielt oder aufgenommen wird. Unsere Musik ist nicht angepaßt, manchmal radikal, stößt einige Menschen vor den Kopf, deshalb ist und bleibt es ein Nischenprogramm, Musik zum Zuhören. Starke Songs sind in zehn Jahren noch gefragt, das zählt ..."

(Oliver Podesser)

Begonnen haben sie Ende der achtziger Jahre in Graz, damals drei Studenten. Oliver Podesser (Graz), Herbert Auer und Andreas Fasching (beide aus Gresten, NÖ).

Das steirische Trio GRAYMALKIN hat sich die Aufgabe gestellt, die musikalischen Wurzeln ihrer Heimat mit Elementen der Liedermacher, der Folk- und Jazzmusik zu verbinden. Dabei nehmen sich die drei kein Blatt vor den Mund. Thematisch geht es immer wieder um die österreichische Seele, in skurrile Geschichten verpackt, oder einfach nur um Stimmungen, die gefühlvoll und dennoch ungehobelt umgesetzt werden.

Die unterschiedlichen musikalischen Entwicklungen sorgen für stilistische Vielfalt.

HERBERT AUER spielt Akkordeon, Flöten und Gitarre, begann in der Blasmusik und mit Chorgesang, konnte dabei sein gutes Gespür für Chorsatz entwickeln.

ANDREAS FASCHING erlernte zunächst Blockflöte, Gitarre und Geige, um als Jugendlicher über Folk und Blues zur Rockmusik zu finden. Bei Graymalkin bedient er die Geige und Gitarre, packt auch gerne seine „Fotzhobel", die Mundharmonika, aus. Er schreibt die unverwechselbaren Texte und komponiert die meisten Stück, prägt mit seinem „raunzat'n" Gesang, seinem mostviertlerisch gefärbten Dialekt den Stil der Gruppe.

OLIVER PODESSER fand über Peter Bursch den Einstieg zur Folkmusik, landete schließlich bei Dob Dylan und irischen Gruppen. Aus dieser Zeit stammt sicher seine Liebe zu Bouzouki, Mandoline und Drehleier. Außerdem spielt er noch Gitarre und singt ... (Concerto Portrait)

Dazwischen liegt nun eine lange musikalische Entwicklung mit einigen Umbesetzungen. Heute spielen sie meist zu fünft, Volksmusikbearbeitungen sind als Zitate übriggeblieben, klingen mit Irish Folk, Rock und Blues auf einer Ebene. Die Texte von Andreas Fasching schürfen immer tiefer, kratzen inzwischen am Gebein der Seele, – Leichenduft liegt in der Luft –, verlieren sich in verschlungenen Dialektkaskaden, reißen mit ins Bodenlose, lösen sich in satirischen Betrachtungen des Kleinbürgerlichen locker, flockig auf. Eine spannende, mitunter anstrengende Reise für den Zuhörer, ohne Rücksicht auf Verluste. Die CD als Hintergrundmusik aufgelegt, entlarvt dich deiner Oberflächlichkeit, zieht dich in ihren Bann, wird immer lauter gedreht, mit der Fernbedienung „zurückgezappt", noch tiefer hineingetaucht in den mitreißenden Beat.

Bei all dieser Entwicklung, diesen Besetzungsveränderungen, den neuen Sounds, mit denen experimentiert wurde, sind der Name, die Grundidee gleichgeblieben: der Heimat (vom eigenen Körper , den man bewohnt, angefangen bis Amstetten von mir aus) in jedem Detail nachzuspüren, ihr aufzulauern, um ihr nachdenklich-kritisch, mitunter sensibel-zart, wenn notwendig hintergründig-böse bis derb in die Augen zu blicken ...

Graymalkin, etymologisch gesehen, ist – laut Malkenforscher – der mittelhochsteirische Name für die sagenumwobenen Racheweiber des oberen Ennstales. Die Wurzel des Wortes ist keltischen Ursprungs und in dieser Form wahrscheinlich in der althochdeutschen Variante erhalten. Im Englischen existiert dieses Wort noch in verschiedensten Schreibweisen und bedeutet soviel wie: „zänkisches Weib" ... Würde man die diversen Lautverschiebungen und -abwandlungen nachvollziehen, käme man auf die grauen Malken ... (= Forschungsergebnis der drei Ur-Malken Auer, Podesser, Fasching).

Andreas Fasching, Gitarrist, Geiger, Sänger, Komponist, Mitglied von „Graymalkin".

Besetzung heute:

FASCHING ANDREAS: Gitarre, Geige, Mandoline, Mundharmonika, Gesang
PODESSER OLIVER: Mandoline, Bouzouki, Gitarre, Blarge, Gesang
MAI ALEXANDER: Kontrabaß, Gesang
MORO MARTIN: Gitarre, Mandoline, Tinwhistle, Gesang
RITTER SIGI: Schlagzeug

Inhalte:

Auf da drentan Seitn von da Mur

Dicke Luft im laungen Stau – Kind und Kegl, Mann und Frau
Da Streß füllt ma mei klane Blosn – etwas peinlich auf da Stroßn
Waunn i jetzt a Pumpgun hätt – i wissat net, wos i jetzt tät
A Wurm aus Blech und Auspuffgas – Frustemigranten, so a Schaß
Waunn ma olles wü vom Lem – do muaß ma si a Urlaub gem
Bevua i mi do mitvafoahr, do hob i scho wos Bessas vua:

I reiß a Stickl Vuastodt auf
Loß meinen Trieben freien Lauf
Di Nocht nimmt si fia mi heit Zeit
Und i bin jedazeit bereit
Oberleitungsspinnennetz, in des i mi heit einisetz
Bin geil drauf, daß ma nix entkummt
Weu di Lust heit in mir boomt
Mei Scheinmoral hob i valegt
Mei Zungn is scho gaunz belegt
Heit gib i d'gaunze Nocht ka Rua
Auf da drentan Seitn von da Mur

Wos is denn des fiara Leichnschauhaus? Do ziagts da jo de neichn Schuach
  aus
Klunkermary, Doktabua, mochn auf Ästhetik pur
Do drahts ma jo di Lauscha um, beim Slang ausm Schottngymnasium
Nur beim Buffet daunn – schau, schau, schau – frißt ma daunn ois wia a Sau
Schöne Menschen, frischer Mut, blosse Gsichtsforb, blaues Blut
Pfiat Eich Gott – i bin so frei – geh, pockts ma no a Brötchen ein

I reiß a Stickl Vuastodt auf ...

(Text, Musik: Andreas Fasching)

Viel Nummern handeln vom Unterwegssein, Road music sozusagen ... Der Versuch einer kategorischen Beschreibung gerät zur kleinkrämerischen musikalischen Quellenforschung, die nichts und niemand gerecht werden kann. Einfach gesagt, Musik hören und Musik machen sind ein Prozeß, man sollte es nicht auseinanderdividieren, wenn das Vielseitige, wie hier, so schön ineinanderfällt.

Die Ästheten des Banalen unternehmen Begehungen des alltäglichen Lebens. Der fragmentierte Blick von Texter Andi Fasching fällt auf Autobahnabfahrten, Boiler, „Zahnbiaschdl" und Bankomaten ... die Murtalschnellstraße, beileibe kein Highway Sixtyone, hat eine kräftige Imagepolitur erfahren ... die „S 35", ein schmalspuriges Pendant zur US-Transkontinentalroute. Es soll inzwischen Leute geben, die „Graymalkin" wegen Umwege machen:

... waunnst auf'd 35-er auffoahst
oida gas net zu stoak aun
weu ob tankstö stengan d'nuttn
und de stengan weit herdau.

und schau, daß de losta
auf da grodn übahoist
weu's sunst bis zua autobahn
hinta eanan gstaunk nochroist ...

Andreas Fasching von „Graymalkin".

„... der Durst hält sich im Zeltfest schadlos und träumt den Traum von 'St. Tequila', der gerade so schön ist, wie die bessere Hälfte der Lotto-Werbung. Die Liebe als innige Umarmung des Kapitalismus. Gut, sehr gut. Die 'Gartenzwergsektion' trinkt mit. Bruderschaft ...
... trotz gesteigerter melodischer Eingängigkeit und swingendem Tonfall werden sich weiterhin Identität und Jodeldiree in einer Art Nestroy-Couplet aufeinander reimen ...
... kritische Lieder – als solche auch ausgewiesen – bedienen Bernhardsche Diktion. 'Verwaltungsbeamte ihrer Fettsucht', die sich bierselig vor dem 'Karli-Moik-Aquarium' aufpflanzen, sind allemal ein Thema. Daher auch ein paar Seitenblicke auf die abgestadelte 'Ervolksmusi', die das Authentische scheut wie der Teufel das Weihwasser. So geht's:

Von mein Vata de Musi
vom Misthaufen den Mief
von da Plottnfirma s'Göd.
Mei samma innovativ ...

Graymalkin muten ganz hiesig an, und man könnte daraufwetten, daß die Musikethnologen von 2095 die Gruppe ziemlich genau lokalisieren und datieren könnten, selbst wenn die Alpen schon längst abgetragen sind und das Jodeln für eine ausgestorbene Tierart gehalten wird.

Dennoch klingen die in Graz ansässigen Grauen Malken anders. Das ist das Schräge, für das es wiederum nur unzureichende Worte gibt ..."

(Madeleine Napetschnig; NZ)

Diskografie:
HANFSTINGLER SUMPFMUSI; LP; 1989, Garage Klang, Extraplatte
DAS ZELTFEST; CD; 1991, Extraplatte, Ex 137 091
SAMSTAG AUF'D NOCHT; CD; 1994, KDC München.61037
PANIERT; CD; 1996, KDC München 10104
WÜD; CD; Solo-CD von Oliver Podesser, 1998, Eigenvertrieb

GSCHREAMS

Von GSCHREAMS zu BULLHEAD; siehe →BULLHEAD. Die Gruppe existiert heute nicht mehr. Drei „Gschreamser" spielen aber noch gemeinsam unter dem Namen „Bullhead". Der Vierte im Bunde war Walter Held, der mit anderen die Formation →„POSPISCHIL'S ERBEN" gründete.

Dem Info von GSCHREAMS sind nachfolgende Zeilen entnommen:

Besetzung:

RUDOLF GRASCHI: Mandoline, Gitarre, Gesang
WOLFGANG SPIEL: Gitarre, Mandoline, Gesang
JÖRG RUPRECHTER: Banjo, Gitarre, Gesang
WALTER HELD: 12-saitige Gitarre, Baß, Gesang

Das Wort „gschreams" heißt soviel wie „schräg", „schief" und wurde im Sommer 1985 nach einer durchzechten Nacht als Gruppenname adaptiert – für eine Band, die ursprünglich die Absicht hatte, Avantgarde-Folk zu spielen. Dieses Vorhaben scheiterte vor allem daran, daß keines der Gruppenmitglieder eine Ahnung hatte, was das eigentlich bedeutet. Das Quartett ließ sich auf dem Dreibein Irish Folk, Bluegrass, Standards nieder, und zwar ziemlich standfest, denn bereits das erste Bestandsjahr wies zwei musikalische Highlights auf: den – inoffiziellen – Weltrekord im Bühnendemolieren und den vielbeachteten ersten Auslandsauftritt beim Folkfestival in San Daniele / Oberitalien. Vom Programm her fuhren die vier quer durch die Folk-Botanik: von der irischen Ballade über italienische Polkas bis zu Fiddletunes und Hornpipes; aber auch vor herzergreifenden schrecklichen Wildererballaden schreckte man nicht zurück. Gschreams eben, erlaubt ist, was gefällt.

Geprobt und immer wieder sessioniert wurde in der „BRÜCKE" (→Festival: Sommerfolkreihe) in der Grazer Grabenstraße.

1987/88 zerfiel die Gruppe; es konnte keine Übereinstimmung in der Stückeauswahl getroffen werden.

KEINRATH KURT

Er ist eine zentrale Figur in der steirischen Musiklandschaft. Mit seinem Hauptinstrument, der Gitarre, ist er in allen möglichen Musikrichtungen zuhause. Als Bühnen- und Live-Musiker gemeinsam mit Arnold Hafner und Paul Kindler jahrelang die steirische Folklandschaft bereichernd, als ZEUS (Musikkabarett auf Folkbasis, späterer Versuch mit Popmusik), heute mit Jim Cogan (Western & Country; Blues; JIM COGAN-BAND ...), der BLECH-BIXN-

Kurt Keinrath am Mischpult bei der CD-Produktion „Gwoxn" von Andreas Safer. Spielt mit Jimmy Cogan, Zeus, EAV, ist Musiker, Komponist und Produzent.

BAND (vulgo „Grafflcombo"; auf selbstgebauten Sperrmüll-Abfallinstrumenten interpretieren sie Musik von Freddy Quinn bis zu den Rolling Stones) und der ERSTEN ALLGEMEINEN VERUNSICHERUNG (Produzent, Arrangeur und Bandmitglied) unterwegs. Kurt ist als Studiomusiker und Sänger genauso gefragt wie als Arrangeur, Aufnahmeleiter und Produzent. Von seinen Qualitäten als Soundmixer konnte ich mich bei meiner „Gwoxn"-CD-Produktion persönlich überzeugen, und seine Kompetenz und zugleich ruhige, einfühlsame Arbeitsweise haben mir bei der Umsetzung des Projekts sehr geholfen. Er hat mir seine Musikgeschichte auf Band gesprochen, daraus folgende Ausschnitte:

Der in Feldbach geborene Kurt Keinrath war schon als Kind fasziniert von Musik:

„*Man sagt mir nach, daß ich schon im Vorschulalter immer in das Radio 'hineingekrochen' bin, solange dieses eingeschaltet war. Es hat mich offenbar interessiert, warum da in diesem kleinen Kastl Menschen sitzen, musizieren und singen, und wie die da überhaupt Platz haben, wie sie da hineingekommen sind ... Mein musikalisches Schlüsselerlebnis liegt schon lang zurück, ich kann mich aber noch an ein Autoradio erinnern, aus dem die BEATLES 'Hello, good bye'-gesungen haben. Da hat es bei mir irgendwie eingeschlagen, da hab' ich gespürt, das ist irgendwo was ganz Besonderes, das muß ich auch machen ...*

Musikunterricht hab'ich genossen: Blockflöte, Klavier, Gitarre, wobei meine Beziehung zu Noten bis heute schlecht ist. Aber ich kann sie lesen, und ich bin auch immer wieder gezwungen, sie zu schreiben ... Geübt hab' ich damals viel, heute schaut's freilich ganz anders aus. In der jetzigen Situation – ich spiele bei der EAV – wird eigentlich nur vor Tourneen wirklich geübt, geprobt. Aber nachdem ich auch sehr viel im Studiobereich zu tun habe und da täglich mit Musik konfrontiert bin, halte ich mich musikalisch in Schwung. Meine ersten musikalischen Auftritte waren in einer Schulband, bei diversen Schulveranstaltungen und in Gasthäusern, wo wahrscheinlich die meisten von uns angefangen haben. Eines kann ich dabei bis heute feststellen: ich vor jedem Auftritt nervös ..."

Was waren für dich die wichtigsten Stationen in deiner musikalischen Laufbahn?

„*Naja, nachdem ich nicht mehr der Jüngste bin (Kurt ist Jahrgang 1956), muß ich da wohl etwas weiter ausholen:*
Ich habe in den siebziger Jahren angefangen. Die erste wesentliche Band für mich war eine Popgruppe namens 'TURNING POINT', da habe ich das erstemal irgendwie mitgekriegt, was es heißt, ein sogenannter 'Star' zu sein. Man hat Unmengen von Autogrammen gegeben und war irgendwie schon wer – ich war damals doch relativ jung, so 16, 17, 18 oder 19, ich weiß nicht mehr genau –, und für mich war das dann schon etwas sehr Besonderes und auch sehr Blendendes, Vielversprechendes. Es haben sich viele Dinge vorgezeichnet, die dann aber nicht gehalten worden oder eingetroffen sind.
Später habe ich dann mit dem JIMMY COGAN gespielt; eine für mich, für

meinen musikalischen Werdegang ganz wichtige Person, weil er mir beigebracht hat, was es heißt, authentisch zu sein. Das ist für mich ein Mensch, der so lebt, der ist so, wie auch seine Musik ist. Er ist in sich als Ganzes, so wie er spielt, wie er sich sich gibt, wie er als Persönlichkeit ist. Und das war für mich in der Zeit schon eine sehr wichtige Erfahrung, auch für meinen musikalischen Selbstfindungsprozeß. Mit dem Cogan spiele ich auch heute noch sporadisch, weil mir das einfach immer getaugt hat, und auch heute noch taugt, was der Mensch macht, und weil ich auf Country-, Folk-, Bluesmusik speziell noch immer sehr stehe.

Ich habe dann eine Band namens 'ZEUS' gehabt, da haben wir auf Folkbasis eigentlich Kabarettistisches über die Bühne und auf Platte gebracht, das war recht lustig. In der Folge haben wir dann die Folkebene verlassen und das Kabarettistische auf Popbasis versucht, was aber in die Hose gegangen ist, weil es dann irgendwo so in die Nähe der EAV rückte, die EAV hat es schon gegeben, und eine zweite EAV war nicht notwendig. Es war zum Schluß nicht mehr das Gelbe vom Ei.

Dann habe ich noch verschiedene Austropop-Bereiche studiomäßig und auch live bedient. Ich habe mit dem KARL PAYER eine Zeit lang gearbeitet und auch kurz mit dem AMBROS und diversen anderen, bis ich letztendlich bei der EAV gelandet bin.

Zur Folkmusik kam ich aus einer gewissen Geisteshaltung heraus, eigentlich aus der 68iger Bewegung; es ging sicher auch altersbedingt um eine allgemeine Protesthaltung. Damals waren ja die Folkmusik und auch die Musik der Liedermacher gleichermaßen irgendwie Protestsongs, und diese waren es, die unsere Wünsche, Bedürfnisse, Kritiken am ehesten ausgedrückt haben – und das Transportmittel war eben die Folkmusik."

Was ist für dich Folkmusic?

„Folkmusik – oder allgemein Volksmusik – ist immer eine einfache, aus dem jeweiligen Kulturkreis stammende und für jeden Menschen aus dem jeweiligen Kulturkreis nachvollziehbare Musik. Also das heißt, sie ist in der Hinsicht so einfach, daß vielleicht auch ein nicht so musikalischer Mensch sie nachvolliehen bzw. nachsingen kann – im Gegensatz zur Kunstmusik. Folkmusik sagt wahrscheinlich auch über die Mentalität des jeweiligen Kulturkreises mehr aus als Kunstmusik. Kunstmusik gibt eher über den Interpreten oder den Urheber Auskunft, weniger über das Land oder über die Kultur."

Was meinst du zur „Neuen Österreichischen Volksmusik"?

„Wie man überall sieht, gibt es sie. Wahrscheinlich hat sie auch Zukunft, wobei ich Elaborate der ATTWENGER – oder da gibt es ja mehrere Gruppen in verschiedenen Richtungen – nicht mehr zur Volksmusik rechnen kann, weil sie für mich schon wieder, siehe die vorherige Frage, Kunstmusik machen; sie wird in Clubs oder bei Kulturveranstaltungen präsentiert, ist nichts für jedermann, also auch nicht von jedermann nachvollziebar, das hat für mich mit Volksmusik nichts zu tun. Man könnte sie als 'volksmäßige Kunstmusik' bezeichnen, aber nicht als

Volksmusik. Wenn ich schon bei der Volksmusik bin: Da gibt es für mich zwei Arten. Die sogenannte reine, authentische Volksmusik und die Volks-'dümmliche' Musik, die im Musikantenstadel, oder was weiß ich wo auch immer, vorkommt. Beide haben ihre Berechtigung, beide haben ihr Publikum, und solange es auch für die Volks-'dümmliche' Musik ein Publikum gibt, soll sie von mir aus auch stattfinden. Es gibt ja genug Leute, die sich darüber freuen und glücklich sind, wenn sie einen Hansi Hinterseer oder die 'Killertaler Abfangjäger' oder die 'Spastelruter Kamikazen' hören, manche Leute haben ihren Spaß dabei, offensichtlich gar nicht so wenige.

Ich hab aus beruflichen Gründen manchmal mit solchen Geschichten zu tun gehabt, und da gilt nach wie vor die Prämisse: du kannst jede Art von Musik schlecht oder gut machen. Und solange alpenländische, Volks-'dümmliche' Musik gut gemacht wird, hat sie noch immer mehr Berechtigung, als wenn man authentische Vollksmusik schlecht macht."

Zum Abschluß möchte ich dir noch ein paar 'intime' Fragen stellen: Wie beurteilst du die Rolle des Alkohols im Musikantenleben?

„Da muß ich gleich einen Schluck trinken ... Nein, Scherz beiseite, die Rolle des Alkohols ist groß, denk' ich ..."

Wie läßt sich deiner Meinung nach Musikausübung, Partnerschaft, Familie vereinbaren?

„Schwer, ganz schwer. In meiner jetzigen Situation bin ich ja mit der EAV sehr viel unterwegs, zusätzlich noch die Studioarbeit, da bleibt momentan wenig Zeit ..."

Welche Beziehung hast du zu deinem Instrument?

„Ich spiele mehrere Instrumente, und die Beziehung hängt davon ab: Wenn mir auf einem Instrument was Gutes gelingt, dann habe ich eine sehr gute Beziehung zum Instrument. Wenn ich irgendeinen Topfen spiele, na dann ist die Beziehung schlecht, weil natürlich das Instrument daran schuld ist ..."

Was ist für dich und die Musik, die du machst, das Wesentlichste?

„Ganz einfach, ich will Spaß dabei haben, gute Laune verbreiten und Tiefgang setzen und der berühmte Spruch: 'Zum Nachdenken anregen' – darf da auch nicht fehlen ..."

Für Kurt war es nicht möglich, seine DISKOGRAFIE zu erstellen. Zu umfangreich, zu zahlreich sind seine Mitwirkung und Mitarbeit bei verschiedensten Plattenprojekten. Anführen möchte ich aber trotzdem folgende Veröffentlichungen:

Diskografie:
HERITAGE; CD; Tyrolis 350984, gemeinsam mit JIM COGAN & BAND
JIM COGAN & K. KEINRATH; MC
STYRIAN COUNTRY FAVOURITS; MC; 1989, JIM COGAN BAND
IM HIMMEL IST DIE HÖLLE LOS; CD; gemeinsam mit der EAV
mit ZEUS:
LIEDER ZUM LACHEN UND WEINEN; LP; Extraplatte 45
IMMER WIEDER; LP; 1989, OK 76.23614

KOSHNAW RISGAR

Risgar Koshnaw war in seiner irakischen Heimat Lehrer für Laute und Musiktheorie. Daneben war er als Moderator und Musikkritiker tätig, arbeitete im irakischen Rundfunk und verfaßte wissenschaftliche Arbeiten über kurdische Musik.

Nach dem Ausbruch des Irakisch-iranischen Krieges (1981) weigerte er sich als mittlerweile sehr populärer Musiker und Komponist, kriegsverherrlichende Lieder zu schreiben und aufzuführen. Er verließ das Land und begann in Graz bei Prof. Hermann Markus Pressl das Studium der Komposition. Er lebt heute als freischaffender Musiker und Komponist. Neben den traditionellen kurdischen Weisen kommt in seinen Kompositionen einiges an europäischen Einflüssen zum Tragen. Seine Mozartvariationen, aufgeführt mit dem Pianisten Markus Schirmer, sind einfach genial.

Risgar Koshnaw stammt aus Kurdistan, studierte in Graz Komposition und verbindet kurdische Tradition mit westlichen Musikelementen.

Durch die Bekanntschaft mit ARNOLDO MORENO und ISMAEL BARRIOS, beide sind Musiker aus Venezuela, und in der steirischen Folkszene gut bekannt, wurde die Basis für seine Musik erneut erweitert.

Heute ist seine Musik Weltmusik im besten Sinn des Wortes, mit einem arabischen Fundament einerseits – das Oud, die arabische Form der Laute, ist ein bundloses Saiteninstrument mit warmem, erdigem Klang –, kombiniert mit seiner unvergleichlichen Stimme und mit den Rhythmen Südamerikas andererseits. („Gamsbartpost", 3/94)

Besetzung:
RISGAR KOSHNAW: Oud, Gesang
ARNOLDO MORENO: Gitarre
ISMAEL BARRIOS: Percussion
MARKUS SCHIRMER: Klavier
BIROL CÖREKCI: Balaban, Blur

Diskografie:
SCURDIA; CD; 1997.

MORO MARTIN

Mit Martin verbindet mich eine lange Freundschaft. Ich lernte ihn bei den ganz frühen Folkfestivals, am Retzhof und beim Bärfolk, kennen, wo er am Beginn seiner professionellen Musikerlaufbahn auf den „Offenen Bühnen" seine ersten Erfahrungen vor Publikum sammelte, ständig hin- und hergerissen zwischen Beruf als Krankenpfleger im LKH und Berufung am Instrument. Er war so freundlich, meinen doch umfangreichen Fragebogen sehr persönlich und offen zu beantworten; daraus zitiere ich nun wichtige Abschnitte seiner musikalischen Biografie.

Martin, 1968 in Graz geboren, meint auf meine Frage, was für ihn persönlich der Begriff FOLKMUSIC ausmacht:

„Heute ist dieser Begriff immer schwerer zu definieren, weil immer mehr Einflüsse dazukommen, ählich der Frage: 'Was ist Jazz?' Grundsätzlich, meine ich, geht's um Musik aus dem traditionellen, folkloristischen Bereich, aber auch um neues, an traditionelles Liedgut angelehntes, oder aber auch dadurch inspiriertes Material sowie auch um zeitgemäße Arten der Volxmusik. Traditionelle Volxmusik sowieso. 'When you hear it, you know it's real ...'"

Was waren deine ersten musikalischen Eindrücke, wie bist du zur Gitarre gekommen und schließlich zur Folkmusic?

"Der Blues hat mich schwer beeindruckt, damit auch die Gitarre. Von meinem neunten bis zwölften Lebensjahr genoß ich klassischen Gitarreunterricht, seitdem bin ich Autodidakt, übte Blues- und Ragtimetunes ein und kam so immer ein Stück weiter. Zur Folkmusic kam ich zum Beispiel durch Aushilfsjobs bei einer dir sicher unbekannten Band namens 'Aniada a Noar', aber auch durch's Mandolinespielen. Von der irischen Volksmusik entspringt sicher meine Neigung zur Tinwhistle und zur Bouzouki. Zahlreiche Studiojobs machten es notwendig, mich auch mit dem Keyboard, mit Programming und so auseinanderzusetzen; und dann wäre da noch meine Liebe zum 5-String Fretless Baß ..."

Wie kam die Motivation, das zu tun, was du eben tust? Wie entstehen Eigenkompositionen, Texte, wie gehst du vor?

"Keine Ahnung. John Wayne würde wohl sagen: 'Ein Mann muß tun, was ein Mann tun muß,' haha. Wenn die Idee da ist, muß sie geschüttelt, gemolken, gereinigt und geschliffen werden – und dann raus mit ihr zum Spielen. Dann eben die Fragen: 'Ist die Nummer gut? Paßt sie ins Programm? Kann ich sie live so rüberbringen, daß es intensiv wird?' Zuallererst spiele ich die Sachen aber auf Kassette, lasse sie abliegen, gären, nehme sie wieder auf, entwickle sie weiter, betrachte sie von verschiedenen Seiten ... weiterwerkeln, üben. Noten spielen normalerweise dabei keine Rolle, wenn, dann Tabulaturen, weil ich so viel mit 'open tunings' arbeite. In meinen Texten erzähle ich, was mich so bewegt: Beziehungen, menschlich, zu Gott, was mein Leben prägt."

Wie ist es dir ganz am Anfang deiner Konzerte ergangen? Gibt es da spezielle Vorbereitungen, spezielle Rituale?

"Ans erste Mal kann ich mich gut erinnern, es war im Pfarrzentrum Ragnitz, 1983, es war pubertär, aufregend, mit Stimmbruch, und meine Mami war stolz auf mich. Dann kamen die offenen Bühnen beim 'Retzhofer Folkfestival', beim 'Bärfolk', schließlich Auftritte im 'Teehaus', ich weiß noch, daß ich wie der Blöde geübt hab'. Ja, Üben ist für mich als Vorbereitung schon immens wichtig, aber auch Beten. Ich bete für den Abend, die Atmosphäre und daß der Abend Gott ehrt, auf ihn hinweist."

Warum stehst du eigentlich auf der Bühne, warum stellst du dich vor Menschen hin, spielst und singst du?

"Ich steh ja gar nicht, ich sitze beim Spielen, hihihi ... Das ist eine große Frage: Vermutlich war es am Anfang eine Mischung aus Minderwertigkeitskomplex, dem pubertären Traum von Berühmtheit, einer Brise Sendungsbewußtsein und viel musikalischer Begabung.
Nachdem die Realität dann den Traum überholt hat, war da einfach der Wunsch, Musik zu machen, weil ich das eigentlich schon immer wollte.
Mittlerweile ist es mein Beruf, und ich fühle mich trotz aller Schwierigkeiten

Martin Moro mit Gitarre.

bestätigt in dem, was ich mache. Aber den eigentlichen Sinn sehe ich heute darin, die Gabe Musik, die mir Gott gegeben hat, zu entfalten und ihn damit zu ehren. Auf Jesus hinzuweisen, auf die Möglichkeit der persönlichen Beziehung mit Gott, und zwar so, daß es einem nicht vor lauter Peinlichkeit die Zehennägel aufrollt. Ich will, daß die Leute am Ende des Abends bekommen haben, wofür sie bezahlt haben: Ein (hoffentlich) gutes Gitarrekonzert und noch ein bißchen mehr, worüber man, wenn man will, nachdenken kann ..."

Hast du einen eigenen Stil, eine eigene Technik?

„Ich denke schon, aber das verbal zu beschreiben, ist so wie ein erzähltes Mittagessen ... Ich versuche ein breites stilistisches Spektrum abzudecken, und meinen persönlichen Stil wird man dann vermutlich heraushören, aber beschreiben ... hmpf!"

Wie läßt sich Musikausübung, Partnerschaft, Familie für dich vereinbaren?

„Musik ist mein Beruf. Karin, meiner Frau gegenüber, hab ich aber ein verbindliches Versprechen abgegeben. Wenn mein Beruf beginnt, meine Ehe zu vernichten, muß ich mir einen anderen Umgang mit meinem Beruf überlegen ... Wir machen's so, daß ich – vor allem bei längeren Touren – versuche, Jobs erst zuzusagen, nachdem ich mit Karin Rücksprache gehalten hab'. Aber ich denke, daß es, wenn wir dann auch mal kleine Moros haben, trotzdem noch schwer genug werden wird. Es bleibt halt immer noch ein Thema, über das man laufend reden, abwägen, aufeinander eingehen muß."

Welche Beziehung hast du zu deinem Instrument?

„Ich verwende verschiedene Gitarren für verschiedene Klangfarben, Funktionen, da ist ein Instrument eben eher ein Instrument. Aber trotzdem wächst mir eine Gitarre, die ich schon sehr lange spiele, ans Herz, und natürlich gebe ich auf all meine Babys gut acht. In erster Linie muß sie gut klingen, der Rest ist gut bezahlter Mythos."

Was meinst du zur „Neuen Österreichischen Volksmusik"?

„Für mich sind das heutige (auch kritische) Texte mit heutigen musikalischen Mitteln, oder auch traditionellen Mitteln, vermischt. Je mehr sie medial auf Breitwandformat zur zeitgeistigen Modeerscheinung degradiert wird, desto weniger gefällt sie mir (siehe Ö3 Dauerberieselung, bis es wirklich keiner mehr hören kann). Zukunft hat sie nur durch Kontinuität seitens der Musiker und der Medien ..."

Machst du dir Gedanken darüber, welche Auswirkungen es hat, wenn du krank wirst?

„Keine Konzerte spielen heißt, keine Gage. Gedanken mach ich mir darüber kaum welche, weil's eh nix bringt. Ich schau aber natürlich sehr auf meine Gesundheit und so ..."

Wie siehst du die Zukunft der Musik, die du machst?

„Keine Ahnung. Hängt immer davon ab, wieviele Leute sich hinsetzen, sich Zeit nehmen, zuzuhören. Es sind zwar wie's scheint immer weniger, aber vermutlich kehrt sich das alles wieder 'mal um, who know's ..."

Du bist ja vornehmlich Solist, daneben aber noch bei →GRAYMALKIN und neuerdings bei der Auferstehung von →SQUADUNE dabei. Hast du gern jemanden zur Seite?

„Ja. Wenn ich mit 'Graymalkin' unterwegs bin, nervt mich zwar immer der Tschikgestank, aber überhaupt ist es mit Band natürlich viel entspannter auf der Bühne, weil du als Einzelperson viel exponierter bist und viel präsenter sein mußt. Schmähs erzählen ist in der Gruppe auch lustiger, weil's mir nur selten gelingt, mir einen Witz zu erzählen, den ich nicht schon kenne. Ein anderer Faktor ist, daß das Autofahren allein ziemlich nervt, und PA auf- und abbauen geht natürlich mit mehr Leuten flotter. Trotzdem glaube ich, daß du als Solist eine Intimität mit dem Publikum haben kannst, die mit der Band nur schwer möglich ist, weil sich ja beim Sologig die ganze Aufmerksamkeit und Konzentration auf dich richtet. Ich bin froh, daß ich beides mache."

Jetzt ganz was anderes. Wie siehst du die Pflichtversicherung für Musikschaffende?

„Eine Katastrophe. Wie's aussieht, treffen die beiden Statements von P.P. Skrepek, dem Obmann der Musikergilde, ins Schwarze:
1.) Die Versicherungspflicht beginnt mit der Aufnahme der Tätigkeit als freiberuflicher Musiker und endet mit dem Versicherungsziel, dem Hungertod des Musikers.
2.) Die momentane Situation führt eher dazu, daß durch die Sozialversicherung die meisten Musiker zu Sozialfällen werden. Vor allem schlechtverdienende Musiker haben durch die hohen Beiträge massive Probleme."

Wohin soll's bei dir in Zukunft musikalisch gehen, kannst du dir vorstellen, deine Musik noch lange zu spielen?

„Je nachdem, wohin ich mich musikalisch entwickle. Ich suche immer nach neuen Herausforderungen, Sachen, an denen ich lernen kann. In letzter Zeit konnte ich relativ viel im Studiobereich arbeiten; spannend. Ja, wenn's spannend bleibt und ich den Eindruck hab', ich entwickle mich weiter, kann ich mir vorstellen, sehr, sehr lang so unterwegs zu sein. Sobald ich mich nur wiederhole, wird's öd ..."

Zum Schluß von Martins Biografie möchte ich noch einen Text aus seiner letzten CD „SCENES" zitieren, ein Text, der Einblick in die Wichtigkeiten seines Lebens gewährt:
Ich kenne das Lied in verschiedenen Versionen, von verschiedenen Menschen, mit unterschiedlichem Text (ein klasssisches Beispiel für den Begriff „Folksong"). Eine Version von Tim Hardin inspirierte mich dazu, einen neuen Text zu machen. Ich bin wirklich glücklich, daß die HOLMES BROTHERS Zeit hatten, beim Chorus mitzusingen.

AMEN
(Trad., Text: Martin Moro)

Amen, Amen, Amen
Amen, Amen
Some say Jesus was a preacher
some say he's sort of a religious man
I say he's the son of God
he's the mighty king and he reigns and I say

Amen ...

*Even though I may wonder
through a dark and dreary land
He knows my name
he'll take me as I am
he'll lead me by the hand and I say*

Amen ...

*Jesus came down from heaven to earth
and he said he'd be dying for my sin
Man, I believe in him
I gave my life to him
and I know he washed me clean that's why I say*

Amen ...

*One day he came to me
and he began to speak to me
He said 'I gave my life
to save your life
won't you come and follow me?'
and I said*

Amen ...

Diskografie:
ZWIEZUPF; CD; Hannes Urdl & Matrin Moro, 1990, Extraplatte
ODDS & ENDS; CD; Martin Moro, 1992, Ex: 168CD
COLLAGE; CD; 1995, Zwiezupf, Ex 228094-2
PANIERT; CD; 1996, Graymalkin, EX
SCENES; CD; 1996, Martin Moro, Ex CD 278 096-2
außerdem Mitwirkung bei zahlreichen deutschen Kinderliederproduktionen
SCHEINE GUTER MOND SCHEINE; CD; Anker Verlag: 1995
HIER IN UNSRER STRASSE; CD; 1996, Rink Family pila music
SCHAU DA KOMMT DER SANDMANN; CD; 1997, Anker Verlag
DIE DREI VOM AST; CD; 1997, ERF
LET'S KLÄX; CD; 1997, Felsenfest Verlag

OIDWEIBASUMMA

Besetzung:
KATHRIN MAYER: Ziehharmonika, Flöte, Cello, Gesang
ARNOLD MARGREITER: Gitarre, Gesang
HIAS NEITSCH: Querflöte, Tinwhistles, Hümmelchen (Dudelsack), Schäferpfeife, Gitarre, Gesang
LOIS MACHNER: Geige, Cello, Gesang

„Wir fanden uns im Spätherbst (1995), und unser Programm ist so bunt wie der Herbst", meint Kathrin Mayer poetisch zur Entstehung der Gruppe. 'Musik mit Hintergrund' machen, eine 'Verbandelung' mit traditioneller Musik schaffen, 'thematisch der Zeit entsprechend', ist das Ziel von Arnold Margreiter, er ist die Säule der Band. 'Wir spielen irisch-steirische Musik in einer üppigen, abwechslungsreichen Besetzung. Dudelsack, Drehleier, Cello, Gitarre, Geige, Ziehharmonika, viele, viele Flöten, insgesammt kommen 17 Instrumente zum Einsatz'."

Beheimatet sind die vier in der Obersteiermark, von Bad Aussee bis Liezen, ihre Leidenschaft für Irisches und Alpenländisches vereint sich zu einem spannenden Ganzen, da werden musikalische Landschaften gemalt, fetzige Tanzln gespielt, Gstanzeln gesungen.

„OIDWEIBASUMMA".

Folgende Zitate stammen aus Kathrin Mayers Musikgeschichte (sie ist von Beruf Instrumentenbauerin):

„Rumpel":
„Es war immer ein Kindheitstraum von mir, Ziehharmonika zu lernen, ich liebe die Volksmusik des Salzkammergutes. Heute habe ich mir diesen Wunsch erfüllt, ich spiele eine dreireihige, dreichörige 'Novak' und habe das Glück, bei einem 'Eingesessenen' Rumpelspieler, der sein Handwerk wahrlich versteht, zu lernen. Er ist natürlich auch mein Vorbild. Mein erstes Instrument war die Blockflöte, bei uns in der Volksschule war es so üblich, dieses Instrument ab der ersten Klasse zu spielen, meine Lehrerin hat mich schon sehr früh in musikalischer Hinsicht gefördert. Dabei lernte ich auch Noten lesen. Neben der Flöte spiele ich seit meinem neunten Lebensjahr Cello und brachte es auf zehn Unterrichtsjahre. Das Cello, mit dem ich heute spiele, habe ich mir in kaputtem Zustand gekauft und dank meiner Ausbildung als Instrumentenbauerin in der HTL Hallstatt – dort lernte ich auch meinen Mann Andreas kennen, mit dem ich eine Instrumentenbauwerkstätte in Bad Aussee betreibe – konnte ich es mir selber reparieren."

Oidweibasumma:
„Unseren ersten Auftritt hatten wir beim Seerock-Festival in Altaussee, vor ca. 700 Leuten. Hier stellten wir das erste Mal ein richtiges Programm zusammen – gezwungenermaßen – und versuchten, eine gewisse Ordnung in unsere Arrangements zu bringen. Damals hatten wir auch unsere ersten ernsthaften Proben bei mir am Dachboden. Bis dahin waren wir im Wirtshaus, man kann sich vorstellen, daß die Proben dabei etwas zu kurz kamen. Heute proben wir vier Mal im Monat, manchmal auch weniger. Dabei spielen wir 'alte Sachen' kurz an und bringen immer wieder neue mit."

Unser Programm:
„Das Repertoire ist sehr bunt, weil jeder immer wieder ein Stück einbringt und wir doch aus unterschiedlichen Musikstilen kommen: Irish Folk, American Folk, bodenständige Volksmusik, Klassik ... In letzter Zeit kommen vermehrt 'selbstgestrickte' Stücke dazu, die wir gemeinsam arrangieren. Das ist bei einer Auswahl von 17 Instrumenten nicht immer einfach, kann man sich vorstellen. Wir gehen normalerweise so vor, daß derjenige, der die Idee hat, diese vorspielt und seine Vorstellungen dazu bekanntgibt (z.B. in welcher Instrumentierung usw. ...). Die anderen spielen dazu und bringen auch Gedanken mit ein, wobei das letzte Wort der Liedschreiber haben sollte.

Wenn ganz konkrete Vorstellungen vorliegen, ist manchmal eine Notation notwendig. Wir singen unsere Lieder meist im Dialekt und behandeln dabei möglichst positive Themen – aus dem Leben gegriffen oder aus unserer Region ('Von friara', 'Übers Laund', 'Oidweibasumma' ...)."

Berufsmusik:
„Nein. Der Gedanke ist natürlich sehr reizvoll, doch sehe ich die Gefahr, von meiner Leidenschaft abhängig zu sein. Das könnte mir mit der Zeit die Freude daran verderben. Außerdem liebe ich meinen Beruf, obwohl, für eine bestimmte Zeit könnte ich es mir vorstellen."

Gage:
„Wichtig. Sie ist die Rechtfertigung meiner Familie gegenüber, spielen zu könne und vielleicht einmal zwei, drei Tage weg zu sein."

Motivation:
„Wir verstehen uns sehr gut, und es ist immer sehr lustig bei den Proben. Sicher steht jeder insgeheim gern im Mittelpunkt, sonnt sich dabei in Lob und Anerkennung. Eines der schönsten Gefühle für mich ist es, noch einmal auf die Bühne geholt zu werden, und wenn man spürt, daß es den Leuten wirklich gefallen hat. Ohne Musik könnte ich mir das Leben nicht vorstellen."

Wesentlich:
„Das Schöne im Leben ... "

Diskografie:
DemoMC; DemoCD.

OKEMAH

Die Gruppe wurde 1981 als „BROTHERS OF OKEMAH" von Johann Delanoy, Hans Persoglia und Dieter Rudelsdorfer gegründet. Auftritte als Trio mit Songs von Woody Guthrie, Bob Dylan und Tim Hardin machten die Gruppe bekannt. 1985 schaffte die Band auf Anhieb einen Finalplatz beim Wiener „Pop Odrom", dem damals größten Nachwuchskünstlerbewerb Österreichs.

Auf Initiative von Dieter Rudelsdorfer und Karl Heinz Hörmann – sie waren, aus welchen Gründen auch immer, mit der heimischen Folkszene unzufrieden – entstand das Plattenprojekt „Ruck ma z'samm", ein für die damalige Zeit einzigartiges Vorhaben, denn neben Ernst Pozar, Aniada a Noar (vulgo „Folkfriends") und der Gruppe Okemah, spielte auch ein traditionelles Volksmusiktrio (Altsteirertrio Kogler) mit. Eine Vorgabe war auch, in gemischten Besetzungen Stücke zu bearbeiten, also eine richtige Mixtur internationaler und heimischer Klänge, quasi eine Vorwegnahme der „Neuen Volksmusikwelle" mit rein akustischen Mitteln.

Regionale Bezüge in Geschichten verpackt, in deutscher Sprache, oder sogar im Dialekt gesungen sind ungewöhnlich für eine Country-Band. Egal, Okemah war es wichtig, auch solche Wege zu beschreiten. Das Stück „Lok 97 217", auf der legendären „Ruck ma z'samm"-Produktion (1986) ist ein Beispiel dafür:

LOK 97 217 w & m: Derry Grey:

Ganz in Schwarz, weit ma's hörn kann
Rundherum dampft's do heraus
Vorn a weiße Nummer, fahrt's den Berg an
Ganz egal, ob Schnee, ob Eis.

Is Essen in an Blechg'schirr bin i gangan
Den klanan Weg zum Wald
Und die Lok hot vor mir g'halten
Für mein' Vater war's a Freud'.

Er hat d' Lok g'fahrn
Is ganz schwarz 'warn
Voller Ruaß im ganzen G'sicht
Dampf is aufi g'stiegn
aufi bis zum Himmel g'stiegn
Hot die Lok an'triebn mit ihr'n G'wicht.

Jo sie hot, Jahr und Tag
Immer g'mocht ihr Pflicht.

Und die Lok steht heut am Marktplatz
Ka Rauch steigt aus ihr'n Schlot
Obendrauf a frecha klana Spatz
Der ka Angst mehr vor ihr hot.

Vater hot d'Lok g'fahrn ...

Jo sie hot, bis zum End'
immer g'mocht ihr Pflicht.

Nachfolgend noch einige wichtige Stationen von „Okemah", entnommen aus verschiedenen Zeitungsberichten im Folkpressearchiv des Steirischen Volksliedwerkes:
„Am Mittwoch, 8. August, ist die Leobner Gruppe OKEMAH mit ihrem irischen Sänger Desmond Doyle wieder im Fernsehen zu bewundern ... die LP 'Lost Nations' wird noch im Herbst in Deutschland und voraussichtlich auch in Irland

erscheinen. Auch mit den Radioeinsätzen bei in- und ausländischen Stationen kann 'Okemah' mehr als zufrieden sein. So wird die Platte neben Ö3, Ö2, Radio Uno, MM2, Bayern 3 sogar von CBC Tipperary/Irland, BBC Schottland und Radio Helsinki gespielt ..." (Obersteirische Zeitung, 1990)

„Nicht nur die zahlreichen Fans, sondern auch die erfolgreiche Countryformation 'Okemah' – Stars dieses Open air Konzerts – zeigten sich von der herrlichen Naturkulisse der Gesäuseberge beeindruckt. Und Hans Delanoy, Desmond Doyle, Dieter Rudelsdorfer, Gerald Stadlober, Herbert Löschenkohl – neu hinzugekommen sind Roland Elmer (Sologitarre) und Jimmy Strimitzer (Sax) – spielten am Fuße der Planspitze Countrysongs der Extraklasse ..." (Obersteirische Zeitung, Juli 1991)

„Großer Tag für die Steirisch-Irische Countryformation 'Okemah': ... sie erreichten bei der Österreich-Ausscheidung in Marchtrenk bei Wels unter 14 Bands souverän Platz 1 und sind somit die offiziellen Vertreter unseres Landes beim Finale, dem 'European Country Music Masters' im Juli nächsten Jahres in Norwegen. Das 'Masters' ist der größte europäische Bewerb dieser Stilrichtung ... die Veranstalter in Wels betonten, daß mit 'Okemah' die kreativste Country-Band Österreichs gewonnen hat ..." (Obersteirische Zeitung, Dezember 1991)

„Ihre neue CD 'Clonmel' präsentierte die irisch-steirische Gruppe 'Okemah' in Graz. Der Name der Band, die 1981 gegründet wurde, bedeutet in der Sprache der Creek Indianer: 'großer Häuptling' und ist der Geburtsort des legendären Folksängers Woody Guthrie ..." (NZ, Juli 1992)

„Die Gruppe 'Okemah' hat eine neue MC mit ausschließlich Gospelsongs veröffentlicht, die live im Pfarrsaal Trofaiach vor mehr als 150 Besuchern präsentiert worden ist ..." (Obersteirische Zeitung, 1993)

„... mit dem Album 'I saw the light' bleibt man dem Country-Publikum treu und wendet sich gleichzeitig einem neuen Medium zu, denn gemeinsam mit der Leobner Filmfirma 'Pandera Film' wurden erstmals alle auf dem Album befindlichen Songs verfilmt ..." (Obersteirische Zeitung, 1994)

„Drei wichtige Ereignisse kann die Country-Folk-Band 'Okemah' heuer feiern: Erst einmal den Auftritt beim Stadtfest, dann den 15. Geburtstag der Band, die damit eine der dienstältesten Country-Formationen Österreichs ist, und drittens die Veröffentlichung der ersten Okemah-CD in den USA ..." (Krone, 1995)

„10 Jahre 'Ruck ma z'samm'-Konzert mit Okemah in Vordernberg ... Okemah, deren letzte in den USA erschienene Single derzeit in 60 amerikanischen und in über 50 europäischen Radiostationen gespielt wird, haben sich nach 10 Jahren neuerlich unserer Region angenommen und Geschichten wie die Sage vom Wassermann und andere Lieder mit textlichen Bezügen zum Bezirk aufgenommen ..." (Obersteirische Zeitung, 1996)

Okemah sind inzwischen längst international geworden, richtige Kaliber, könnte man sagen. Aus ihrer Pressemappe stammen folgende Ergänzungen:

Discography:

„Ruck ma z'samm", LPsampler 1986
„Styrian Country Favorites", MCsampler 1989
„Lost Nations", LP/MC/CD 1990
„Mississippi steamboat/No control", Single 1990
„Reggae Baby/I wish you knew", Single 1990
„Clonmel", MC/CD 1992
„I saw the light", MC/CD/VHS-Video 1994
„Give it another try/Moving on", CD-single, USA 1995
„Feels like heaven / Into the light" CD-single, USA 1996
„Desmond Doyle & Okemah live", CD 1998

Broadcast:

1989 ORF, 3SAT „Licht ins Dunkel" and „Steiermark Heute"
1990 ORF „Steiermark Heute" and the shows „Checkpoint live" and „Ich und Du – Ferienshow"
1990 ORF and RTL „World Country Music Festival"
1992 ORF „Licht ins Dunkel" with an Austrian children choir
and „Steiermark Heute" with the song „Barn Dance"
and a live performance of „Walkin on Beale Street"
1993 with two songs in the ORF-documentation „Stille Show"
1994 live aid gala for „Licht ins Dunkel", ORF 2
1996 ORF 2 „Welcome Austria" with the song „Give it another try"
1997 ORF 2 „Welcome Austria" with the song „I'll fly away"
and „Licht ins Dunkel" (X-mas show)

(ORF is the Austrian broadcasting company, 3SAT is a satellite broadcasting station of the States Austria, Switzerland and Germany, RTL is one of the biggest German satellite broadcasting stations.)

Okemah are:

Derry GREY: leadvocal, acoustic guitar, harmonica, mandolin
Doc John De LANNOY: leadvocal, harmony vocal, acoustic guitar
Walt CUSSIGH: acoustic & electric leadguitar
Thomas SCHÖBERL: electric bass
Kalman POZSAR: fiddle, saxophone, clarinet
Herbert LÖSCHENKOHL: drums and percussion
Arno PFEILER: acoustic & electric leadguitar
Desmond DOYLE: leadvocal, bodhran (only Irish Music Concerts)
Karl Heinz HÖRMANN: ac. bass, harm. vocal (US-Trips)

POZAR ERNST

BIOGRAFIE und DISKOGRAFIE siehe Kapitel „FOUK IN DA STEIAMOAK – Musik machen und gehört werden"; von Ernst Pozar.

POZAR / ROTTENSTEINER / ZIEGERHOFER

Heute ist der 23. Juni 1998. Ich sitze hier bei Ernst Pozar im Wohnzimmer, und wir reden über dieses Trio-Projekt, das es eben ... seit wann gibt?

Hm, ja, wie ist es dazu gekommen? Pozar, Rottensteiner (→Broadlahn), Ziegerhofer (→Broadlahn). Es gibt diese Zusammenarbeit schon länger.

„Ich hab irgendwann vor vier oder fünf Jahren mit dem Philipp Rottensteiner, dem Reinhard Ziegerhofer, dem Wolfgang Schmelzer und auch meinem Sohn Roman ein einziges Konzert gemacht, das war mehr oder weniger Ernst Pozar und Band. Das haben wir einmal gemacht, und damit war die Geschichte erledigt. Einmal sind wir in der 'Brücke' aufgetreten und dann bei 'Let's spend the night together', mit einer für mich wunderschönen Version von 'Silent Night' von Tom Paxton ...

V. li.: Philipp Rottensteiner, Ernst Pozar, Reinhard Ziegerhofer.

Ja, und das haben wir dann einschlafen lassen. Irgendwann hat mir dann der Philipp, mit dem ich im gleichen Schulhaus unterrichte, gesagt, daß Broadlahn im Moment ein bißerl einen Durchhänger haben, weil der Ernst Huber mit seiner Praxis so ausgelastet ist, und meine Frau hat gesagt: 'Ruf doch den Philipp an, und macht's doch was'.

Ja, und ich hab' angerufen. Am nächsten Tag war er dann da, und seither ist eigentlich jeden Dienstag 'Hausmusiktag'. Dann hat sich ein Programm entwickelt, und zwar kein 'Ernst Pozar und Band-Programm', sondern erst einmal ein 'Duo-Programm', mit Stücken, die ich selber im Soloprogramm nicht gehabt hab'. Ja, und dann haben wir gesagt, wir möchten das ganze ein bißchen 'auffetten' und haben den Reinhard angerufen. Der Reinhard hat gesagt: 'Das war ja schon damals ganz lustig', und so ist das eben entstanden.

Es ist eine völlig offene Zusammenarbeit, weil Broadlahn arbeiten ja wieder ganz intensiv, und der Reinhard macht ja auch Jazz und auch sonst noch so einiges. Und wir müssen uns jetzt wieder zusammentelefonieren, wann jeder Zeit hat. Und nach einigen sehr, sehr schönen Konzerten haben wir beschlossen, daß wir das eigentlich dokumentieren sollten."

Das heißt, die Nummern habt ihr aufgenommen, und sie werden dann im Herbst rauskommen?

„Also, wenn das alles so funktioniert, wie wir es uns vorstellen, dann müßte die CD im September rauskommen. Aufgenommen ist sie, sie muß nur noch gemischt werden, es gibt auch einen wunderschönen Coverentwurf, den hat mein Sohn Florian am Computer gemacht, da sind nicht drei Köpfe oben, sondern etwas ganz anderes. Ja, das wird eine ganz lustige Sache."

Und wie würdest du die Musik beschreiben, die ihr da macht?

„Das ist schwer. Es sind teilweise sehr, sehr alte Stücke, also aus dem 18. Jahrhundert. Die Stücke sind größtenteils aus dem deutschsprachigen Raum. Wir haben eines, das von Van Morrisen ist, das wir aber mit einem Kärntner-Lied von Gerhard Glawischnig und Günther Mittergradnegger kombiniert haben, weil der Inhalt stimmt. Ich habe mit der Witwe des Günther Mittergradnegger sehr lang telefoniert, um die Erlaubnis dafür zu bekommen, es war zuerst nicht ganz einfach, sie versucht natürlich die Interessen ihres verstorbenen Mannes zu vertreten, sie wußte natürlich nicht, wie unsere Bearbeitung aussieht ..."

Also sie ist sehr traditionsbewußt?

„Ich würde sagen: Neues Kärntnerlied. Das ist jener St. Veiter Kreis. Und bezeichnenderweise habe ich genau diese Telefonate im Kaffehaus mit dem Klaus Kofler diskutiert, und der Klaus Kofler vom 'Vier-Xang' hat gesagt, 'ich bin ja Mittergradnegger-Schüler'. Er hat bei ihm im Chor gesungen.

Ja, und es ist ein Lied, wo wir eine irisch-kärntnerische Verbindung herstellen. Wobei die Frau Mittergradnegger schon kritisiert hat, daß der Philipp, der den Kärntner Teil singt, kein Kärntner ist – 'das ist kein Kärntner, der singt das zu hart, das ist kein Kärntner'.

Ich hab gemeint, 'nein, er ist aus Aflenz, also geht's net so kärntnerisch ...' Aber es hat geklappt, wir haben von ihr persönlich die Erlaubnis, das Kärntnerlied in unserer Version zu singen.

Und dann machen wir so folkloristisch/alpenländische Nummern, die mit Stücken aus anderen Kulturkreisen kombiniert oder irgendwie vermanscht werden. Und das macht uns eigentlich großen Spaß, das ist eine ganz witzige Sache. Einen wirklich durchgehenden Ductus kann ich im Moment eigentlich nicht feststellen.

Im Live-Programm haben wir auch eine Reihe von englischsprachigen Sachen, die wir halt so bearbeitet haben, daß sie für uns akzeptabel sind. Und das geht bis zu 'Der Mond ist aufgegangen' mit gestrichenem Kontrabaß und Bratsche usw. Also es ist vom Instrumentalen her eine sehr spannende Sache."

Eine akustische Musik, kann man also sagen, die durchaus auch in einem gewissen Trend liegt, der wahrnehmbar ist – traditionsorientiert, aber nicht ausschließlich, der Versuch, eine eigene Ausdrucksform zu finden.

„Also, ich tue mich immer sehr, sehr schwer mit 'Schachterln', ich habe mich viele Jahre hindurch fast kapriziert darauf zu sagen: 'ich bin der einzige Vertreter der einzigen und wahren Folkmusik' und komme jetzt immer mehr darauf, daß es eh nur Musik gibt. Also, das möchte ich nicht für mich beanspruchen, daß ich da eine neue Schiene erfunden hätte.

Nein, es macht uns Spaß, wir setzen Instrumente ein, die wir selber lange nicht verwendet haben, eben weil sie Spaß machen.

Es fällt mir sehr schwer, es einzuordnen. Es ist akustische Musik, ganz bestimmt. Wir haben auch die Tonaufnahmen bis auf die Elektrobäße, die auch vorkommen, wirklich nur mit Mikrofonen aufgenommen, und live verwenden wir auch keine Pick ups oder so etwas, einfache Mikrofonierung, wirklich unplugged, wie man so schön sagt. Das Keyboard ist natürlich ein elektrisches Gerät, aber wenn wir einen Flügel zur Verfügung haben, spielen wir am akustischen Klavier."

Wie seid ihr besetzt, welche Instrumente tauchen da auf?

„Der Reinhard Ziegerhofer spielt alles, was tiefer als C ist, also Kontrabaß, 4-saitigen bundlosen Elektrobaß und 6-saitigen Elektrobaß und bei einem Stück ein bißchen Gitarre.

Philipp Rottensteiner spielt Mandoline, Geige, Bratsche, Gitarre und Keyboard. Und ich spiele Gitarre, Madoline, Autoharp, ja das ist es eigentlich. Und singen tun wir alle drei; teilweise schön gesetzte, dreistimmige Gesänge. Der Reinhard ist da 'ein Teufel', 'na do is schon wieder wos gedoppelt ...'. Also, es wird wirkliche Klangbildung betrieben."

Ja, der Chor ist bei euch ein sehr wichtiges Element.

„Bei den Stücken, bei denen Chöre vorkommen, sind das sehr schön gesetzte Chöre."

Aha, gut.

„Hoffentlich gut. Bis jetzt hat es den meisten Leuten sehr gut gefallen."

Ich hätte noch eine Frage zum Abschluß: Was fällt dir spontan zum Begriff „Neue Volksmusik" ein?

„Ich glaube, diese Frage habe ich im Fragebogen schon nicht beantwortet. Ich weigere mich jetzt, je älter ich werde, immer mehr, in musikalischen Kategorien zu denken. 'Was heißt Blues, was heißt Rock, was heißt Folk, es gibt nur Musik', hat irgend ein großer Musiker gesagt.

Ich glaube einfach, daß die Musik an sich so eine spannende Sache ist, daß man wirklich nicht mehr sagen kann: 'Ich mache nur das.' Es ist richtig, daß ich mehrheitlich akustische Musik mache, aber ich spiele auch Elektrobaß und habe eine 12-saitige E-Gitarre, auf die ich stolz bin, und die ich auch fallweise einsetze. Und einmal im Jahr hänge ich mir die 'Telecaster' von Fender um. Nein, ich habe keine Präferenzen mehr.

Ich mache gerne Musik!"

Danke Ernst für das Gespräch!

Diskografie:
POZAR/ROTTENSTEINER/ZIEGERHOFER; CD; 1998, Extraplatte 349-2

RATZENBECK PETER

Bis jetzt hat es leider noch nicht geklappt, daß wir uns zusammengesetzt hätten, kein Wunder, ist er doch für etwa 100 Konzerte im Jahr unterwegs, daneben noch 15 bis 17 Mal als Gitarrenseminarleiter engagiert. (Ich spiele ca. 60 Konzerte im Jahr, die Proben miteingerechnet, schauts bei mir ähnlich aus. Gibt's dann freie Wochenenden, ist man froh, zuhause bei der Familie zu sein, um zu entspannen, Kraft zu tanken.) Gottseidank hat Peter sehr rasch auf meinen Fragebogen geantwortet, und im Volksliedarchiv hat sich auch einiges an Material angesammelt. Ernst Pozar war so freundlich, mir ein aktuelles Interview aus dem „Akustik Gitarre"-Magazin zukommen zu lassen, und so hoffe ich doch, ein Portrait zusandezubringen.

Peter Ratzenbeck ist nach mehr als 20 Jahren Bühnenerfahrung weit über unsere Grenzen bekannt. Die renommierteste Folkzeitschrift, „FOLK ROOTS", lobt ihn in höchsten Tönen, aber auch für die steirische Folkgeschichte setzte er Impulse. Er wurde zum Vorbild zahlloser GitarristInnen und hatte wesentlichen Anteil am Zustandekommen des „1. RETZHOFER FOLKFESTIVALS".

So, jetzt habe ich die aktuelle Ratzenbeck-CD aufgelegt: „Travelogue" (Sham 1043-2, 1997). Ein wunderschönes, akustisches Reisetagebuch, angereichert mit irischen Impressionen, klassischen Anklängen, dem bezaubernden Harfenspiel seiner Frau Brigitte, einer gemeinsam mit Andy Irvine eingespielten irischen Ballade und einem Song vom 'im Regen sitzenden, Blues singenden, sich nach der Geliebten sehnenden' Hans Theessink. Ungemein lyrisch, dicht, mit ganz leisen, feinen Zwischentönen, der passende akustische Rahmen, Peter Ratzenbecks Biografie zu beginnen.

Graz-Eggenberg:

Mitte der sechziger Jahre: *„Z'fuaß, mit da Gitar unterm Arm, is er von da Steyrergossn zu uns außa marschiert, hot anklopft, si hing'setzt und zua'g'horcht, dann is er wieda ham gangen, und dort hot er g'übt wie da Waunsinnige"* (Jim Cogan, alias Johann Köberl, zu den ersten Begegnungen mit Peter Ratzenbeck.)

Der 1955 in Graz geborene Ratzenbeck brach in der sechsten Klasse am Hasnerplatz seine schulische Laufbahn ab, war kurze Zeit bei der Spedition „Schenker" im Magazin als „Packlschupfa" beschäftigt, bis er schließlich beschloß, sein Gitarrespiel zu verfeinern. *„Sechs bis acht Stunden hab ich damals täglich geübt, nahm 2 (!) Stunden Unterricht am Konservatorium (Horst Unteregger) und bin seit dieser Zeit überzeugter Autodidakt."*

Warum legt er so Wert auf diese Feststellung: *„Durch die fehlende musikalische Ausbildung brauchst du viel Disziplin, um das eigene Naturell aufzubauen. Würde ich jetzt zehn Jahre eine bestimmte Richtung in der Musik studieren, wäre der Stempel des Lehrers oder des Professors sehr vordergründig. Um mich von diesem Stigma zu lösen, müßte ich viel Energie aufbringen. Irgendwie läuft man Gefahr, genauso zu klingen wie ein anderer Schüler. Das fällt bei mir alles weg, weil ich völlig alleine und unbeeinflußt von einem Lehrer mit dem Instrument herausgefordert bin ... Wenn die Technik, die von Jahr zu Jahr ausgefeilter wird, auch noch funktioniert, dann hat man so etwas wie einen unverkennbaren Stil gefunden. Das bin ich, so klinge ich, egal wie gut oder technisch die anderen klingen mögen, die eben studiert haben. Wenn du nicht deine eigene Richtung entwickelst, wirst du deinen Vorbildern gegenüber immer in Haßliebe enden ..."*

Die Grazer Musikszene hatte es in sich, und es verlangte eine gehörige Portion Mut und Selbstbewußtsein, um als Musiker, noch dazu als Autodidakt *(„...Noten kann ich bis heute keine lesen, Tabulaturen schreiben Freunde für mich auf ..."),* seine Brötchen verdienen zu wollen. Geprägt und ermutigt durch

Peter Ratzenbeck.

Peter Ratzenbeck. Steht ganz am Anfang der steirischen Folkszene, mittlerweile einer der wichtigsten Folk-Finger-Picking-Gitarristen Europas.

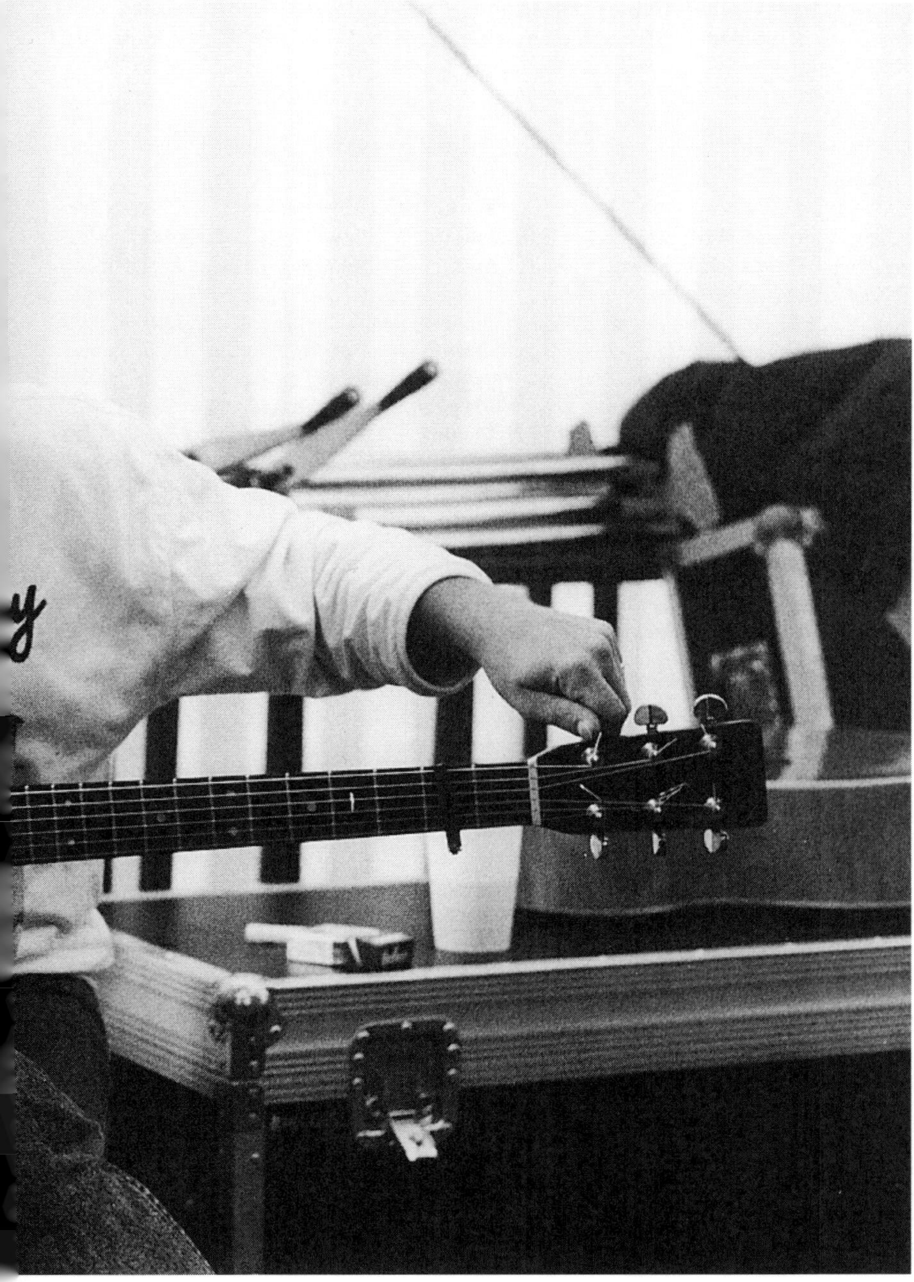

Begegnungen mit Schiffkowitz, Ernst Pozar, Jim Cogan oder Jack Grunsky, übte er sich beständig zum „Mister Fingerpicker". Bevor er als Solist Karriere machen sollte, spielte er mit zahlreichen Musikern der steirischen Szene: Mit STS, WILFRIED, BORIS BUKOWSKI oder MAGIC. Graz war damals die Liedermacher-Hochburg in der Steiermark.

Singen:
Obwohl er seine ersten Lorbeeren als Gitarrist erntete – 1976, damals 21-jährig, wurde er beim Bregenzer Folkfestival als „Newcomer des Jahres" gefeiert – war Singen immer ein Thema für ihn: *„1977 bin ich bei einem Festival mit WOLFGANG AMBROS aufgetreten. Als ich ihn singen hörte, hat mir das Mut gemacht ... Es ist mir immer ein Anliegen gewesen, mehr zu singen. Ich hab mir das aber verkniffen, weil ich immer das Gefühl hatte, meine Stimme ist in keiner Weise in der Lage, mit meinem Gitarrespiel mitzuhalten. Meine Tendenz, etwas perfekt zu machen, scheiterte also meist daran, wenn ich dazusingen wollte. Wenn ich singe, wird es live akzeptiert. Dennoch belasse ich es meist bei drei bis vier Stücken, die dann als Auffrischung zu verstehen sind. ..Bei meinen neueren CD's wäre das nicht typisch für das, was ich immer gemacht habe, nämlich primär Gitarrist zu sein..."* (Akustik Gitarre, 3/1998)

Motivation:
„Ich würde sagen, um mir und dem Publikum Freude zu bereiten. Vielleicht auch einfach nur Schicksal, Fluch und Segen ..."

Repertoir:
„Bei Konzerten hängt mein Repertoir vornehmlich von meiner Stimmung ab. Beim Komponieren gibt es keine Auswahlkriterien, oder doch? Ich weiß es nicht, will es auch gar nicht so genau wissen. Ich versuche vielseitig zu sein, ohne meine Vorlieben irgendeinem Trend unterzuordnen, den eigenen roten Faden durchblicken lassen. Ich höre mir auch nur ganz selten Gitarreplatten an. Ich bin nicht einer, der zuhause sitzt und sich den Kopf zerbricht, wie macht der das, wie geht das. Ich höre sehr gerne irische, klassische Musik, aber meinen Gitarrestil will ich so unbeeinflußt wie möglich von anderen Gitarristen halten. Durch bewußtes Hören fließen natürlich allerhand Elemente ineinander, die Umsetzung an der Gitarre bleibt aber mir allein überlassen. Vor etwa zehn Jahren stand ich vor der Entscheidung, mehr Jazz/Swing oder Ragtime zu machen. Ich hätte aber unweigerlich Noten lernen müssen. So habe ich mich hin zu einer melodiöseren Seite entwickelt, einer Musik, die vielleicht noch stärker auf der gefühlsbetonten Ebene liegt."

Irland:
„Immer wieder unternehme ich Reisen nach Irland, die früher ohne Konzerte verliefen. Ich bin zwar immer nur an die Westküste und nach Dublin gefahren, aber ich habe dabei das Lebensgefühl, die Musikrichtung und die Menschen Irlands kennengelernt. Das hat schon viel ausgemacht. Hinzu kommt noch die

Freundschaft zu ANDY IRVINE, den ich 1980 kennenlernte. Er spielt zwar Bouzouki und Mandoline, aber mit seinen alten, traditionellen irischen Liedern fühlte ich mich sofort in diese Richtung gezogen. Wenn es ein zweites Land neben Österreich gäbe, wäre das sicher Irland, wo ich ohne Heimweh leben könnte. Kein anderer Fleck auf der Welt, nur Irland – und speziell dort, an der Westküste. Warum, weiß ich selbst nicht, kann's nicht definieren, aber es gibt Dinge, die sind eben gefühlsmäßig verankert. Da gibt es Melodien, da zieht es mir alles zusammen, und ich kann mir nicht erklären, warum das so ist ... " (Akustik Gitarre, 3/1998)

Geschwindigkeit:

„Die 'Aufwärmrunde' begann der Virtuose mit zwei, in halsbrecherischem Tempo gespielten Rags." (Vorarlberger Nachrichten, 10/96)

„Er zeigt, was man mit sechs Saiten alles machen kann. Was klingt, als würden zwei Person auf zwei Gitarren spielen, spielt er alleine. Seine Finger fliegen über die Saiten und breiten einen Klangteppich aus, der die Ohren sehend macht." (Abendgymnasium, Innsbruck, 1995)

„Er spielt schneller, als man horchen kann ... " (Pustertaler, 5/1996)

„Als ich damals anfing, habe ich primär Lemmerhirt und Kottke gehört, auch wegen der geringen Auswahl an Platten, die mir zur Verfügung standen. Für mich war es fast unumgänglich, daß ich so schnell und ruppig sein wollte wie Kottke. Besonders bei Live-Auftritten erziele ich mit den schnelleren Stücken größeren Enthusiasmus als bei langsameren Stücken. Das heißt, eine schnell heruntergezupfte Nummer war irgendwo immer ein Synonym für große Euphorie, aber vor allem auch das Akzeptieren der eigenen Stücke. Ich spiele heute bei Konzerten ungefähr ein Drittel extrem schnelle Sachen, ein Drittel dazwischenliegende und ein Drittel extrem langsame Stücke." (Akustik Gitarre, 03/1998).

Ich kann mich noch gut an meine Teenagerzeit erinnern, als Peter in der Weststeiermark ein Konzert gab. Die einhellige Meinung war, wie es möglich sei, derartig schnell soviele Töne hintereinander zu zupfen. Das Ohr vermochte die einzelnen Signale nicht so schnell ins Gehirn zu transportieren, es war auch hoffnungslos damit überfordert, etwaige „Fehler" tatsächlich als Fehler zu entlarven. Glücklicherweise spiele ich nicht Gitarre, denn die ganz Ehrgeizigen wollten damals unbedingt so schnell wie Peter Ratzenbeck werden, was meist ein hoffnungsloses Unterfangen war, nicht selten im Frust endete.

Ich genieße es, daß er heute doch weit davon entfernt ist, ein von Geschwindigkeit dominiertes Effektprogramm abzufeuern, genieße diese Reife, einzelne Töne auskosten zu können, sie ausschwingen zu lassen und mich auch beim CD-Hören in bestimmte Klanglandschaften verführen zu lassen.

Lebensrhythmus / Heimat:

Peter Ratzenbeck lebt mit seiner Familie in Heidenreichstein im Walviertel.

„Vielleicht hat meine Beziehung zu Irland/Schottland unbewußt bei der Wahl meiner jetzigen Heimat eine Rolle gespielt. Landschaftlich und klimatisch gibt's

da bestimmt Ähnlichkeiten." Von Mitte Dezember bis Februar nutzt er die Zeit, übers Jahr gesammelte Ideen umzusetzen, zu feilen, zu üben, zu arrangieren, also weiß Gott kein Winterschlaf: *"In dieser Zeit blitzt genau das auf, was ich mir in den Anfangsjahren immer als Stundenplan auferlegt habe: Ich gebe keine Ruhe, mit den neuen Stücken fertigzuwerden, bevor die Winterpause zu Ende geht. Das bedeutet dann, daß ich oft von elf Uhr nachts bis vier oder fünf Uhr früh arbeite. Da verfliegen die Stunden, da bin ich wie in einem Trancezustand. Diese zwei Monate nehme ich bewußt als Übungszeit. Während des Jahres bin ich zu sehr abgelenkt und froh, wenn ich kurzfristig Ideen auf einem Minidisc-Recorder aufnehmen kann, besonders, wenn ich eine neue Gitarrenstimmung gefunden habe. Und das sind inzwischen immerhin neunzehn verschiedene Stimmungen, mit denen ich spiele."* (Akustik Gitarre, 3/98)

Aussichten:
"Im Zeitalter der immer impertinenter werdenden Computermusik sehe ich meine Aussichten eigentlich ganz rosig, auch wenn der Zuhörerkreis nicht sonderlich expandieren dürfte. Das war aber nie ein allzu wichtiges Kriterium – für mich."

Musikhören:
"Früher hab ich viel Blues, Country, Folk und Ragtime gehört. Heute eher Klassik und irische Musik. Zu Konzerten gehe ich kaum, höre mir aber im Rahmen von Festivals, wo ich dabei bin, so ziemlich alles an. Beim Autofahren lasse ich mich – notgedrungen – berieseln, aber am schönsten ist es für mich daheim, bewußt Musik auflegen, bei Kerzenlicht, einem Glas Whisky vielleicht, usw. ..."

Musikpartner:
"Ich bin im Jahr ca. zwei bis drei Wochen mit meinem Freund Andy Irvine auf Tour und genieße diese Zeit ungemein. Vor allem das Zusammensitzen nach den Konzerten, reden über musikalische und partnerschaftliche Erfahrungen sind für mich ein Erlebnis. Auch mit Colin Wilkie habe ich viele schöne Auftritte erlebt."

Wesentlich:
"Ich wünsch mir am Ende einer Komposition, das Gefühl zu verspüren: 'so, und nicht anders' und dieses Gefühl dem Zuhörer weitergeben zu können."

Diskografie: Solo
STRAIT AND RAGGED; 1977, Roots Rec.
FINGERPRINTS; 1979, Ariola
SUGAR AND SPICE; 1979, Ariola
SAITENWIND; 1980, Ariola
REFUGE; 1982, Ariola
SENSITVE; 1983, Ariola
GITARERO; LP; 1985, Extraplatte
BLUE BALANCE; LP; 1986, Extraplatte

Peter Ratzenbeck (vorne), Colin Wilkie (stehend), Andy Irvine (Hintergrund) live auf der Bühne.

SAITENBLICKE; LP; 1988, Ariola
OVER THE YEARS; LP; 1989, Shamrock
NIGHTFALL; CD; LP; 1992, Shamrock
OUTREMER; CD; 1994, Shamrock
TRAVELOGUE; CD; 1997, Shamrock
Diverse:
WHITE SPOTS; LP; 1977, W. Lemmerhirt, Froggy Rec.
ATLANTIS; LP; 1978, Sigi Maron ..., Extraplatte
ALL NIGHT LONG; LP; 1985, Hans Theessink ..., Extraplatte
GEGENLICHT; 1. STS – LP; 1986,
BEST OF AUSTRIA; CD; 1993, Airplay Rec.
ACOUSTIC SPECIAL; CD; 1994, Shamrock
TRIBUTE TO COLIN WILKIE; CD; 1996, Sampler mit Reinhard May, Hannes Wader, Bill Ramsey, CD Steirereck, ORF

SAFER ANDREAS

Meine musikalische Heimat ist die Band ANIADA A NOAR. Einmal eine CD machen, alles selbst arrangieren, komponieren und entscheiden, wie es letzlich klingen soll, meine musikalische Lebensgeschichte quasi, verschiedene Epochen meiner Entwicklung, meiner musikalischen Vorlieben und Einflüsse zum Klingen bringen. Von traditionell bis irisch Folkrock, von Klassik bis zur Improvisation, volksmusikalische Tanzl bis zu persönlichen Geschichten in Balladenform reichen die Einflüsse.

Nach zweijähriger Arbeit war die CD mit dem Titel „GWOXN" fertiggestellt. Mit dabei meine gesamte Familie, von den Eltern, bis zu meiner Frau, den Kindern, Freunden und natürlich den „Noarn". Die Voraussetzungen dafür waren denkbar ideal. Neben meiner Arbeit für die Band hatte ich zahlreiche Texte, Lieder und Tänze gesammelt, die sich aus verschiedensten Gründen (aus meiner Sicht) nicht so sehr für das Aniada-Programm eigneten. Ich hatte inzwischen einige musikalische Freunde kennengelernt, mit denen ich unbedingt etwas machen wollte, und gemeinsam mit Bertl, Wolfgang und Michel (dem besten Tontechniker, den ich kenne) konnte ich mein Vorhaben schließlich verwirklichen.

1994 bekam ich dafür den Vierteljahrespreis der Deutschen Schallplattenkritik: „.... *Folkmusik, die mag jeder, besonders wenn sie aus Irland tönt. Volksmusik, die mag keiner, außer sie trägt das Markenzeichen 'neu'... ganz ernsthaft, aus alter musikalischer Tradition schöpft der steirische Sänger-Komponist Andreas Safer und bietet dennoch spritzige, nahezu fetzige, jedenfalls äußerst unterhaltsame, Ohren und Gemüt erfreuende neue Volksmusik, oder wie das halt zu nennen ist...Safer hat sich für seine Platte erfahrene Musiker wie den Broadlahn-Baßisten Reinhard Ziegerhofer oder Hubert Dohr mit dem Banjo geholt, läßt die Fiddel jubilieren und die Ziehharmonika schnaufen, und Frau und Kleinkind dürfen auch dabeisein ... er bringt mit Schweinegrunzen und opernreif krähendem Hahn soviel Atmosphäre auf die Platte, daß es eine Freude ist, selbst wenn es nach Stall riecht."* (WIRTSCHAFTSWOCHE; Dezember 1993)

1995 arbeitete ich gemeinsam mit Reinhard Ziegerhofer (Broadlahn) und R. P. Gruber an der Verwirklichung der „Steirischen Geierwally", eigentlich ein Musiktheater mit Musicaleinschlag. Lange überlegte ich, denn so etwas hatte ich noch nie gemacht, traute es mir anfangs nicht zu. Schließlich hat mich Felix Mitterer (→Aniada a Noar), der Tiroler Dramatiker mit Wohnsitz in Irland – übrigens ein sehr guter Freund von R. P. Gruber – überredet, es doch zu versuchen, ich danke dir dafür, Felix.

Das Stück wurde inzwischen beinahe hundertmal in Graz aufgeführt. Auch für den ORF war es so interessant, daß eine Fernsehproduktion gemacht wurde, die auch auf 3 SAT gesendet wurde. 1996 erschien bei Extraplatte die CD zum Stück: „... *daß die Steiermark auch andere Muskeln spielen lassen kann als jene von Arnold Sch... beweisen Textdichter R. P. Gruber sowie die Komponisten Andreas Safer und Reinhard Ziegerhofer mit dem steirischen Musical 'Die Geierwally'... neben dem vergnüglichen Libretto entzücken vor allem die taufrischen, glocken-*

Andreas Safer mit italienischem Dudelsack.

hell-almerischen Stimmen der Wally und der Magd Mitzi...sowie die musikalische Vielfältigkeit von Safer und Ziegerhofer ..." (WIENER ZEITUNG; Juli 1996)

Diskografie:
siehe ANIADA A NOAR
GWOXN; CD; Andreas Safer, 1993, Extraplatte 182
DIE GEIERWALLY, das steirische Musical; CD; von R: P. Gruber, Reinhard Ziegerhofer, Andreas Safer, Extraplatte 262-2

SAITENWIND

Über den aktuellen Stand dieser Gruppe bin ich nicht informiert. Aus einer Zeitungsmeldung entnahm ich folgende Informationen:
Ihr Stil liegt auf der Wellenlänge von STS, Bob Dylan, Beatles und Simon and Garfunkel. Neben Eigenkompositionen spielen sie auch Klassiker der Folk- und Rockgeschichte der sechziger und siebziger Jahre. Einige davon haben sie auch ins Deutsche bzw. Steirische übersetzt.

Besetzung:
HEINZ LEITNER: Gitarren, Gesang
ROBERT KNAPP: Gitarre, Mundharmonika, Gesang
ZOTTER CHRISTIAN: Keyboards, Percussion
MARTIN „JANGO" HÖRMANN: Schlagzeug

Diskografie:
SAITENWIND; CD; 1995, Eigenvertrieb

SHENANIGANS

Besetzung:
CASEY ANNETTE (IRL, Wexford): Gesang
CHEESE ROBERT (GB, Salisbury): Gitarre, Mundharmonika, Gesang
CHEESE RICHARD (GB, Salisbury): Percussion, Baß, Gesang
LIBBEY JAMES (CAN, Cornwall): Dudelsack, Flöten, Keyboard
PIKE HARRY (A, Feldkirchen): Geige
UNTERSMAYR TINA (A, Graz): Tinwhistles
WILLMANN MICHAEL (A, Graz): Schlagzeug, Percussion

Im ausverkauften „Arcadium" in Graz konnte ich die Gruppe das erste Mal live erleben. Obwohl die beiden Leadsänger (Caren Casey und Rob Cheese) verkühlt waren, geriet der Auftritt zu einem irischen Fest. Das Publikum sang bei bekannten Nummer wie zum Beispiel „Whisky in the jar" eifrig mit, tanzte und hüpfte begeistert. Die unglaubliche „Wäsch" der Verstärkeranlage verwandelte manch irischen „Hadern" in eine Hardrocknummer.

Die urbane Folkszene lebt, lebt dort, wo Attribute der Pop- und Rockkultur Eingang gefunden haben, sich vermischen zu einem Sound, der die „Folkies" der ersten Generation genauso anspricht wie die ganz Jungen der Hip-Hop- und Clubbing-Generation. Aber auch Balladen, ganz ruhige Stücke, kamen dabei nicht zu kurz. Bei meinem Irlandbesuch vor acht Jahren, konnte ich mich davon überzeugen, daß gerade diese Art der Umsetzung traditionellen Materials auf der Insel weit verbreitet und sehr populär ist. Opas und Kleinkinder vergnügen sich dort bei Livekonzerten in Pubs bis Mitternacht. (In Österreich gelang dies erst spät, lang nach Wilfrieds „Ziwui, Ziwui" in den 70ern mit dem Alpenrock des Hubert von Goisern.)

Folgende Textauszüge stammen aus dem Bandinfo:

„Seit nunmehr fünf Jahren sind die Shenanigans aus der österreichischen Folkszene nicht mehr wegzudenken. Vom Boden- bis zum Neusiedlersee hat heute wohl jeder, der irische Musik und Lebensart zu schätzen weiß, schon von den 'Glorreichen Sieben' aus dem grünen Herzen Österreichs gehört. Schon lange vor dem derzeitigen Irland-Boom verstanden es die Shenanigans, Pubs und Konzertsäle gleichermaßen zu füllen und zum Kochen zu bringen. Als multinationale Band mit MusikerInnen aus vier verschiedenen Ländern haben sich die ehemaligen Grazer 'local heros' schon längst in ganz Österreich einen Namen gemacht. Der große Erfolg bestätigt das Konzept der Band, das auf persönliches Engagement, Interaktion mit dem Publikum und Freude an der Musik sowie Spaß auf der Bühne setzt ... das Programm umfaßt sowohl irische Klassiker (The Jolly Beggarman, Spanish Lady ...) als auch moderne irische Klassiker (Christy Moore, Mary Black, The Waterboys, Bob Geldof ...) sowie Jigs, Reels und Eigenkompositionen ... die verschiedenen musikalischen Wurzeln der Bandmitglieder verbinden sich zu einer attraktiven Symbiose aus Rock, Funk und Klassik, eingebunden in traditionelle, irische Volksmusik, was den Sound der Shenanigans so unverwechselbar macht ... "

Einige Daten zur bewegten Bandgeschichte:

Am 17. März 1993 spielten sie das erste Konzert in der Grazer „BRÜCKE". 1993/1994 waren sie vornehmlich in der Steiermark und im Burgenland, in Gasthäusern, auf Bällen sowie Workshops in Schulen unterwegs. Irish-Steirische Feste waren dabei besonders beliebt (z. B. mit →UR). Ab Herbst 1995 spielen sie, nach einigen Umbesetzungen einmal im Monat im Grazer Music House. Diese Irish Nights sind sehr beliebt, die Fangemeinde wächst. Im Frühjahr wird

„Shenanigans". Oben v. li.: Annette Casey (Gesang), Michael Willmann (Schlagzeug), Tina Untersmayr (Flöten), Richard Cheese (Baß); unten v. li.: James Libbey (Dudelsack), Harry Pike (Geige), Robert Cheese (Gitarre, Gesang).

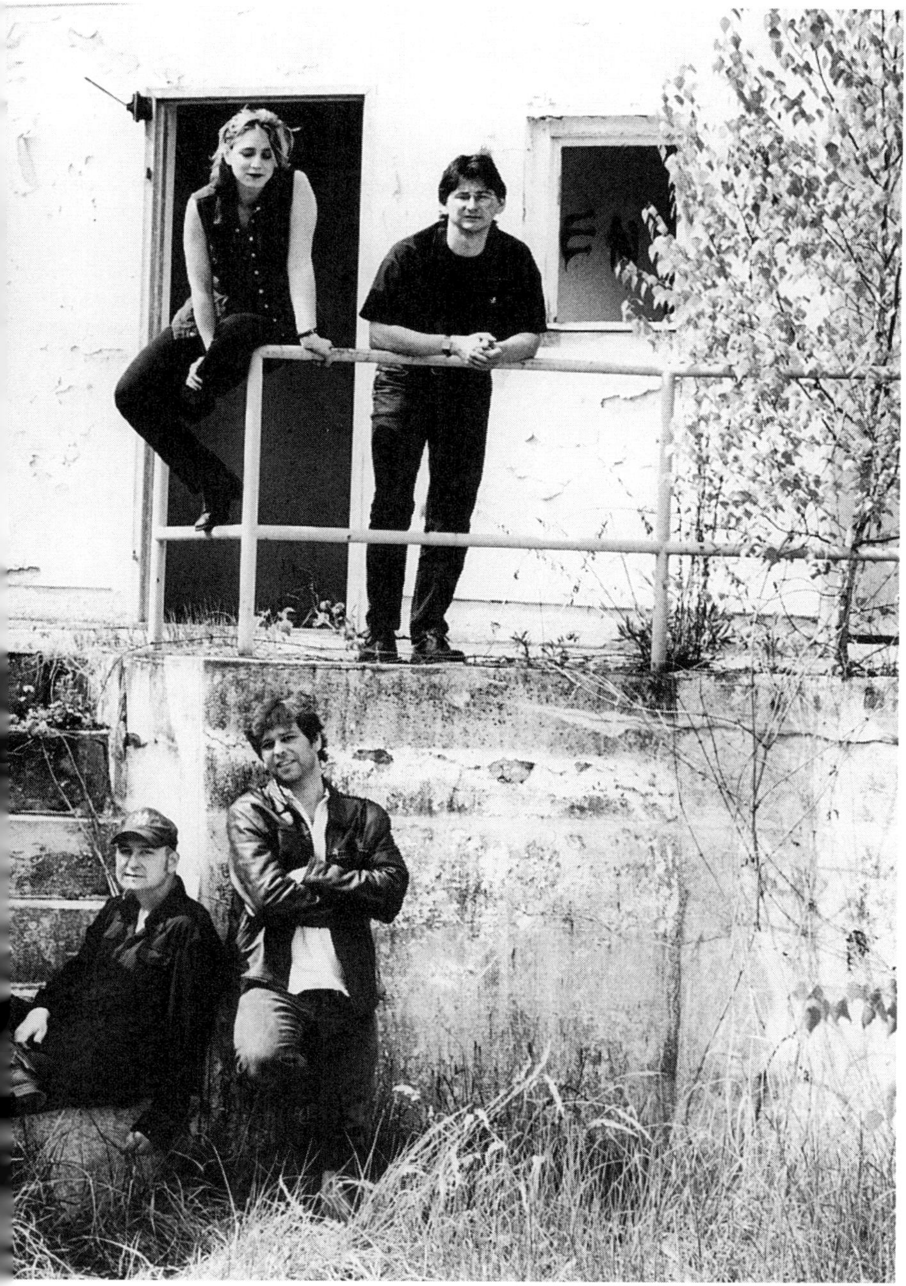

die erste CD präsentiert, die erste Auflage davon (500 Stück) ist in einer Woche vergriffen. Inzwischen tourt die Band in ganz Österreich bis Deutschland. Auch das St. Patrick's Day-Konzert (wichtigster Feiertag in Irland) am 17. März 1997 im Theatro wird ein voller Erfolg. 1997 kommt es zu den nächsten Umbesetzungen, neue Einflüsse, Ideen und musikalische Formen kommen dazu, der Bekanntheitsgrad der Band wächst stetig. Bei der Präsentation ihrer zweiten, in Eigenregie produzierten CD „Setlist" begeistern die Shenanigans über 1000 Leute im Grazer Orpheum. Die erste Auflage ist binnen zwei Tagen ausverkauft.

Die NZ schrieb dazu im April 1998:

„... *an vorderster Front bei ihren Konzerten ist jugendliche Standfestigkeit angesagt, da bricht sich die Kraft des Mitswingens – aufgeputscht von Kilkenny und Guinness – oft nur noch haarscharf an den Stagekanten ... die Shenanigans verstehen es meisterlich, die Irland-Sehnsucht zu instrumentalisieren ... sie sind die personifizierte Partystimmung ...*"

Diskografie:
SHENANIGANS; CD; 1996, Eigenvertrieb, SHEN01
SETLIST; CD; 1998, Eigenvertrieb, SHEN02

SQUADUNE

Erste Besetzung:
DOHR HUBERT / KÄRNTEN; spielte mit Manfred Sumper im Duo; Drehleier, Dudelsack, Gitarre, Mandoline, Bouzouki, Ziehharmonika, Gesang.

KRUSCHE MICHAEL / STMK →(Aniada a Noar); spielte bei „Folkfriends"; heute „Aniada a Noar"; Duoprojekte mit →Chuck LeMonds, A. Safer als „Zwoa not more"; Geige, Gitarre, Dobro, Gesang.

MORO MARTIN / STMK →(Martin Moro); spielt bei →„Graymalkin"; spielte bei →„Zwiezupf" mit →Urdl Hannes, Solist; verschiedene Musikprojekte (Kinderproduktionen; „Quodlibet"); Gitarre, Mandoline, Bouzouki, Tinwhistle, Dobro, Gesang.

SAFER ANDREAS / STMK →(Aniada a Noar); spielte bei „Folkfriends", heute „Aniada a Noar", verschiedene Musikprojekte („Geierwally", das Steirische Musical; Texte von R.P. Gruber, Komposition gemeinsam mit R. Ziegerhofer →„Broadlahn"), CD-Produktion: „GWOXN", (Preis der Deutschen Schallplattenkritik 1994), Duoprojekt: „Zwoa not more" mit Michael Krusche; Geige, Mandoline, Gesang.

„Squadune". V. li.: Kurt Bauer, Martin Moro, Hubert Dohr.

„Squadune" gibt es nach wie vor, jedoch in anderer Besetzung. Im neu gestalteten Info der Band liest man:
„*Drei bewährte Musiker auf der Suche nach Traditionen. Instrumentalmusik und dreistimmiger Gesang, eben Folkmusik im besten Sinne des Wortes. Rund um den Multiinstrumentalisten Hubert Dohr spielen und singen Kurt Bauer und Martin Moro.*"

Besetzung:
HUBERT DOHR: Bouzouki, Mandola, Mandoline, Gitarre, Akkordeon, Drehleier, Dudelsack, Gesang.
MARTIN MORO: 10-saitige Bouzouki, Gitarre, Mandoline, Gesang.
KURT BAUER: Violine, Gesang, (spielt bei →DEISHOVIDA).

Diskografie:
INVASION OF THE MACHO CHESTS; CD; 1998, Extraplatte 354-2

STRINGBAND

Besetzung:
ZAGAR WOLFGANG: Pedal Steel, Dobro, E-Gitarre, Akustische Gitarre, Baß, Gesang.
ZACH ERNST: Mandoline, Fiddle, Gitarre, Baß, Gesang.
WEIXLER FRITZ: Gitarre, Baß, Gesang.
RIEMER RAIMUND: Baß, Mundharmonika, Gesang.

Wolfgang Zagar, der musikalische Leiter der STRINGBAND, gehört zu den „frühen" Countrymusikern in der Steiermark. Er versteht es, ohne Klimbim, ohne großen Effekt, „Countryhadern" einfühlsam zu interpretieren, sie zurückzuführen zur amerikanischen Volksmusik. Acoustic music, old time Country der feinen Art, würde ich dazu sagen. Wolfgang „Wuff" Zagar spielte Ende der siebziger Jahre gemeinsam mit Bertl Pfundner (Folkfrieds; →Aniada a Noar), Egon Lackner und anderen bei der ersten bemerkenswerten Country & Western-Formation in der Weststeiermark (Dingly Dell) und gründete Anfang der Achtziger, gemeinsam mit Pfundner die FOLKFRIENDS (W. Zagar, B. Pfundner, Eduard Zwanzer, Andreas Safer). Er zeigte mir damals die Feinheiten des Fiddle-Spielens, schöpfte aus einem großen Repertoir schöner, bei uns da-

Wolfgang Zagar am 5-String-Banjo.

mals unbekannter Musikstücke aus Amerika und entwickelte sich zum bedeutendsten 5. String-Banjospieler Österreichs. Mit der STRINGBAND spielte er bei den wichtigsten Countryfestivals in Österreich und im benachbarten Ausland und moderierte bei Radio Val Canale von 1996 bis 1998 eine eigene Country & Western Music-Sendung („Barn Dance").

Als gelernter Gitarrist begann er sich vor 20 Jahren mit dem Banjospielen zu beschäftigen. Während eines längeren Amerika-Aufenthaltes fing er 1982 in der Werkstatt des Thomas Phipps in Charleston, Illinois, an, Instrumente zu bauen (→ Instrumentenbauer in der Steiermark), heute ist er der einzige Banjobauer Österreichs.

Seine wichtigsten Stationen als Musiker:
Im Inland Auftritte mit TIM LAKE (USA), TRUCK STOP (BRD), BOB BAISLEY & SOUTHERN GRASS (USA), BOB BROZMAN (USA) und vielen anderen. In Amerika trat er mit JEFF & YVONNE YATES in Chicago, mit Thomas Phipps in St. Louis auf. Daneben spielte er natürlich noch jede Menge Sessions. Als Studiomusiker ist er an vielen Instrumenten gefragt: Banjo, Gitarre, Dobro oder Pedal Steel. Rundfunk und Fernsehauftritte belegen die Qualität der Stringband (ORF; ARD; Blue Danube Radio; ORF Steiermark; Juke Box; CD International; Radio Carinthia; Antenne Steiermark; Radio Val Canale).

Diskografie:
REST & WORK; CD; 1995, Eigenvertrieb, 150 456-2

STS

STS dürfen hier nicht fehlen. Warum? Weil sie anfangs stark vom amerikanischen Folkrevival beeinflußt waren, weil sie unbedingt der Liedermacherszene zuzuordnen sind, weil sie am Beginn der steirischen Folksszene wichtige Impulse setzten und für zahlreiche MusikerInnen zum Vorbild wurden.

Folgende Informationen wurden in mühevoller Kleinarbeit von Dr. Max J. Hiti, Herausgeber der Füstenfelder Kulturzeitschrift „CAMPUS f", zusammengetragen und in den Jahren 1993 bis 1996 im „CAMPUS f" veröffentlicht. Ich danke ihm für die Erlaubnis, mich seiner Recherchen bedienen zu dürfen.

Die Biografien der drei STS'ler würden alleine schon ein Buch füllen. Im Rahmen dieser Dokumentation sollen nur die für das Trio wichtigsten Stationen im Zeitraffer geschildert werden.

Besetzung:
SCHIFFKOWITZ alias Helmut Röhrling: Gitarre, Gesang.
STEINBECKER GERT: Gitarre, Gesang.
TIMISCHL GERT: Gitarre, Gesang.

Schiffkowitz:
Helmut Röhrling, wie er mit bürgerlichem Namen heißt, wurde in Graz geboren und wuchs in Sinabelkirchen auf. Musikalisch prägend sollten für ihn die Jahre im Fürstenfelder Gymnasium werden, das er von 1957 bis 1965 besuchte.

Anfang der sechziger Jahre war in Fürstenfeld jene Zeit, als nach der Geburt des Rock & Roll die ersten jugendlichen Bands wie Schwammerl aus dem Boden schossen. Schiffkowitz spielte in jener Zeit gemeinsam mit Boris Bukowski. Dabei wurden Musiknummern aus dem Radio nachgespielt. Er übernahm dabei meist die Rolle des Sängers.

Seinen ersten öffentlichen Auftritt hatte er mit einer Band namens „FBI Combo" im Jahr 1966. Beim Steirischen Bandwettbewerb schaffte die Band unter 18 Teilnehmern den 5. Platz. Bei einer Sylvesterveranstaltung im selben Jahr tauchte zum ersten Mal der Künstlername Schiffkowitz auf, ursprünglich als Scherz gedacht.

Seine nächste Station war die „Music Machine", die sich zu einer der stärksten Popgruppen in der Steiermark und im Burgenland mauserte.

1971 trennte sich Schiffkowitz von der „Music Machine", in dieser Zeit gab er auch – mehr oder weniger – seine Studien an der Grazer UNI (Anglistik, Germanistik, Architektur) auf. Er trat immer häufiger als Solist auf, spielte im Vorprogramm der damals gefeierten Gruppe „Turning Point" auf und verwendete ab diesem Zeitpunkt ganz bewußt seinen Künstlernamen Schiffkowitz. Daneben spielte er aber auch mit anderen Musikern zusammen. Mit Wilfried, Peter Ratzenbeck und vor allem mit Ernst Pozar. *„So bin ich damals tatsächlich auch auf die Folk-Linie eingeschwenkt. Es waren aber sehr harte Jahre. Ich hab ja schon wieder vor lauter Geldmangel den Kitt von den Fenstern gefressen."* (Schiffkowitz)

Etwa 1974 wandte er sich dem Journalismus zu. Er schrieb für die Jugendseite der „NZ", für die Fernsehredaktion, für die Kulturseite. Später arbeitete er auch für den Rundfunk, vor allem für das Studio Steiermark, für die „Musikbox", gelegentlich auch für den Westdeutschen Rundfunk Köln.

Gleichzeitig war er im Vorprogramm der „Turning Point" bei einigen Tourneen dabei, spielte auch vor Wolfgang Ambros, Georg Danzer und anderen. Wichtig war ihm dabei, seine eigenen Songs *„unter die Leute zu bringen"* – die „Einmannband" oder „Gö du bleibst heut Nacht bei mir", seine Version des Kristofferson Hits „Help me make it through the night", das „Zehn Minuten still" (damals noch in Englisch gesungen) – und *„kein Hund, kein Hund hat sich darum geschert"* (Schiffkowitz).

1975 traf er in Graz einen Bekannten, der von Deutschland auf Urlaub nach Hause kam und als Rockmusiker schon zwei Jahre lang ziemlich verzweifelt in der Luft hing. Schiffkowitz fragte ihn, ob er nicht mit ihm musikalisch arbeiten wollte. Sein Name: Gert Steinbecker.

Gemeinsam traten sie mit ein paar Liedern im Forum Stadtpark auf, einmal auch im Schloß Freiberg (damals schon ein wichtiges Zentrum der steirischen Musikszene). *„Es war nichts von irgendeiner Wichtigkeit, aber immer mit den Akustikgitarren und zweistimmig, was uns zunehmend gefallen hat!"* (Steinbecker)
Es war Ende 1975, und Steinbecker weilte noch immer (oder schon wieder) in Graz. Er hatte die Idee, einen Dritten dazuzuholen, für eine Formation, wie sie die amerikanische Gruppe „Crosby, Stills & Nash" darstellte. (Der Chorsatz und die Dynamik dieser Formation sollte STS nachhaltig prägen.) Schiffkowitz war einverstanden, der dritte Mann rasch gefunden: Günter Timischl.

„Seine ausgleichende, versöhnende, aber doch bestimmte Art ließen Konfliktsituationen erst gar nicht aufkommen ... wenn er Gitarre und Stimme 'in die Hand nahm', ging die Sonne auf ... er konnte nicht falsch singen ..." (Zitate von Musikerkollegen)

Erstmals zu dritt:
„Es gab da eine kleine Veranstaltung mit jungen Dichtern im Forum Stadtpark. Wir setzten uns zusammen, studierten drei Lieder ein, zwei von „Crosby, Stills & Nash" und eins vom Schiffi selber und haben die Sache heruntergebogen." (Timischl)
Die Einladung zu einem Konzert bei den Minoriten war die Folge: *„Da setzten wir uns ein paar Wochen zusammen und arbeiteten wie die Bösen, bis das Programm stand."* (Timischl)
Es war Dezember 1975 und ein großer Erfolg. Eine kleine Tournee führte sie wieder ins Forum Stadtpark, auf Schloß Freiberg, nach Güssing, Fürstenfeld ...
Im April 1976 gingen alle drei jedoch wieder getrennte Wege: *„Der Gedanke, daß ein Trio derartiger Potenz zersplittert, könnte der Rührung eine Träne fließen lassen."* (Kleine Zeitung)

Es folgten turbulente Jahre, bis die drei 1978 endgültig wieder zusammenfanden. Es sollte aber noch eine Durststrecke von fünf Jahren bis zum großen Durchbruch folgen. (Das erste Programm wurde zur Hälfte englisch, zur anderen Hälfte deutsch gesungen. Erst ein Jahr später legte man sich auf den steirischen Dialekt fest).
Am 16. Dezember 1978 kam es zum ersten Auftritt nach der Trennung. Wieder auf Schloß Freiberg. Der künstlerische Erfolg brachte aber noch keine großen Gagen, jeder war gezwungen, nebenbei andere Projekte zu verfolgen.
Endlich reagierte 1980 eine Plattenfirma auf die Demobänder mit verschiedenen Live-Mitschnitten von STS-Konzerten. Bei „Ariola" erschien die Single „Da kummt die Sunn", eine Coverversion der Beatlesnummer „Here comes the sun". Auf der Rückseite ein Titel von Günter Timischl: „Geht's da guat."

Erster STS-Auftritt bei den Minoriten in Graz im Dezember 1975. (Foto Günther Richter)

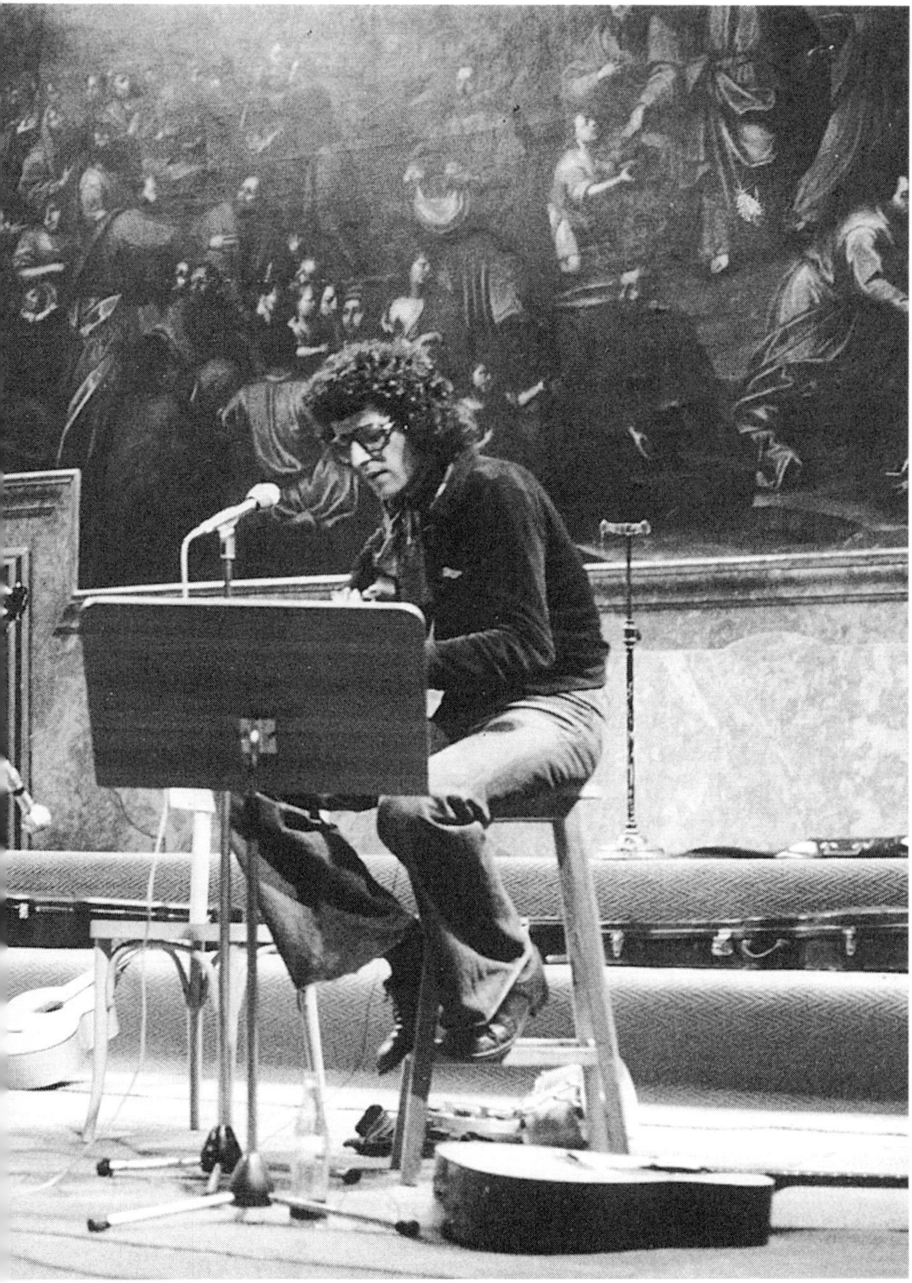

1981 folgte die erste LP, „Gegenlicht", die sich zwar nocht nicht so gut verkaufte, aber im Radio fleißig gespielt wurde. *„Ein Achtungserfolg – immerhin."* (Timischl)

„STS haben es sich zur Gewohnheit gemacht, daß den Solo-Part eines Liedes immer der Komponist singt bzw. bei fremdsprachigen Vorlagen der Verfasser des deutsches Textes. Nur 'Zehn Minuten still' von Schiffkowitz, das er in memoriam John Lennon geschrieben hat – am 8. Dezember von einem geistesgestörten jungen Mann vor dem Dakota-Haus in New York erschossen –, ist durchgehend dreistimmig gesungen." (Hiti, Campus f, 1996)

Schiffkowitz verabschiedete sich 1981 von seinen Solo-Gedanken, um sich ganz der STS-Geschichte zu widmen. Steinbäcker und Timischl waren damals noch mit der inzwischen sehr erfolgreichen „Ersten Allgemeinen Verunsicherung" unterwegs (Deutscher Schallplattenpreis 1981 für „Café passe", Berliner Wecker 1982, den Preis für Kleinkunst ...).

Ende 1982 verabschiedeten sich Steinbäcker und Timischl von der EAV, weil STS auch für sie immer wichtiger wurde. (STS und EAV blieben aber weiterhin miteinander „verbandelt". „Es wird heller", eine Parodie von Schiffkowitz und Millner, erscheint auf der dritten EAV-LP „Spitalo fatalo", 1983).

Ausgedehnte STS-Touren brachten aber noch immer nicht den erhofften finanziellen Erfolg. Das Jahr 1983 und das beginnende 84er-Jahr bescherten die nächste große Krise. Die Dreier-Formation stand neuerlich vor der Auflösung!

Eine Chance mit einer vierten Single gaben sie sich noch. Was hilft's, wenn einem die schönsten Lieder einfielen, wenn vor 200 bis 300 Zuhörern leidenschaftlich gesungen wurde? Was hilft's, wenn man damit nichts verdiente, wenn keiner davon leben konnte? Immerhin waren inzwischen fünf Jahre vergangen ...

Die Single „Irgendwann bleib i dann dort" wurde 5.000 Mal verkauft. *„Ein Achtungserfolg, weiter nichts"* (Steinbäcker). Zwei Jahre später wurde dieses Lied zur Nummer 1 der österreichischen Hitparade.

Timischl stieg in jener Zeit bei OPUS ein, Schiffkowitz dachte ans Aufhören: *„Alle sagen 'das ist toll, was ihr da macht!' Und im Prinzip bringt es keinen Schilling. Nein, es war keine Möglichkeit abzusehen, jemals von der Musik zu leben. Lange Zeit spielten wir vor 10 bis 20 Leuten, auch nach der ersten LP. Das machst du mit 20 Jahren locker, mit 30 schon weniger locker. Und damals ging ich schon auf die 40 zu! Im Dezember wollte ich Schluß machen. Es war traurig, aber es ging eben nicht. Ich konnte sagen, o.k., ich habe es probiert."* (Schiffkowitz)

Zu dieser Zeit wurde das Kürzel „STS" erfunden, das Echo auf die letzte Single war groß, und Karl Scheibmeier, Wiener Manager und Musikverleger, reagierte auf verschickte Demobänder. Bei der Plattenfirma Amadeo, einem Sub-Label der Polygram, erschien die zweite STS-LP, aufgenommen im berühmten „Sound Mill Studio Vienna" im März und April 1984.

„Überdosis G'fühl" erschien in einer vorsichtigen Startauflage von 500 Stück, erstmals gleichzeitig auch auf Compact Disc.

Damit biegt die STS-Story auch schon in die Zielgerade. *„Der Rest is eh bekannt".* (Schiffkowitz)
Zum Beispiel, was für ein riesiger Erfolg die Platte wurde. Dabei wäre „Fürstenfeld" beinahe nicht auf dieser Produktion erschienen.

„Fürstenfeld":
Es war im Endstadium zu den Aufnahmen in Wien. Zehn Nummern waren bereits fertig, eine hatte aber noch Platz. Man überlegte hin, man überlegte her, schließlich erinnerte sich Schiffkowitz an „Fürstenfeld" (Musik: Pepsch Jandrisits).
Der Inhalt bezog sich auf den leidenschaftlichen Fürstenfelder und ebenso leidenschaftlichen Heimfahrer Günter Timischl. Gert Steinbäcker bestätigte den liebevoll-freundschaftlichen Spott des Textes: *„Natürlich war der Günter der Anlaß zu diesem Text. Er ist sicher der von uns drei, der am liebsten heimfährt. Und da ist dem Schiffkowitz halt eine lustige Idee dazu eingefallen, eine Art Parodie zum Thema Heimweh. Und so eine Figur, die immer heim will, liefert den idealen Stoff für eine Parodie."*
Das Ausklinken von „Fürstenfeld" als Single war aber keine Selbtverständlichkeit. Offensichtlich wurde es vom Publikum nicht als Parodie verstanden, sondern als urtümliches Heimwehlied bejubelt: *„Fünf Millionen Oktoberfest-Besucher singen das Lied über Fürstenfeld ..."* (Zeitungsmeldung, ein halbes Jahr später)
„Von damals an", resümiert Gert Steinbäcker den Erfolg lakonisch, *„kann man sagen, haben wir auch wirklich leben können."* Innerhalb eines Jahres wird die „Überdosis G'fühl"-LP 70.000 mal verkauft (Platin!), die Single „Fürstenfeld" gleich 140.000 mal. *„Die Firma ist mit dem Pressen der Platten nicht mehr nachgekommen."* (Steinbäcker)

Das Jahr 1985 wurde in der österreichischen Pop-Geschichte zum Jahr der Steiermark. Nach dem Welterfolg von OPUS („Live is life") veröffentlichte die EAV ihre fünfte LP „Geld oder Leber". Sie erhielten dafür 3fach Platin und 7fach Gold, die bestverkaufte Langspielplatte aller Zeiten in Österreich (Pop-Columbus). Im August 1985 stellte STS die dritte LP, „Grenzenlos", vor. Es folgte eine wahre Explosion: viermal Platin!
Die folgenden Konzerttourneen waren jedesmal lange vorher bereits ausverkauft. Um die Strapazen zu überstehen, stellte sich ein bestimmter Arbeitsrhythmus ein: Lieder schreiben – Lieder einstudieren – Plattenaufnahmen – Herbsttournee – kleine Winterpause – Frühjahrstournee – große Pause ...
Die Fans haben sich darauf eingestellt.

Das Problem der Begleittexte ...
... formuliert Dr. Hiti folgendermaßen:
„Ich muß gestehen, daß mir eines an allen STS-Platten sehr weh tut: Das sind die beigelegten Texte ... daß in 'Kinder hab'n ihr'n Kopf so frei' von Günter Ti-

STS im Stefaniensaal in Graz. (Foto © by Helmut Utri)

219

mischl (CD 'Auf a Wort') in der letzten Strophe eine ganze Zeile fehlt ... wirklich ins Herz greift der Schmerz, weil alle Lieder, die einen Großteil ihrer Kraft, aber auch ihrer Zartheit, aus dem steirischen Dialekt beziehen, schriftlich in einem schauderhaften Mischmasch aus Steirisch und Hochdeutsch festgehalten sind. ... statt 'zum Rean' findet man im Booklet 'zum Weinen', wodurch der ganze Reim auf 'hearn' ('hör'n') in die Binsen geht ... statt 'Tschick' heißt's 'Zigaretten', statt 'Hockn' 'Arbeit' usw ...

Freilich wurde es mir von STS erklärt: 'Die schriftlichen Texte sind nur ein Behelf, gewissermaßen eine Übersetzung, die im ganzen deutschen Sprachraum verstanden werden soll. Das Wesentliche ist ja doch die gesungene Fassung, und die gilt!'

Sicher: wenn man die Platte abspielt, erwachen die 'papierenen' Texte zu herrlichstem, ursprünglichstem Leben. – Aber trotzdem ..."

(Dr. Max J. Hiti)

Diskografie:
GEGENLICHT; 1981, Ariola
ÜBERDOSIS G'FÜHL; 1984, Amadeo
GRENZENLOS; 1985, Amadeo
AUGENBLICKE; 1987, Amadeo
AUF TOUR; 1988, live Doppel-CD, Amadeo
GLANZLICHTER; 1989, Sampler, Amadeo
GÖ DU BLEIBST; 1989, Sampler, Amadeo
EINMAL IM LEB'N; 1990, Steinbecker Solo-CD, Amadeo
JEDER TAG ZÄHLT; 1990, Amadeo
AUF A WORT; 1992, Amadeo
ROSEGGER; Steinbäcker, Timischl, Schiffkowitz & Kolonovitz, 1993, Amadeo
STEINBÄCKER; 1994, Solo-CD, Amadeo
ZEIT; 1995, Amadeo
DIE GRÖSSTEN HITS AUS 15 JAHREN; CD, Sampler, Amadeo

UR

Akustischer Gitarrensound, Hannes Hager, Texter und Kompositeur mit Liedermacherambitionen, eine kompakte, junge Band, die, schwer einzuordnen, zwischen dem Folkrock der sechziger und dem Dialekt-Rap der neunziger Jahre ihr eigenes Süppchen kocht.

Besetzung:
HANNES HAGER: Gitarre, Gesang.
STEPHAN LIPPITSCH: Akkordeon, Mundharmonika, Saxophon, Tinwhistle.
GEORG SCHMIDT: Gitarre, Flöte, Gesang.

„Ur". V. li.: Georg Schmidt, Hannes Hager, Tommy Überriegler, Stefan Schreiner.

TOMMY ÜBERRIEGLER: Baß, Gesang.
STEFAN SCHREINER: Mundperkussion, Metallophon, Schlagzeug, Gesang.
GEORG LAUBE: Fender Rhodes.

Diskografie:
BEIM ERSTEN MAL; CD; 1995, Eigenvertrieb 253191 13112
LE CHEMIN; CD; 1997; Eigenvertrieb 251920 41859

URDL HANNES

Der 1959 in Graz geborene „Clowndoctor" und Musiker Hannes Urdl gehört für mich zu jenen (Folk)-Musikern, die Wesentliches zur Entwicklung der Szene beitrugen. Kennenlernen durfte ich ihn am Retzhof, in der Südsteiermark, an der Seite von Ernst Pozar war er fünf Jahre an der Verwirklichung des „RETZHOFER FOLKFESTIVALS" beteiligt. Urdl vereint in sich den Entertainer – da hilft ihm die langjährige Erfahrung als Kabarettist –, den Musiker und Sänger, der seinen ganz eigenwilligen Zugang zur Gitarre schon allein optisch, durch die „verkehrte" Haltung des Instruments, demonstriert (er zerlegt mit der linken, greift mit der rechten Hand, verändert dabei die Lage der Saiten nicht; d. h.: die tiefe E-Saite kommt „unten" zu liegen, die hohe „oben". Dadurch ergibt sich ein unnachahmlicher „Urdl"-Stil). Er ist ein typischer „Bauch"-musiker, jener Typ Musikant also, der zur Stelle ist, wenn gemeinsam was entstehen soll, der es versteht, spontan die richtige „Stimmung" einzubringen.

Ich habe schon als Bub zu trommeln begonnen, auch einige Semester Schlagzeug studiert und bein einigen Gruppen mitgespielt. Mit 19 bin ich dann zur Gitarre umgestiegen, weil ich mit dem Schlagwerk 'Richtungsprobleme' hatte. Rock war mir zu eintönig, für Jazzrock habe ich keine Mitmusiker gefunden, Swingjazz hat mich nicht so interessiert, und überhaupt war mir das Schlagzeug zu laut.

Begonnen habe ich mit JOAN BAEZ-Lieder, mir die üblichen Griffe in einem halben Jahr angeeignet und viele Folksongs gesungen. F-Dur habe ich nach genau einem Jahr beherrscht, und ich kann mich heute noch daran erinnern, wie ich mich rasend darüber gefreut habe, daß es ohne Schnarren und Scheppern erklang. Dieser saubere F-Dur-Klang war mir eine größere Befriedigung als einige Zeit später die Beherrschung so manchen schwierigen Stückes.

Ich habe damals (die Phase der roten Ohren) mit Begeisterung nächtelang geübt, oftmals nur wenige Töne, die ich immer rascher miteinander verbinden konnte, daß so etwas Ähnliches wie Musik erkennbar war.

An der Gitarre haben mich zwei Richtungen interessiert und fasziniert: die Liebe zu Songs und Chansons – ich habe selber etliche Lieder geschrieben, sie aber nie soweit bearbeitet, daß ich sie auf Platte aufgenommen hätte (bis auf einige unrühmliche Ausnahmen auf der LP 'Silver Swan') – und mein langjähriges Kabarettspielen haben meinen Zugang zu Liedern beeinflußt. Es gibt einige recht lustige Lieder aus jener Zeit. Die Gruppe GEGENLICHT ist gerade dabei, meine STS-Parodie in ihr Programm aufzunehmen."

UUU
(Text und Musik: Hannes Urdl)

Du sogst, du muaßt imma in die Sunn schaun,
wals da dann so blendend geht.
Nur des Ozonloch kann di manchmol ummehaun,
daß's dar as Hean und Segn vageht.

Wann da da Rhythmus total egal is und du ihn ignorierst,
wal du olles so tiaf in dir drinnen gspiast,
wann da Alltog di beansprucht und di fertig mocht,
host du zu seltn – a Pause gmocht.

Jo manchesmol is olles so C,
oba dann denk i wida: a G.
Trotzdem is olles meistens e,
C oda G.

Ref:
Jo wenn die Wiesn grün is und da Himmel blau,
dann wirst älter, jeden Tog an Tog;
und wenn die Nocht ganz schworz is
und da Tog nur mehr hell,
hob i des Gfühl, du host as Gfühl, i hob a Gfühl.

Lang scho hob i des Problem net kennt,
daß's ma so richtig in die Fingernägel brennt;
und wenn dabei der Schmerz durchn gaunzn Körper rennt,
is die Zigrettn sicha – bis zum letztn End obbrennt.

Jo a jeda is holt irgendwie am Sand,
meistens bin i des in – eh bekannt,
oba kana waß, wos i dort eigentlich wül:
i wort und wort auf a aunderes, a gänzlich neiches Gfühl.

Ma muaß si's Leben nemman, wenn ma leben wül,
einiköpfln in des kolte Noß;
oba suach dar a tiafe Stell und jo ka Furt,
weil sunst bleibst – irgendwann dann durt.

Ref:
Jo wenn die Wiesn ...

„Zwiezupf" live in der „Brücke", Graz, anläßlich der Präsentation ihrer 2. CD „Collage". V. li.: Hannes Urdl (spielt die Gitarre „verkehrt"), Martin Moro.

Die andere Richtung ist die der Instrumentalstücke. Anfangs Ragtime-Bearbeitungen und brav nachgespielte Bluestakes, später mehr oder weniger eigene Bearbeitungen von Musikstücken aus allen möglichen Richtungen.

Mit MARTIN MORO habe' ich sechs Jahre intensiv zusammengespielt („ZWIEZUPF"), wir haben uns sehr gefordert. Die ZWIEZUPF-Jahre sind schon länger vorbei, trotzdem sagen mir die Leute immer wieder, daß sie unsere CD's gerne und oft auflegen. In der steirischen Folkszene bin ich in den letzten Jahren nicht aktiv gewesen, ich kenne aber zahlreiche Musiker und plaudere hin und wieder mit einem. Jodeln tu ich manchmal zuhause in der Badewanne und im Auto. Ich tu's gern.

Auch wenn ich nicht mehr so viel in der Öffentlichkeit stehe, ist Musikmachen nach wie vor meine große Kraftquelle. Ich konnte in vielen künstlerischen Bereichen Erfahrungen sammeln, die ich gerne mit meinem pädagogischen Talent verbinde. Ich arbeite mit sogenannten musikalischen Laien, die Lieder singen und begleiten wollen, sich aber nicht viel zutrauen, da den meisten von ihnen in der Kindheit gesagt wurde, sie seien unmusikalisch. So etwas sitzt unglaublich tief und verhindert die Entfaltung und Erfahrung des eigenen musikalischen Potentials mit seiner ausgleichenden und erfrischenden Wirkung auf die Psyche.

Diskografie:
„MITN RADL IN'S GRÜNE", LP; 1983, Extraplatte 33
„SILVER SWAN", LP; 1986, Extraplatte 66
„ZWIEZUPF", CD; 1990, Extraplatte
„COLLAGE", CD; 1993, Extraplatte 228094-2
„BLUE BALANCE", PETER RATZENBECK; als Gastmusiker (→Ratzenbeck)

VIER-XANG

Besetzung: (Angaben ohne Gewähr).
BREIT EIK: Spaß und Parodiebariton, Mundharmonika, Große Ansage.
JIRAS HEINZ: Krawattltenor, Klavier, Trommeln, Arrangement, Pizzakoch.
KOFLER KLAUS: Baßbaron, Schriftführer, Gitarre, Frisur, Rauch.
SCHEUTZ WILFRIED: Reisnageltenor, Text, Politik, Vater, Brauchtum, Jazz.

Musiktheater, Musikkabarett, Neue Vol$x$musik (Betonung auf x, siehe Gruppenname), Musikkasperln ... viele Charakterisierungen fallen mir da ein, keine davon ist schlüssig. Klar. Da sind vier erfahrene Herren, deren Namen in der Austropopszene Gewicht haben, und gerade die machten einen „Xangsverein" auf.

Gehen wir in die Historie. Da wäre der Herr Wilfried Scheutz, kurz Wilfried, der, geboren in Bad Goisern – Achtung, nicht Wilfried von Goisern! –, doch als

„Ursteirer" bezeichnet wird. Denkbar wäre also: der Goiserer „Wilfried von Graz". Er studierte Lehramt (Englisch, Französisch) an der Grazer Uni und verbrachte mehr als zehn intensivste Jahre in Graz. In Wien gefragt, woher er gerade käme, antwortete er: *„I komm aus Graz, von daham."* Gestört hat ihn der „Ursteirer" nie, *„I steh auf die Steiermark: net vasaut vom Fremdenverkehr, normale Menschen ..."*

In Graz war Wilfried mehr auf der Bühne als im Hörsaal anzutreffen. Seinen Reisnageltenor ersang er sich bei „Hide and Seek", gemeinsam mit Alex Rehak (→„Midnight Special", Jim Cogan), bei seiner Rockband und der EAV:

„Sänger war zunächst niemand anderer als Wilfried Scheutz, der schon eine Karriere als Almdudlerrocker hinter sich hatte und neue Motivation suchte. Nach einigen g'strampften Hits wie 'Mary, oh Mary' (1973) oder 'Woodpecker's music' (1974) sah er sich erbarmungslos als Bierzeltattraktion abgestempelt und probierte schlichtweg, sich mit und bei der EAV neu durchzustarten. Trotz einiger Achtungserfolge erwies sich das neue Projekt für den Bad Goiserer jedoch als finanziell zu unergiebig, und schon im Sommer 1979 kam es zur Trennung. Wilfried vertraute sich dem Produzenten Robert Ponger an (Falco, Broadlahn...) ... und setzte voll auf die Discoschiene. Mit Reißern wie 'Nights In The City' oder 'Johnnys Discothek' betrieb Wilfried nach seinem EAV-Ausstieg nunmehr quasi sein eigenes Kabarett und konnte sich darüber freuen, mit angeberischem Schwachsinn recht beachtliche Kohle zu machen ..." (Ernst Weiss, „Heimspiel", Hannibal Verlag, 1995)

Nach außen ist Wilfried scheinbar widersprüchlich. Alles Mögliche hat er ausprobiert, manches Schlechte, viel Gutes kam dabei heraus. „Lisa, Mona Lisa" zum Beispiel auf der einen Seite, „Lauf, Hase lauf", („Run, Rabbit Run"), rockige Hadern („Highdelbeeren"), oder für die „Neue Volksmusik" richtungsweisend: „Ziwui, Ziwui", auf der anderen Seite. Im Grunde aber ist er ein Volksmusikliebhaber und Volksmusikant geblieben.

Ich hab ihn beim „Mnozil" in Wien beim Musikantenstammtisch getroffen oder im „Babenbergerhof" in Graz, bei der Anni: Ein volksmusikbegeisterter, volksmusikinteressierter Mensch, der Gespür für leise Zwischentöne genauso wie fürs Derbe zeigt. Er war seiner Zeit oft weit voraus (für mich ist er der Vater des Alpenrock, der es schon in den frühen siebziger Jahren verstand, Volksmusik homogen mit Rockusik zu vereinen, zu früh für die Medienwelt, zu früh für die österreichische Rocklandschaft), hat sich fast immer nach dem Motto leiten lassen: *„... immer wieder Neues probieren, status quo ist Stillstand, wenn nicht Rückschritt ..."*, geht heute, 48-jährig, *„... eigentlich nur mehr Sachen an, die Spaß machen und einen Sinn haben."* Seine musikalische Bilanz umfaßt rund 20 Schallplatten und die eine oder andere Filmmusik. Hauptbetätigungsfeld ist für ihn heute die Schauspielerei: *„Ich nahm ein paar Stunden Sprechunterricht, die übrigen Kenntnisse erwarb ich mir durch 'learning by doing'."* (Steirische Wochenpost, 1995)

Was in der Klausur eines vierköpfigen Freundeskreises auf einer Hütte im Venedigermassiv geboren wurde, vereint Theaterbühne, Kabarett, Schlager-, Rock-, „Busch-" und vor allem viel Volksmusik. Er ist somit wieder einmal zu seinen

4-Xang: V.li.: Heinz Jiras, Eik Breit, Wilfried Scheutz, Klaus Kofler. (Foto © Peter Manninger)

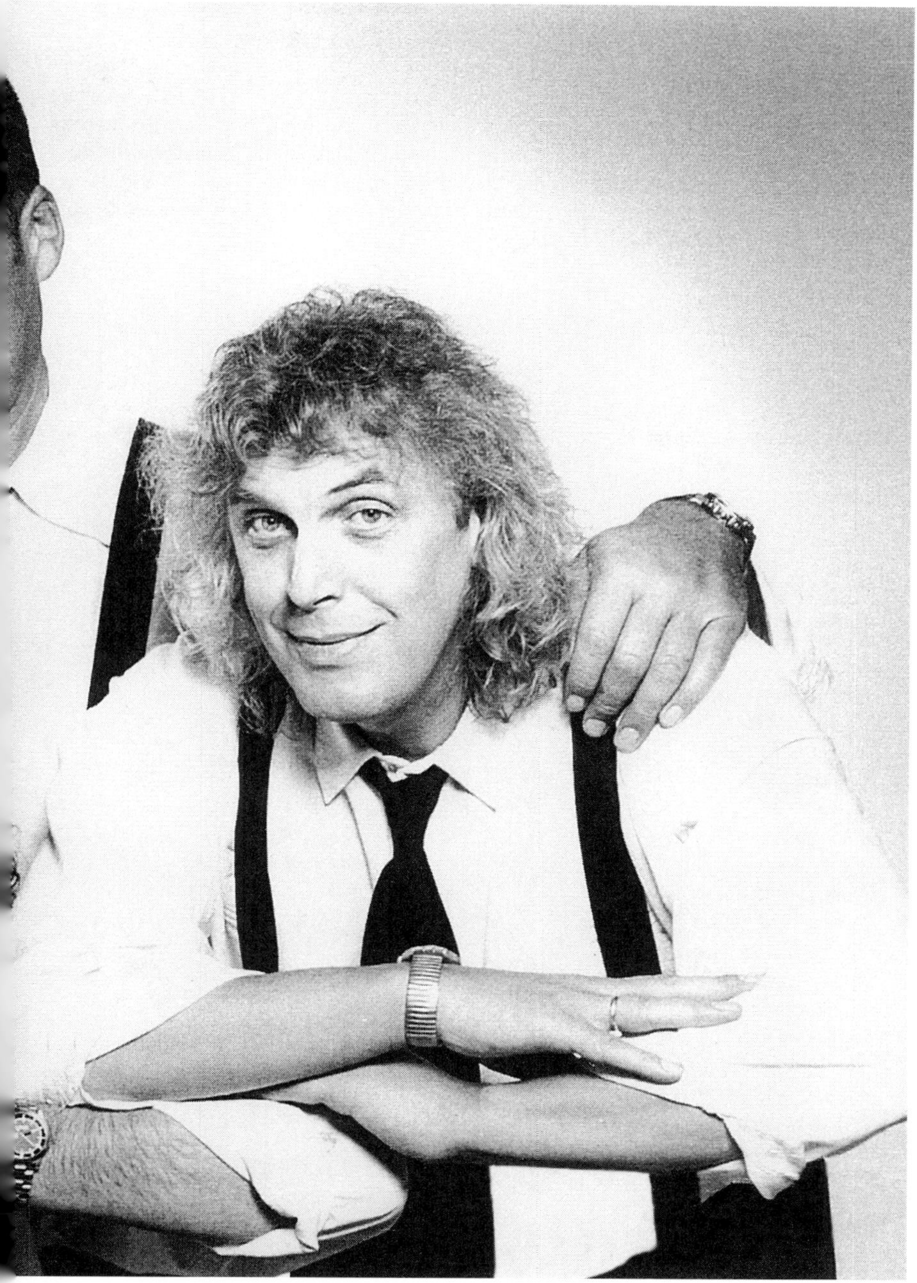

Wurzeln zurückgekehrt und vereint sie mit seiner großen Passion, der Schauspielerei: *„Im Kreis der Familie wurde die Rockmusik gepflegt, aus dem Radio hämmerte der Rock."* (Steirische Wochenpost)

Zuerst einmal ist es der Spaß, den sie vermitteln, Spaß an der Musik, an den Musikinstrumenten, die man immer dabei hat, im Hals, genauer Kehlkopf liegen sie: die Stimmbandln. Damit läßt sich immer und überall Musik machen. In der Badewanne, im Gasthaus oder auf der großen Konzertbühne. Genau dort werden sie zum Schwingen gebracht, die „Bandln", und man merkt ihnen an, daß sie da überall zuhause sind, sich wohl fühlen:

4-Xang-Hymne:
(Text und Musik: Wilfried Scheutz)

wann ana wo singt
und des noch nix klingt
kummt a zweita dazua
is es laung no net gnua
nimmt a dritta und a vierta
die beidn in die zang
dann is es so weit
viergesang

es lebn is kurz
da tod is lang
dazwischen liegt da viergesang
es lebn is kurz
da tod is lang
vier xang

wann ana wos kann
so a richtiga mann
braucht er kein pitralon
denn er wirkt durch sein ton
dringt gaunz von allein
durch mark und durch bein
durch sturm und durch drang
viergesang

es lebn is kurz
da tod is lang
dazwischen liegt da viergesang
es lebn is kurz
da tod is lang
vier xang
vier xang – uhh

Diskografie:

WILFRIED:
1974 Atom, 238.051, GO, GO, GO/OH LORD
1974 Atom, 238.058, S'KATHERL/MEIN VATERN SEI HÄUSERL
1974 Ariola, 13 925, COUNTRY BLUES/MOMMA MOMMA
1975 Ariola, 16 417, NEONLIACHT MARIA/LUISE
1975 Ariola, 16 654, TEIFI EINI TEIFI AUSSI/RASPA ROCK
1976 Jupiter, 16 853, DOBERMANN/SCHMÄH SYMPHONIE
1976 EMI Columbia, 12C006-33168, TANZ FRANZ/MAGDALENA
1978 EMI, 12C006-33210, HEY BIG BROTHER/JODEL FUNK
1978 EMI, 12C006-33214, JONNY'S DISCOTHEK/SINGIN'MY OWN SONG
1978 EMI, 12C006-33215, NIGHTS IN THE CITY/LUCY
1979 EMI, 12C006-33217, IN THE MIDDLE OF THE NIGHT/FIRE WALL
1980 Electrola, 1C006-45944, TELEFONE TERROR/INCOGNITO
1980 Electrola, 1C006-4601, I'VE GOT TO HAVE A REAGGAE ON MY LP/ RIGHT MOOD
1980.Electrola, 1C006-46137, I'M IN/I'LL GET OVER YOU
1981 Polydor, 2042 306, KEINER LIEBT MICH/DAS KUFSTEIN LIED
1981 Polydor, 2042 233, ICH HAB'ZUVIEL POWER/PUNK PUNK
1981 Polydor, 2041 341, HIGHDELBEEREN/SIE, SIE LEIDER
1981 Polydor/A, 2042 259, BU HU HU HU HU/NEVER TRUST NONE OVER 30
1981 Polydor/D, 2042 387, BU HU HU HU/MEILENWEIT
1981 Polydor, 2042 410, ORANGE/(08/15) LASS DIE ARSCHBACKEN LOCKER
1983 Polydor, 811 846-7, (ALLES LEIWAND) MIR SAN ALLE FROH/DIE HOCHZEIT
1983 Polydor, 817 058-7, LASS MI BEI DIR SEIN/ABC – XYZ
1983 Polydor, 821 352-7, WUDU/BELLA PAROLA
1984 Bellaphon, 100-30-016, I LIKE DONNERSTAG/BRUCH TANZ
1984 Bellaphon, 100-30-018, WEIT SO WEIT/SCHLUSS
1985 Bellaphon, 100-30-019, SÜDWIND/MEI KOPF IS A KASSETTN
1985 Bellaphon, 100-30-020, MASGUMJE/WHISKY PUR
1985 Bellaphon, 100-30-021, NIX HAT NAGEL/ERWACHSEN WIE EIN KIND
1986 Bellaphon, 100-30-022, NACHT'S IN DER CITY TEIL 1/TEIL 2
1986 Bellaphon, 100-30-025, MORGENSTERN/DER ROCK AND ROLL KOMMT AUS DEM RADIO
1987 Bellaphon, 100-30-029, IKARUS/ORANGE
1987 Bellaphon, 100-30-030, LEICHT/LEICHT (instrumental)
1987 Bellaphon, 100-30-031, NUR NOCH MIT DIR/MEIN WORT
1988 Bellaphon, 100-30-034, LISA MONA LISA/LISA MONA LISA (franz. Originalfassung)
1988 Bellaphon, 100-30-035, GRATULIERE ÖSTERREICH/DER BLUES HAT MI
1989 Bellaphon, 100-30-037, MUSIQUE MON AMOUR/FEUER AUF DEM DACH
1990 Bellaphon, 100-30-039, EBENSEE/SEHR GUT
1990 Bellaphon, 100-30-040, SAG WARUM/S'GELD IS WEG
1991 Bellaphon, 100-30-043, SOLE MIO (I SCHNOI O)/ANNA
1993 Ambra, AMSC 2715, ZIWUI'93/EBENSEE (Remix)/TANZ KATHERL TANZ

WILFRIED zu Gast bei:
HYDE & SEEK; 1972, Atom Single 238.015 („Sad Song", „Mexican Desert")
MAYFLOWER; deutschsprachige Erstaufführung, (Wilfried als Tischler Washington), 1978, Amadeo LP AVRS 9281
ERSTE ALLGEMEINE VERUNSICHERUNG; 1978, EMI Columbia LP 12C054-33 230
AUSTRIA FOR AFRIKA; 1985, Amadeo 883 007-7
BAND FÜR STEIERMARK; 1986, Ariola 108 345
HERBHOLZHEIMER Jr.; 1986, Echo LP 33004
WIEDER IN WIEN; 1990, Ambra Music AMLP 1002/AMCD 2002
HILFE FÜR KINDER AM GOLF; 1991, Ambra Music AMSI 7006

WILFRIED & 4 XANG:
4-XANG; CD; 1998, Vertrieb Hoanzl, H-044

WESTWIND

Country – Folk – Blues – Rock oder / und Eigenes von Kurt Weitzer.

Urbesetzung:
WACLIK ALOIS: 12-saitige Gitarre, Gesang.
GREBIEN ROMAN: Baßgitarre, Gesang.
GREBIEN LUIGI: E-Gitarre, Gesang.
WEITZER KURT: Picking Gitarre, Gesang.

Die Anfänge der Gruppe WESTWIND gehen zurück auf das Jahr 1973, in dem sich junge Leute aus dem Raum Eibiswald zusammenfanden, um eine „Band" zu gründen.

Die Vorstellungen der Mitglieder dieser Band bezüglich musikalischer Inhalte waren zunächst diffus bis differenziert. Man wollte im weitesten Sinn einfach die Freizeit sinnvoll verbringen und ein Forum für die zahlreichen Jugendlichen in dieser Gegend schaffen, die, mitgeprägt vom Gedankengut der 68er-Generation, mit dem ländlichen Kulturangebot allein nicht ganz das Auslangen fanden.

So trafen sich die hoffnungsvollen Jungmusiker und ihre Anhänger jedes Wochenende zu den Proben in einem Abstellraum der Volksschule St. Oswald ob Eibiswald, um die Zeit mit verschiedensten Aktivitäten rund um die Band zu verbringen. Nach einiger Zeit fanden die ersten Auftritte bei heimischen Zeltfesten und anderen Gelegenheiten statt. Bald jedoch etablierte sich der wöchentlich samstägliche Auftritt im Gasthaus „Bachseppl" bei Eibiswald als das Wochenendereignis für die Jugendlichen der näheren und weiteren Umgebung.

Die Gruppe existierte damals unter dem Namen „Ponifax", ihre Mitglieder setzten sich zum größten Teil aber schon aus den späteren „Westwindlern" zusammen.

Etwa um das Jahr 1980 hatte sich die Formation musikalisch nach einigen kleinen personellen Änderungen etwas totgelaufen, zumal die Vorstellungen, eigene Songs und Ideen verwirklichen zu können, nicht so richtig in Schwung kamen.

Nach einer etwa einjährigen „Kunstpause" traf sich der Stamm der ehemaligen Band, um „wieder etwas zu machen", da der Wunsch, musikalisch kreativ tätig zu sein, bei keinem verlorengegangen war. Zu diesem Stamm gehörten Alois Waclik, der sich bald als Bandleader herauskristallisierte, Kurt Weitzer, Roman Grebien und Luigi Grebien, letztere, obwohl namensgleich, nicht verwandt.

Man begann musikalische Highlights der Woodstock-Generation zu interpretieren und legte vor allem Wert auf melodiösen, mehrstimmigen Gesang. Das Arrangement der Interpretationen wurde schon aufgrund der instrumentalen Möglichkeiten irgendwo zwischen Folk, Blues, Country und Rock gesucht. Im nachhinein betrachtet wurde die spätere „Unplugged-Welle" der letzten Jahre schon damals unbewußt von dieser neu gegründeten Band vorweggenommen.

In dieser Zeit entstand auch der Name „WESTWIND", der in der Absicht kreiert wurde, eine Möglichkeit zwischen der damals oft üblichen englischen Namensgebung für Bands und einem deutschen Ausdruck zu finden.

Die ersten Auftritte wurden für die Veranstalter kostenlos absolviert, was nach sich zog, daß man sich bald der zahlreichen Auftrittsangebote nicht mehr „erwehren" konnte und das ganze somit langsam ins eigene Geld ging, da man nur mehr „unterwegs" war. Schließlich setzte man vertraglich Gagen fest, die auch gerne akzeptiert wurden.

In dieser Zeit formulierte sich das Bedürfnis, eine eigene Langspielplatte zu produzieren (CD's gab's damals noch nicht), auf der endlich die schon so lange brachliegenden eigenen musikalischen Ideen verwirklicht werden sollten.

Man ging daran, im Magic-Studio mit Hilfe von Andi Beit und seinen langjährigen Erfahrungen mit den Größen der damaligen Austro-Szene Masterbänder herzustellen, die „preßreif" den verschiedenen Plattenfirmen in Wien angeboten wurden. Nach einigen Vorstellungsgesprächen dort und da hatte man das Glück, von der Firma ARIOLA unter Vetrag genommen zu werden, die daraufhin die Produktion und den Vertrieb der ersten Langspielplatte in Angriff nahm.

Bald darauf landete man mit dem Lied „Wenn du net bei mir bist", einer Coverversion der amerikanischen Country Gruppe Alabama, an erster Stelle der damals noch existierenden Austro-Parade.

Da der ORF zu dieser Zeit, es war Mitte der achtziger Jahre, den österreichischen Musikproduzierenden noch einigermaßen wohlgesonnen war und die Notwendigkeit von Einschaltquoten anscheinend noch eine Nebenrolle spielte, kam es zu zahlreichen Fernsehauftritten und Radioeinsätzen. Gleichzeitg tourte man durch das Land und bekam langsam den Beinamen, die erste „Country Band" Österreichs zu sein. Dabei bestand das Programm zur Hälfte aus bekannten Folk- und Countrysongs und aus eigenem Liedgut, das versuchte, durch gitarrenlastiges Arrangement und Texte in der österreichischen Umgangssprache das Feeling der Folk- und Countrymusic zu vermitteln.

Eine zweite LP wurde daraufhin produziert, brachte aber nicht mehr den erhofften Anschlußerfolg auf das erste Produkt. Im Laufe dieser Zeit schossen die verschiedenen Countrybands buchstäblich wie Schwammerl aus dem Boden, Country-Clubs und Country-Festivals begannen zu boomen. Der Wert eigener kreativer Ideen kam langsam ins Hintertreffen, es schien plötzlich wichtiger zu sein, das passende Outfit und sattsam bekannte Country-Hadern auf die Bühne zu bringen. So geriet WESTWIND immer mehr in den Hintergrund, da die Gruppe mit den aufwendigen Show-Elementen der Kollegen nicht mehr mithalten konnte, es im Grunde auch nicht wollte.

Der Umstand, daß musikalische Ideen mit eher österreichischem Einschlag kein allzu großes Interesse bei Funkanstalten und Plattenfirmen hervorrufen konnten, brachte es mit sich, daß die Aktivitäten der Gruppe immer mehr zu stagnieren begannen, bis man sich im Jahre 1992 trennte und jeder seine eigenen Wege ging.

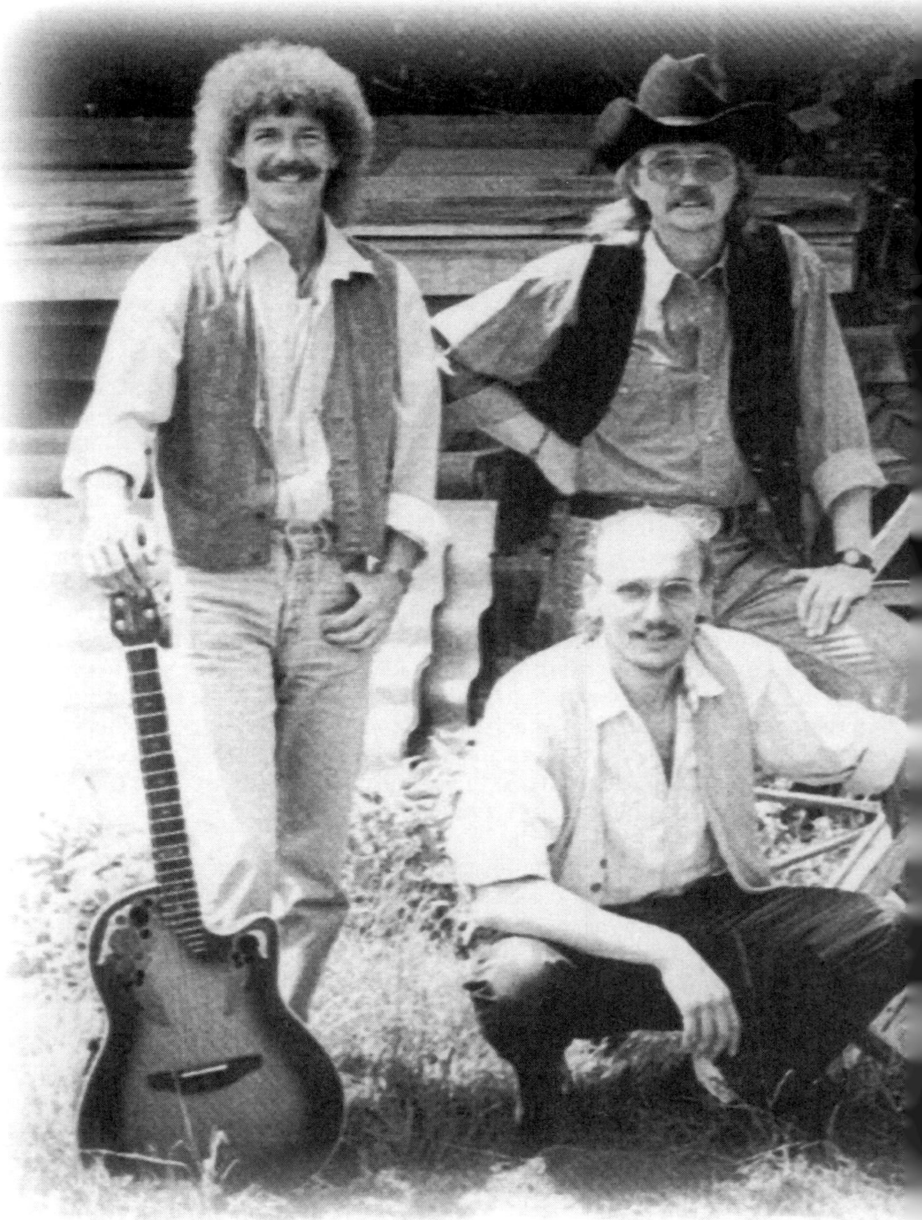

„*Westwind*".

Besetzung:
WEITZER KURT: Gitarre, Mundharmonika, Gesang.
GREBIEN LUIGI: Gitarre, Gesang.
HALWACHS WERNER: Gitarre, Gesang.
GSPANDL WERNER: Baß, Gesang.
RING ALEX: Schlagzeug.

Heute besteht wieder eine Vier-Mann-Formation, die sich „Good old Westwind" nennt. Zwei von den ehemaligen Mitgliedern, Kurt Weitzer und Luigi Grebien, gehören dieser Band an. Sie macht den Versuch, an die ursprünglichen musikalischen und inhaltlichen Elemente der ehemaligen Gruppe WESTWIND anzuknüpfen. Für viele ein hörenswertes Ereignis, das manchem Zuhörer so nebenbei einen feinsinnigen, nostalgischen Schauer bereiten kann.

Discografie:
WESTWIND; MC; 1986, Ariola, 407 364
STÜRMISCH; MC; 1987, Ariola, 404149

WULLAZA

Besetzung:
ALEX MAI: Baß, Gesang (im letzten Jahr von THOMAS GREINER ersetzt).
EDITH ZIMMERMANN: Geige, Gesang.
MATTHIAS LOIBNER: Gitarre, Drehleier, Schelle, Gesang.
THILMANN SIEGHART: Akkordeon, Gesang.
EVA ROHDE: Blockflöte, Gesang.

Die Gruppe WULLAZA existierte ca. drei Jahre lang, von 1990 bis 1993. Es war die erste steirische Folkgruppe, die sich stark mit der östlichen Musiktradition befaßte, mit Klezmer, Balkanmusik, ungarischer, bulgarischer Volksmusik; aber auch traditionelle alpenländische Musik wurde bearbeitet. Akustische Musik, mit gefinkelten Arrangements, technisch anspruchsvoll und mit viel Gefühl interpretiert. Eine Gruppe, die für manches Mitglied entscheidend für den weiteren musikalischen Weg sein sollte.

Eva Arzberger, aufgewachsen in Fischbach – heute heißt sie Eva Rohde und lebt mit ihrer Familie bei München –, schildert ihre ersten musikalischen Gehversuche bis hin zur Hochschule und die Entstehung und Entwicklung von WULLAZA, Gottseidank sehr emotional und in ihrer ganz persönlichen, sympathischen Art. Danke Eva.

„Mit ca. acht Jahren erhielt ich Klavierunterricht – pfui Teufel! Es war reiner Zwang, ausgeübt durch eine unfähige Lehrerin. Ich durfte mir aufgrund eines guten Schulzeugnisses 'was Großes' wünschen. Die schockierten Eltern nahmen den Wunsch ernst und erlaubten ein Beenden des Klavierunterrichts. Danach nahm ich Klarinettenunterricht, und obwohl die beiden Lehrer viel besser und netter waren, ging nicht viel weiter. Die Eltern konnten nicht glauben, daß es am Fehlen von Talent lag, sie ließen nicht locker. Meine Liebe – für die Musik – wurde dann durch den Lehrer geweckt, der die Blockflöte mitbrachte, auspackte und vorschlug, ich sollte dieses Instrument probieren.

Er – ein hervorragender Klarinettist – konnte natürlich auch ein ähnliches Holzinstrument unterrichten. Sein Name ist Peter Forcher. Nach ca. neun Jahren begeisterten Unterrichts schaffte ich quasi ohne besondere Vorbereitung die Aufnahme an die Grazer Musikhochschule, trotz meines Alters von inzwischen zwanzig Jahren (die meisten beginnen mit fünfzehn Jahre) und meines bereits laufenden Medizinstudiums. Fünf Jahre lang wurde ich dort von Prof. Robert Unger unterrichtet und übte regelmäßig eine Stunde pro Tag."

Jetzt aber zu WULLAZA:

„Ich kannte vor unserem ersten Auftritt unseren Namen noch gar nicht, der stand aber schon auf einem Plakat, und ich sollte raten, welche Band wir sind. Meine Antwort: 'Sicher WULLAZA, weil das ist sicher der scheußlichste Name, und ich weiß nicht, was er bedeutet.' Heute weiß ich, daß er in einem steirischen Lied vorkommt und ein anderes Wort für 'Walzer' ist. Matthias hat ihn natürlich ausgegraben."

Wie kam ich zur Gruppe:

„Matthias Loibner hat meine Telefonnummer von meinem Lehrer aufgetrieben. Bei der Frage, ob er eine/n Flötistin/en kennt, die/der auch singen kann, ist dem grad mein Name eingefallen, das war glaub ich 1990. Matthias mußte mich überreden, wenigstens zu einem Treffen zu kommen, da ich mit zwei Studien ausgelastet war und gerade zurückschrauben wollte. Doch beim Treffen stimmte die 'Chemie' – das war genau die Musik, die ich immer schon gesucht hatte, obwohl ich nicht einmal wußte, daß es sie gab – naja, es gab sie ja nicht, wir mußten sie machen. Ich konnte nicht nein sagen. Ein wenig Klezmer-Musik kannte ich durch Lothar Lässer (→Deishovida), mit dem ich einige Wochen in Italien Straßenmusik gemacht hatte. Die osteuropäischen Einflüsse, diese fast orientalischen Klänge, die ungeraden Takte, der Schwung, das ist einfach 'rassig', und wir fanden (finden) es klasse.

Ich lernte bald, ohne Noten zu spielen, war auch relativ fingerfertig, das einzige, was ich nie so recht schaffte, war Improvisieren, naja, so jazzartig, ganze Einlagen aus dem Stehgreif spielen, das meine ich."

Proben:

„Meist hat Matthias neue Stücke aufgegabelt, umgeändert, arrangiert (ziemlich fleißig ist der Mann). Uns hat er gleich die fertigen Stimmen vorgelegt, wir

„Wullaza". V. li.: Edith Zimmermann, Eva Rohde (Arzberger), Sieghart Thielmann, Matthias Loibner, Alex Mai.

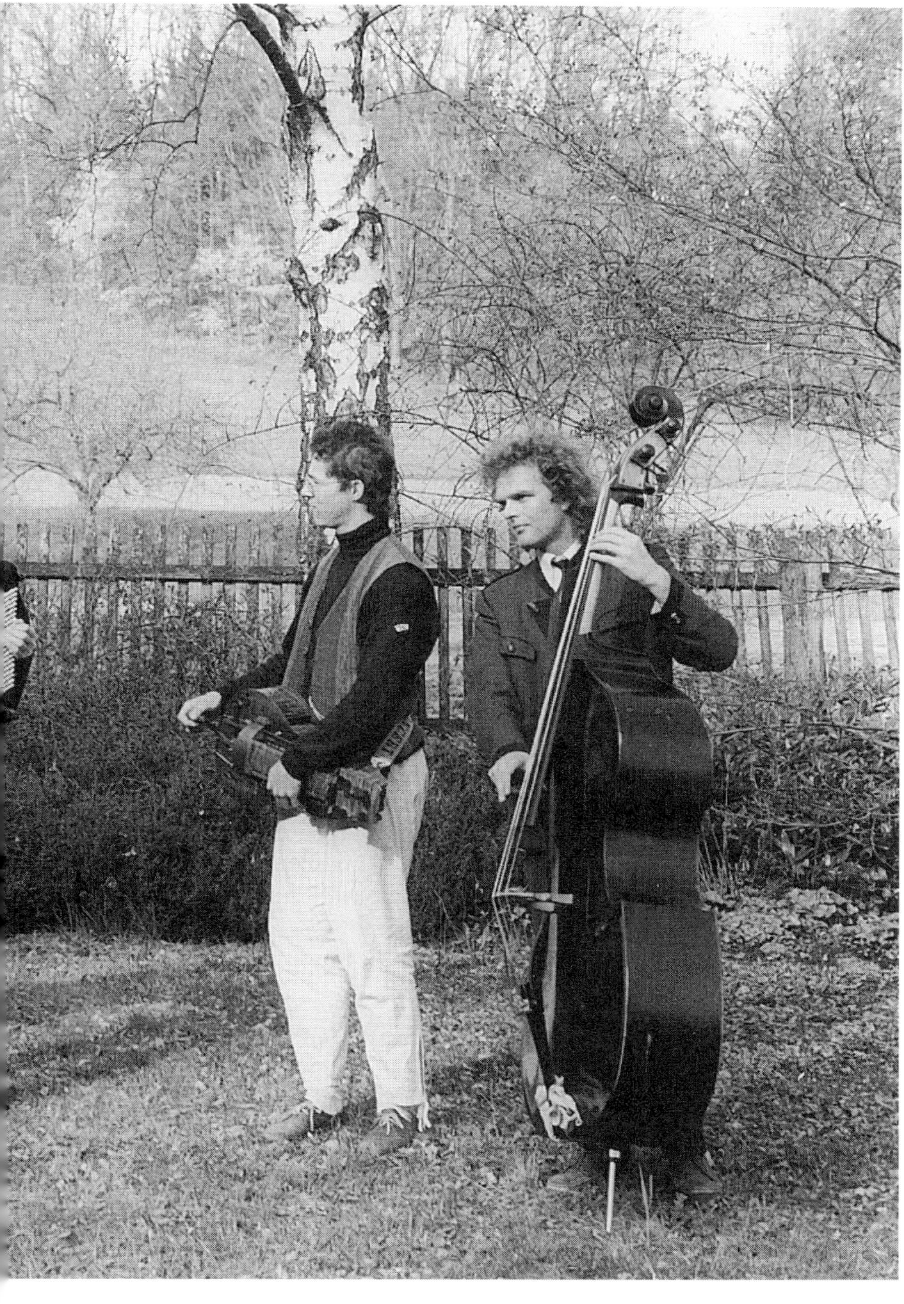

haben's runtergespielt, dies und das verändert, gemeckert, für gut oder schlecht befundet, rumgeredet, durcheinandergeredet, alle waren an den schrägen Melodien und Rhythmen aus Osteuropa interessiert, trotzdem haben uns auch viele alte steirische Lieder gefallen. Leider haben wir viel zu selten und unregelmäßig geprobt. Wir waren alle auch an anderen Beschäftigungen interessiert. Keiner hatte die Haltung: WULLAZA geht vor. Dabei wären wir alle familiär ungebunden gewesen. Heute versteh ich's auch nicht, aber vielleicht war gerade das der Grund für die allgemeine Flatterhaftigkeit!? Wir wußten, wir könnten sehr gut sein, waren es aber nicht – teils durch mangelnde Bühnenerfahrung, Nervosität, Krampfhaftigkeit, teils durch zu wenig gemeinsames Spielen. Wir ernteten viel Lob und Ermunterung, aber wir haben uns nie durchgerungen, die Gruppe WULLAZA so wichtig zu nehmen, daß wir alle dauerhaft Erfolg damit gehabt hätten.

Im nachhinein sehe ich den Sinn von Wullaza darin, daß es ein Übergangsstadium war. Für Matthias sicher, der nun mit →DEISHOVIDA super weitermacht, für Edith auch, obwohl sie die Wullaza-Musik vermißt (spielt jetzt bei →DIE LANDSTREICH). Alex ist heute bei →GRAYMALKIN, Thilli Musiklehrer, unterrichtet Akkordeon. Alex hat immer gemeint, daß wir zu wenig professionell unterwegs sind; er hatte ja recht damit, ich sah's natürlich anders, ich mußte ja auch keine Familie von dem Patzerl Geld ernähren."

Auftritte:
„Das Echo war super. Die Leute meist ziemlich beeindruckt, was mich überraschte. Auf jeden Fall hat es mir Spaß gemacht vor vielen – oder auch vor wenigen Leuten aufzutreten. Die Stimmung war entscheidend. Wir hatten auch den Gedanken, eine CD zu produzieren, es aber letztlich bleiben lassen – wieder mal typisch für uns. 'Wollen tät ma schon gern möchten, aber tun tut keiner ...' Es hat sich niemand so recht drum gekümmert, und das finanzielle Risiko war auch zu groß. Also haben wir 1993 im Frühsommer ein Demoband eingespielt, in einem Klagenfurter Studio."

Geld:
„Ich wollte nie von der Musik leben, daher hat mich Geld in Zusammenhang mit Auftritten zwar gefreut, war aber absolut kein wichtiges Kriterium."

Motivation:
„Für mich war's sicher die Gaudi. Liebe Leute, mit denen man blödeln, kindisch sein, saufen konnte. Bewundert zu werden, Kontakte – oberflächliche – zu vielen musikbegeisterten Menschen zu haben. Für die anderen kann ich nur bedingt antworten, es kann sein, daß ich mich da und dort täusche.

Matthias: Er war, im positiven Sinne, der Getriebene, Musik sprudelte (und sprudelt noch immer) aus ihm heraus, er ist ungemein fleißig, überschlägt sich vor Kreativität ...

Edith: Sie ist sehr interessiert an 'was Exotischem, kommt aus der Volksmusik-Hardliner-Szene. Ihr Geigenspiel ist bissig, rassig, fetzig, ganz wie ihr Temperament. Nach anfänglichen Schwierigkeiten haben wir uns zum Schluß wirk-

lich gemocht. Das hat sich auch musikalisch niedergeschlagen; Harmonie in der Musik gelingt mir nur mit Leuten, mit denen ich auch auf menschlicher Basis harmoniere.

Thilli: Unser Stiller. Er ist sehr gemütlich, freundlich, hat denke ich seine Qualitäten zu wenig hervorgehoben, spielt wunderbar."

Discografie:
DEMO; MC; 1993 (Volksliedarchiv Nr.: 0409)

YAGA-T

Frühe Besetzung:
LEMMERER SIEGFRIED: Hackbrett, Keyboards, Harmonika, Gesang.
LEMMERER FRANZ: Harmonika, Dudelsack, Gesang.
HÖFER BURGHARD: Gitarre.
HORNEK MARIA: Seitlpfeife, Gesang.
DANGLMEIER HANS: Tuba, E-Baß.
CLAUDIA TIEFENBACHER: Schlagzeug.

Obwohl Franz Lemmerer heute nicht mehr bei der Gruppe Yaga-T mitwirkt, war er so freundlich, mir Informationen über die Band zukommen zu lassen, danke Franz. Jeder kennt das typische Wintergetränk „Jagatee", daß, richtig zubereitet, jedes noch so kalte Herzel wärmt. Wer meint, es nicht zu kennen, vernahm zumindest in der Warteschlange zum Schilift seinen unverkennbaren Duft.

Der Bandname „Yaga-T" entstand am Biertisch, ist ein höchst aromatisches Gebräu aus alpenländischer Volksmusik und Popelementen. Das Vorbild war vielleicht der amerikanische Rapper „ICE-T".

Das Geburtsjahr ist mit 1992 festzulegen, geboren aufgrund persönlicher Bekanntschaften, Freundschaften und der Idee, unterschiedliche musikalische Neigungen unter einen Hut zu bringen.

Burkhard Hofer, Student an der Grazer Jazzabteilung, die Lemmererbrüder, die Volksmusik bereits mit der Muttermilch aufsogen, Hans Danglmeier, mit Blasmusik- und Blueserfahrung und Oswald Theissl demonstrieren auf ihrer ersten CD, erschienen bei Sony, wie das alles zusammenpaßt.

Geschichte:
„Angefangen haben wir (Franz und Siegfried Lemmerer) *bereits 1987 mit einem Demoband und Liedern mit englischem Text. Dieses Band wollte eigentlich keine Plattenfirm, die Zeit war auch für uns noch nicht reif, und so wurde eifrig weiterexperimentiert.*

Musikunterricht hatten bei uns nur wenige. Burkhard ist Student an der Musikhochschule in Graz. Alle anderen Mitglieder spielen auch noch in anderen Formationen mit, in Volksmusikgruppen, 'Oberkrainer-Partien' bis Rockbands, Jazz-Trios ... Gottseidank haben wir in der städtischen Musikschule in Liezen einen Proberaum gefunden.

1995, mit Erscheinen der CD, haben wir dann viele interessante Sachen gespielt, in Österreich und Deutschland, bei etlichen Fernsehauftritten, so z.b. anläßlich der Berliner Funkausstellung 1997. Zu bemerken ist, daß unsere Art der Musik in Deutschland weit besser ankommt als in Österreich.

Durch die Besetzung bedingt – Schlagzeug, Bläser, sehr leise akustische Instrumente ... – ist der Aufwand an Beschallung enorm. Verschiedene andere Gründe trugen mit dazu bei, daß es 1998 zu Veränderungen in der Besetzung kam. Momentan wird eifrig an neuen Demobändern für die zweite CD gearbeitet."

Aktuelle Besetzung:
LEMMERER SIEGFRIED: Harmonika, Gesang.
OSWALD THEISSL: Schlagzeug.
HÖFER BURGHARD: Gitarre.
DANGLMEIER HANS: E-Baß, Kontrabaß.
GASSNER GERHARD: Harmonika, Fotzhobel.

Pressestimmen:
„... wer am Freitag, dem 22. August, nicht auf Schloß Trautenfels war, hat was versäumt. Zu einem delikaten Spaghetti-Buffet gab's bei tierischer Stimmung in erlesenem Kreis YAGA-T live. Vielleicht eine der letzten heißen Sommernächte zu Schloß Trautenfels war erfüllt von einer Klangwolke aus echter, uriger steirischer Volksmusik, gewürzt mit Elementen aus Jazz, Blues, Latin und Rock. Playback oder Halbplayback und Einheitsrhythmen aus dem Computer sind Yaga-T ein Greuel und folglich tabu ..." (Wohntraum, 9/1997)

„Vor nicht allzulanger Zeit sorgte die Hausmusik Lemmerer im Ennstal für Volksmusik in traditioneller Weise, Hackbrett und Ziehharmonika, Dudelsack und die 'Steirische' sind geblieben. Von ihrer engeren Heimat haben sie sich auch nicht getrennt. Und dennoch, was sich änderte, davon konnten sich die Besucher des fünften Abokonzertes überzeugen.

Urig, steirisch, ennstalerisch musizierte die Gruppe Yaga-T unter der Leitung von Siegi Lemmerer ...

Schon berühmte klassische Komponisten wie Mozart und Haydn haben für ihre Kompositionen auf das Volkslied zurückgegriffen. Dasselbe macht die Gruppe Yaga-T heute. Die Nummern 'Hohe Olm', 'Fruahjoahr', 'Grundlsee' zeigen sich auch von der Instrumentalisierung her noch eng mit dem steirischen Volkslied verbunden. Bei den Titel 'If you want', 'Fetzen Rap' oder 'Without You' werden die afroamerikanischen Jazzelemente deutlich spürbar. Die Internationalisierung unserer Volksmusik und die Lautstärke kommen dem jugendlichen

Publikum sehr entgegen. Somit haben wir es in doppelter Hinsicht mit einer zukunftsorientierten musikalischen Strömung zu tun. *Aus einer gesicherten volksmusikalischen Basis schöpfend, bleibt der Ton, ob vokal oder instrumental, immer sehr gut. Auf jeden Fall ist es eine Musik, die man anhören kann und sollte. Diese Meinung vertraten jedenfalls auch die Zuhörer, die begeistert Beifall spendeten ..."* (Obersteirische Nachrichten)

Discografie:
SAN MA GSCHEID-BLEIB MA BLED; CD; 1995, Sony, HER 478160 2
Mit freundlicher Genehmigung als MC-Überspielung im Volksliedarchiv unter der Nr.: MC 0436

ZEUS

Diese Band existiert leider nicht mehr. Musik machen alle drei aber immer noch, privat oder auf der Bühne. Siehe dazu auch →KURT KEINRATH.

Besetzung:
ARNOLD HAFNER: Gitarre, Gesang.
KURT KEINRATH: →siehe KEINRATH: Gitarren, Mandoline, Tasteninstrumente, Percussion, Gesang.
PAUL KINDLER: Gitarre, Baß, Gesang.

Discografie:
LIEDER ZUM LACHEN UND WEINEN; LP; Extraplatte 45
IMMER WIEDER; LP; 1989, OK 76.23614

ZIEGERHOFER REINHARD

→BROADLAHN.

Folk:
„Folkmusik ist für mich in erster Linie Volksmusik aus Nordeuropa (Irland usw.) gewesen. Heute sehe ich den Begriff 'Folkmusic' als Sammelbegriff für Volksmusik aus ganz Europa und Nordamerika. Die alpine traditionelle Musik bezeichne ich weiter als Volksmusik. Sobald die Einflüsse in der Folk-Musik europäischer Länder merklich aus dem arabischen, asiatischen, afrikanischen oder südamerikanischen Raum kommen, drängt sich für mich der Begriff 'Ethnomusik' auf ..."

Neue Volksmusik:

„Neue österreichische Volksmusik ist ein von der Presse kreierter und von den Gruppen, die es betrifft, halb akzeptierter Sammelbegriff für diejenigen neuen Gruppen in Österreich, die heimische Volksmusik mit anderen Stilen, sei es Jazz, Folk, Pop, Kammermusik usw., vermischen und ein neues Musikstilgebräu damit schufen.

Volksmusik ist dabei sicher nicht entstanden, aber das war auch nicht Ziel dieser Musiker. Es entstand auch nicht ein einzelner Stil, und dieses Stilesammelsurium, das nur eines gemeinsam hat, nämlich Elemente der alpinen Volksmusik (von 1–99% Anteil), findet sich im Topf 'Neue Volksmusik'.

Diese Fusionen haben sicher Zukunft, vorausgesetzt es werden immer wieder neue Ausdrucksformen gesucht."

In zahlreichen gemeinsamen Aktionen habe ich die Feinfühligkeit und das Können von Reinhard als Musiker wie als Komponist und Arrangeur schätzen und lieben gelernt. Sein manchmal – vordergründig – spürbar werdender Perfektionismus entpuppte sich in Folge als nimmer müde werdende Suche nach dem schönsten Resultat, nach seiner innersten musikalischen Sprache, seiner Leidenschaft für Musik. Ja, du bist ein richtiges musikalisches Arbeitstier einerseits, ein Besessener auf der Suche nach tönenden Bildern, auf der anderen Seite doch ständig bereit, dich von anderen Ideen überraschen zu lassen, dazuzulernen, was die Arbeit mit dir immer zu einem spannenden Erlebnis, zu einer tiefen Freundschaft wachsen ließ.

Reinhard Ziegerhofer ist kein Folkmusiker, er hat die Gabe, sich in jeder Musik sofort wohlzufühlen, sich „einiz'g'spürn" in die Volksmusik, in Folk, Pop, Rock, Klassik, Jazz oder frei, spontan seinen Baß dazuschwingen zu lassen, im Hintergrund, wenn es sein soll, oder ganz weit vorn, als Solist, drauflosimprovisierend, er ist für mich dabei ein Musikant im besten Sinn des Wortes *(„wo's a klasse Musik gibt, bin i dabei")* geblieben. Seine jahrelange Arbeit bei Broadlahn – Bassist, Komponist, Arrangeur, Manager –, seine Mitwirkung bei zahlreichen österreichischen „Folk-Volksmusikprojekten" (→Zwiezupf, Valdiho Langer, Papermoon, „Die Geierwally", Filmmusik zu den Dudlerinnen in Wien, Zusammenarbeit mit Ernst Pozar, Mitarbeit bei meinem „Gwoxn"-CD Projekt ...) veranlassen mich, ihn in dieser Dokumentation extra vorzustellen, seine persönliche Musikgeschichte zu erzählen.

Schlüsselerlebnisse:

„... wenn ich heute Blasmusik höre, denk' ich sofort an Backhendl oder Wienerschnitzl. Warum das so ist? Sonntags lag ich früher mit meinem Vater vorm Radio, er summte dazu, genoß die Blasmusiksendung, und aus der Küche drang der Duft nach Backhendl und Wienerschnitzl ...

... das archaische der Kirchenmusik bei den evangelischen Messen hat mich schon damals beeindruckt., mir fiel nur auf, daß oft sehr falsch und unmusikalisch gesungen wurde ...

Reinhard Ziegerhofer.

... der Klang von Blockflötenensembles war damals und blieb bis vor kurzem eine schreckliche Sache. Ich wußte als kleiner Knopf ja selbst nicht, wie man das schöner machen könnte, aber dieser schreckliche Klang, dazu diese hysterische Flötenlehrerin waren lange fast wie ein Trauma für mich ...

... wir waren noch sehr klein, so um die sechs Jahre alt, und ich ging vom Garten in unsere Wohnung, um Wasser zu trinken. Dabei kam mir in den Sinn, das Radio aufzudrehen, ich war allein in der Wohnung und suchte nach irgendwelchen Sendern. Dabei entdeckte ich einen, der Popmusik spielte. Das war für mich völlig neu, gefiel mir aber hervorragend. Ich holte einen gleichaltrigen Spielgefährten aus dem Garten, um ihn auch zu begeistern, dieser verzog aber nur das Gesicht ...

... ein Schulfreund hatte einen Plattenspieler, sein Vater war in einer Tanzmusikband und hatte einige Popplatten, darunter 'Revolution' von den Beatles. Diese verzerrte Gitarre war ein Hammer ...

... mit 15 Jahren kaufte ich mir einen E-Baß ... "

Ausbildung:
„Blockflötenunterricht vom 5. bis 11. Lebensjahr, Ziehharmonikaunterricht vom 8. bis 11. Lebensjahr. Im letzten Jahr meines Ziehharmonikaunterrichts übte ich nicht mehr, sondern spielte frei, nach Lust und Laune. Meine Lehrerin interessierte sich für so etwas nicht, also hörte ich mit dem Unterricht und dem Musizieren auf ...

Klassischer Kontrabaß neben dem Studium der technischen Chemie vom 20. bis 28. Lebensjahr.
Heute übe ich wieder, je nach der momentanen Anforderung. Ich spiele dabei sehr viel frei, das ist aber nicht mit atonalem, arhythmischem Spielen gleichzusetzen."

Noten:
„... sind ein perfektes Hilfsmittel zum Speichern von Kompositions- und Arrangementideen und eignen sich sehr gut, Musik anderen Musikern mitzuteilen. Sie sind und bleiben aber nur ein technisches Kommunikationshilfsmittel ..."

Broadlahn:
„1988 hörte ich Broadlahn, und ich sah, daß man mit der eigenen Volksmusik auch etwas anfangen konnte, und als sie mich bald danach fragten, ob ich nicht bei ihnen Baß spielen wollte, sagte ich sofort zu, und ich wußte, daß es für mich die Möglichkeit war, sich mit der eigenen Tradition anzufreunden und sie – im weitesten Sinn gedacht – zu spielen ..."

Proben:
„Mit Broadlahn proben wir zur Zeit relativ regelmäßig, einmal die Woche. Wenn wir viel spielen, proben wir nicht. Bei allen anderen Musikprojekten ist es sehr unterschiedlich, wie geprobt wird. Vor einer Theaterpremiere kann man das letzte Monat davor als einzige, durchgehende Probe sehen. Manchmal spiele ich Konzerte, bei denen ich Proben verweigere, weil ich auch frei spielen will, ohne Bindung an die Stücke."

Arbeitsweise / Inhalte bei Broadlahn:
„Früher hat Huber Ernst alles geschrieben, heute steuern alle Stücke bei. Ernst hat durch seinen Kompositionsstil die Gruppe von Anfang an geprägt. Er kann also jede Nummer einbringen, sie wird durch das geimeinsame Arrangement immer 'nach Broadlahn klingen'. Wir anderen müssen aber doch oft Überzeugungsarbeit leisten, wenn's aber zu Broadlahn 'paßt', wird es natürlich auch gespielt. Nur, das zu entscheiden ist nicht immer ganz einfach. Hauptsächlich spielen wir also Eigenkompositionen, manchmal auch traditionelle Jodler.
Der Weg vom Entstehen bis zur Fertigstellung einer Nummer hängt sehr vom Komponisten und vom Stück ab. Ich lege meist fertige Arrangements in Notenform vor.
Die Texte von Broadlahn haben meist mit einfachen Menschen, mit der Natur oder der im Aussterben befindlichen bäuerlichen Tradition oder mit Begegnungen der Menschen der alpinen Kultur mit Menschen völlig anderer Herkunft und Kultur zu tun. Es sind Blitzlichter, Poesien des Unscheinbaren, die im Dialekttext zu philosophieren beginnen.
Unsere Chöre werden sehr oft erst bei den Proben arrangiert. Probenmitschnitte leisten dabei als Erinnerungshilfe gute Dienste, werden aber leider zu selten gemacht ..."

Geld/Soziale Absicherung:
„*Ich lebe von der Musik, meine Möglichkeiten sind o.k., ich sehe alles, was bis jetzt war, als Anfang. Das ist keine Gringschätzung der Dinge, die ich bereits erreicht habe, aber mit Zufriedenheit schafft man es in diesem freien Beruf sicher nicht. Ich hasse es, wenn absolut alles nur mit Geld bewertet und bemessen wird. Finanziell lebensfähig bin ich aber nur dann, wenn ich arbeiten kann, also gesund bin und Jobs habe. Krankenstand und Arbeitsgeld gibt es in meinem, in Österreich sehr benachteiligtem Berufsstand nicht. Da paßt die ASVG-Regelung für Musiker genau ins Bild, ich halte sie schlicht für eine Diskriminierung.*"

Rückblicke – Vorschau:
„*Bei der Big Band in Liezen und beim Grazer Symphonischen Orchester habe ich wichtige Lehrjahre verbracht.*

Heute mache ich bei Broadlahn das Mangement, mache die Verträge. Die Presse schreibt zum Glück aus eigenen Stücken über uns. Eine aggressive Pressearbeit betreiben wir nicht. Wichtig ist für mich, bei Broadlahn zu spielen, mit der Gruppe zwei Tonträger veröffentlicht zu haben, mit Broadlahn das Glück gehabt zu haben, mehrere Konzerte mit Jo Zawinul zu spielen und auf Zawinuls CD 'My People' auf einer Nummer vertreten zu sein.

Mit Andreas Safer die Musik zur 'Geierwally' (Text: R. P. Gruber) komponiert zu haben.

In letzter Zeit mache ich nur mehr Projekte, die ich gern mache, auf die ich sehr stolz bin. Ich bin auch auf ziemlich alles stolz, was ich bisher getan habe. Sicher, ein paar Dinge aus der Vergangenheit sind vielleicht nicht so erwähnenswert, doch die Gesamtheit der Erfahrungen, die ich bis jetzt gemacht habe, haben letztlich aus mir den Menschen und Musiker gemacht, der ich jetzt bin, und deshalb will ich nichts aus meiner Vergangenheit ungeschehen machen oder missen.

Das Wichtigste für die Zukunft ist für mich, mir außerhalb von Broadlahn einen eigenständigen Namen als Reinhard Ziegerhofer zu machen und als Instrumentalist, Komponist und Arrangeur voranzukommen."

Discografie:
BORIS BUKOWSKI; „Boris Bukowski"; 1985
CARL PEYER; „CP"; 1987
NOVOTNY/LANGER; „Human Dates"; 1987
THE CLAN; „Babel"; 1987
THE CLAN; „Musicoverdrive"; 1988
URDL/MORO; „Zwiezupf"; 1990
BROADLAHN; „Broadlahn"; 1990
J.GOTTFRIED; „Call me Jay"; 1991
BROADLAHN/SENSIBLE SHOES; „Blues live aus dem Orpheum"; 1992
SENSIBLE SHOES und div. SängerInnen; „EU Rock"; 1993
BROADLAHN; „Schräg dahoam", Livesampler; 1993
REFORM ART UNIT; „55 steps"; 1993
REFORM ART UNIT; „Subway performance"; 1993
REFORM ART UNIT; & Sunny Murray; „Illuminations"; 1993

BROADLAHN; „Leib & Seel"; 1993
ANDREAS SAFER; „Gwoxn"; 1993
ZWIEZUPF; „Collage"; 1994
VALDINHO LANGER; „Fragments of a journey"; 1994
PAPERMOON; „Lucy's eyes" (maxi); 1994
PAPERMOON; „The world in Lucy's eyes"; 1994
GRUBER/SAFER/ZIEGERHOFER; „Die Geierwally"; 1996
REFORM ART UNIT; „For John Coltrane and Pablo Picasso"; 1996
JOE ZAWINUL; „My people"; 1996
YUKO GULDA; „Weed"; 1997
YUKO GULDA; „Hmmm"; 1997
VALDINHO LANGER; „Variety"; 1998
MONIKA STADLER; „On the water"; 1998

ZWIEZUPF

siehe →MORO MARTIN und →URDL HANNES.

Discografie:
ZWIEZUPF; CD; 1990, Extraplatte
COLLAGE; CD; 1994, Extraplatte 228094-2

ALLGEMEINE INFORMATIONEN / WISSENSWERTES

INSTRUMENTELLES

Recherchiert von Martin Krusche und Andreas Safer

Der Gebrauch eines bestimmten Instrumentes ist in erster Linie von der Veranlagung und Neigung des Musikanten geprägt. Mitentscheidend sind Begegnungen mit anderen Musikern, anderen Kulturen, gewisse „Modeerscheinungen", die die Beschäftigung, und damit das Arbeiten am Instrument, erklären. Natürlich spielt auch die Funktion der Musik eine erhebliche Rolle. In der traditionellen Musik scheinen mir angeführte Gründe ebenso verantwortlich für verschiedene, heute sagen wir typische historische, Besetzungen zu sein („Altsteirertrio", „Streichbesetzung", „Blasbesetzung" ...). Daneben spielte naturgemäß auch die finanzielle Situation, so banal es klingen mag, bei der Wahl des Instruments eine Rolle. Motiviert durch das Folkrevival, behindert durch historische Ereignisse, war die Folkmusik in Österreich zuerst geprägt durch Vorbilder und Musikstile aus dem angloamerikanischen Raum. Western Music, Folksong, Irish Folkmusic bedingten die Beschäftigung mit dem dort gebräuchlichen Instrumentarium. (Erst später – Stichwort: „Neue Volksmusik" – wurde traditionelles Instrumentarium eingebaut.) Hinzu kam der vorwiegend englischsprachige Gesang von Steirern, die im Pubertätsalter niemals daran gedacht hätten, jemals die eigenen Stimmbänder – noch dazu vor Publikum – schwingen zu lassen.

Was mich bei der Betrachtung des „Folkinstrumentariums" aber am meisten fasziniert, ist die Tatsache, daß der überwiegende Teil der Musiker keine reguläre musikalische Ausbildung genoß/genießt (Autodidakten), was das „Musikmachen aus dem Bauch heraus" so unmittelbar spürbar werden läßt, etwas, das für die traditionelle Musik wünschenswert, durch „Verschulung" aber oftmals verlorengegangen ist. So klingt manche „Folkband", die in ihrer Entwicklung heute vielleicht zur „Neuen Volksmusik" gezählt wird, authentischer als manche traditionelle Volksmusikgruppe. (In den Biographien der österreichischen „Folkmusiker" ist dies nachzulesen, bei Konzerten oder Live-Mitschnitten wird dies belegt.)

Im Anschluß nun ein Ausschnitt aus dem vielfältigen Instrumentarium mit historischen Querverweisen, ohne Anspruch auf Vollständigkeit.

Die spanisch-französische **GITARRE** (altgriechisch Kithara) hat gegen Ende des 18. Jhdts. die Laute abgelöst. In der heute gebräuchlichen Form, ursprünglich den Kreisen der Gebildeten vertraut, wurde sie von wandernden Musikanten aus den Landesstädten in die Alpentäler gebracht; auch von Landbewohnern, die in die Fremde gekommen und zurückgekehrt waren. Sie wurde da von Nichtfachleuten, etwa Holzbildhauern, brauchbar nachgebaut. Reisende Tiroler und steirische Nationalsänger bevorzugten die Gitarre, was zu ihrer Verbreitung beitrug. Mitte des 19. Jhdts. kam die Zither in Mode und verdrängte die Gitarre merklich. Nach 1900 wurde sie aber durch die Jugendbewegung und einzelne Konzertsänger wieder aufgenommen.

Das Wort **GEIGE** leitet sich von gagen (gaukeln, schaukeln – für die Bogenbewegung) ab. Der Begriff Violine war der ländlichen Bevölkerung fremd. Geige und Fiedel waren im Mittelalter zwei verschiedene Instrumente. Die Violine stieg im 16. Jhdt. in die Kunstmusik auf. Wann die Fiedeln in den Alpendörfern Dudelsack und Leier abgelöst haben, läßt sich nicht genau festlegen. Auch ihre Form während dieses Prozesses im 16. bis 18. Jhdt. ist nur ungenau belegt. Es waren grob gestaltete Instrumente.

Ihre vollendete Gestalt erhielt die Geige in Oberitalien, fand so in den entlegeneren Gebieten der Alpen kaum Käufer, wohl aber Nachahmer. In die Volksmusik hielten vor allem zwei Größen Einzug: die Geige und der Baß. *„Die Steirischgeiger haben nicht nur ihren eigenen Strich, sondern auch eine ganz eigentümliche Applikatur (Fingeraufsatz), welche man genau kennen muß, wenn man die Melodien durch schlechten Vortrag nicht ihres größten Reizes berauben will ..."* (V. J. Sonntag)

Die **FLÖTE** (das Wort ist lateinischer Abstammung) gilt als eines der ältesten Musikinstrumente. Die Blockflöte war vor allem in der Renaissance und im Barock beliebt, wurde Mitte des 18. Jhdts. von der Querflöte verdrängt und ist heute wieder besonders als Volksinstrument verbreitet. In unserer Volksmusik spielte die Querflöte eine große Rolle. Die Schwegelpfeife bzw. Schwögel oder Schwebelpfeife (ein nationales Instrument der Steiermärker) in unterschiedlichsten Größen. Aber natürlich auch die Langflöte. Der Drechsler Alois Ganslmayr: *„Da geht ma zum Blochhaufn aussuachn, und je größer der is, desto besser: manchs Holz is ganz tot, aber manchs, da klingt schon der Bloch."*

BUSUKI leitet sich vom türkischen **„bozuk"** = zerbrochen ab, ursprünglich stammt der Name aber aus dem Persischen: „bozorg" = groß. (Lexikon der Musikinstrumente; Wolfgang Ruf; Meyers Lexikonverlag) Das griechische Instrument aus der Lautenfamilie, das mit der Mandoline verwandt ist, hat eine Bespannung von drei bis vier Doppelsaiten und einen bauchigen Korpus. Außer der bekannten Form mit langem Hals und meist 26 Bünden findet sich noch eine kurzhalsige Baßvariante. Sie erklingt meist im Ensemble und ist inzwischen Bestandteil vieler irischer und schottischer Gruppen, wird aber ebensogerne auch im mitteleuropäischen Raum von neueren Formationen verwendet. Mikis Theodorakis verwendete sie im bekannten Sirtaki bei der Filmmusik zu „Alexis Sorbas" (1964), (Folklexikon; Siniveer).

Die **MANDOLINE** ist ein in mehreren Arten existierendes Zupfinstrument des Lautentyps, ihre genaue Herkunft ist ungewiß, ihre Form aber bereits im 15. Jhdt. ikonographisch zu belegen. Die vier Doppelsaiten aus Metall sind wie bei der Violine in Quinten gestimmt und werden gezupft oder mit einem Plektrum angerissen, wobei durch schnelles Hin- und Herbewegen der charakteristische, helle, rauschende Tremoloklang erzeugt wird. In dieser Bauart kam sie um die Mitte des 17. Jhdts. in Italien auf und wurde ab dem 18. Jhdt. zum italienischen Nationalinstrument, das sich später über ganz Europa verbreiten sollte. Sie wurde Bestandteil in der Kunst- (Vivaldi), aber vor allem in der Volksmusik. In sogenannten Mandolinenorchestern, die auch in Österreich oder Deutschland einen Stellenwert hatten/haben (Arbeitermandolinenorchester), wurden noch die Altmandoline, das Mandoloncello und die Mandolone verwendet.

Zur bauchförmigen Mandoline entwickelte der amerikanische Geigenbauer Orville Gibson 1898 ein erstes, fast flaches Modell mit Zargen, das wegen der einfacheren Haltung von vielen Folkmusikern bevorzugt wird. In den USA entwickelte sie sich im Bluegrass, bestimmt von Bill Monroe (geb. 1911), zu einem festen Bestandteil innerhalb dieser Musikrichtung, und innerhalb des europäischen Folkrevivals hatte sie eine stattliche Anzahl von Interpreten, welche die Mandoline in beiden Formen als instrumentalen Bestandteil in vielen Gruppen durchsetzen konnten (z.B.: Erich Schmeckenbecher von „Zupfgeigenhansel"). David Grisman demonstrierte ihre Klangmöglichkeiten im Jazz der siebziger / achtziger Jahre. Elektrisch verstärkt erklang/erklingt sie auch in der Folkrockmusik von Mike Oldfield.

BANJO / Fingerstyle Banjo:

Der Ursprung des gitarreähnlichen Instruments kann ins 17 Jhdt. zurückverfolgt werden, entwickelte seine heutige Form im 19. Jhdt. aus einem banjer oder banjar (wohl auf portugiesisch oder spanisch: bandore zurückgehend) (Lexikon der Musikinstrumente; Wolfgang Ruf; Meyers Lexikonverlag). Damals gelangte es mit den Negersklaven von Westafrika auf die Antillen und nach Nordamerika. Anfangs war es ein unten offener Holz- oder Metallrahmen, mit Fell bespannt, daran befindet sich meist ein langer, schlanker Hals. Das Instrument hat 4–6 Saiten aus Draht – früher verwendete man Darmsaiten – und kann ausnahmsweise bis zu 9 Saiten besitzen. Heute ist der Korpus meist geschlossen und mit Kunststoff bespannt.

1831 baute Joel Walker Sweeney das Five String Banjo, das einerseits durch herumziehende farbige Bluessänger und vor allem durch die sogenannten Minstrel Shows (im 19. Jhdt. in Nordamerika verbreitete, außerordentlich populäre Form der Bühnenunterhaltung, bei der in Liedern, Tänzen und kurzen Sketchen durch als Schwarze verkleidete Weiße die Kultur, Musik und das Verhalten der schwarzen Sklaven zur Belustigung des Publikums karikiert wurden. Der Name Minstrel stammt aus dem Mittelalter und war die Bezeichnung für herumziehende englische Spielleute) populär wurde. Der 5-saitige Typ dominierte im Bluegrass, in der Country Music, im Skiffle und auch im Folk Revival und wurde damit auch in Europa sehr populär. Heute findet er sich als Begleitinstrument auch im politischen Lied, z. B.: bei Pete Seeger (geb. 1919) oder Perry Friedman (geb. 1935).

Im Jazz spielte das Banjo in Amerika ab 1895 in der Rhythmusgruppe eine Rolle, gelangte auch in die Tanzkapellen, wo es vor allem als 4-saitiger Typ bis zum Ende der zwanziger Jahre blieb. Der Meister am Five String Banjo in der Steiermark ist für mich Wolfgang Zagar von der Countryformation „Stringband".

DREHLEIER / Radleier; engl.: „hurdy gurdy":

Sie gehört zu den Streichinstrumenten, ist seit dem 10. Jhdt. belegt. Besonders und typisch ist der Klang, hervorgerufen durch das mit der Hand mittels einer Kurbel gedrehte Holzrad, das Bordunsaiten wie Melodiesaiten (beide in unterschiedlicher Anzahl) zum Schwingen bringt. Die Melodiesaiten werden mit einer Tastatur (Tangentenmechanik) in ihrer Länge verkürzt. Die Mitklinger (Bordunsaiten) können z. T. auch als Schnarrsaiten (kräftigerer Ruck an der Kurbel bringt ein Hölzchen dazu, sehr rasch auf die Decke des Instrumentes zu „trommeln"), somit zur Unterstreichung des Rhythmus, verwendet werden.

Ursprünglich ein über ganz Europa verbreitetes Volksmusikinstrument, erlebte es verschiedene Höhen – Minnesang, höfische Musik im 18. Jhdt. – und Tiefen – Bettlerinstrument. Es wurde im 19. Jhdt. in Österreich immer mehr verdrängt, konnte in Italien, Frankreich, aber vor allem in Osteuropa überleben. Seit dem Folkrevival erlebt das Instrument nun eine neue Blüte, wird auch von traditionellen Musikanten wiederentdeckt und in zahlreichen Veranstaltungen und Wettbewerben in ganz Europa gefördert. Dabei entwickelten sich neue Formen des Korpus wie der Spieltechniken. Durch Einsatz von Tonabnehmern und Elektronik entstanden Bauformen, die hochkompliziert sind und unglaubliche Sounds und Einsatzmöglichkeiten erlauben. Wichtigster Vertreter in Österreich und mittlerweile einer der bedeutendsten in Europa ist Matthias Loibner von der Gruppe „Deishovida".

DUDELSACK / Sackpfeife:

Er entwickelte sich aus der Schalmei und gelangte aus dem asiatischen (!) Raum etwa im Mittelalter zu uns nach Europa; zunächst entstand unter Verwendung einer Tierblase (Windkammer), einem Anblaserohr mit Rückschlagventil und einer Melodiepfeife mit Doppelrohrblatt das „Platerspiel"; die nächste Stufe war der „Bock": Anblaserohr, Bockshaut als Luftkammer, Spielpfeife und – neu – ein „Mitklinger", der sogenannte „Bordun" (langes Rohr, Pfeife mit Aufschlagzunge, erzeugt ständig den gleichen, tiefliegenden Baßton); dritte Stufe: Dudelsack mit zwei Mitklingern, oder besser „Bordunpfeifen"; diese waren meist im Abstand einer Quint gestimmt.

„Wieviel die Sackpfeife zur Erfindung der Mehrstimmigkeit beigetragen hat ist zwar nicht urkundlich erwähnt, aber höchstwahrscheinlich war sie die Führerin zur Harmonie. Daß sie das Vorbild zum Orgelpunkt gewesen ist, wird nie-

Wolfgang Moitz mit Dudelsack. (Foto W. Suppan)

mand bestreiten." (aus „Volkstümliche Musikinstrumente in den Alpen", Karl M. Klier, 1956)

Der Dudelsack ist in verschiedensten Volkskulturen eines der traditionsreichsten Instrumente. Der entscheidende Unterschied zwischen den einzelnen Instrumenten ergibt sich aus der Methode, den Windbeutel mit Luft zu füllen, was entweder direkt durch ein Anblaserohr geschieht oder durch einen Blasebalg, der unter den Ellenbogen geklemmt, betrieben wird ... Seine höchste Entwicklungsstufe erreicht der Dudelsack in Form der Uillean Pipes (Name stammt vom gälischen Wort für Ellbogen) in Irland. Wohl am besten bekannt sind die schottischen Highland Pipes, die auf Grund ihrer imponierenden Lautstärke auch zum militärischen Zeremoniell gehören. Andere wichtige Typen finden sich in Frankreich (Cornemuse, Biniou), Spanien (Gaite) oder in Italien, am Balkan, in Ungarn, Rußland, Tschechien, Polen, Arabien und Indien.

Ähnlich wie bei der Drehleier verschwand auch der Dudelsack in Österreich noch vor der Jahrhundertwende völlig und erlebt im Folkrevival und durch verschiedene Aktivitäten in der traditionellen Musikpflege eine Renaissance. Rudi Lughofer („Bock und Leiermusik", Kremsmünster, OÖ), Sepp Pichler („Steyrische Bordunmusik", Dudelsacktreffen auf Schloß Freiberg, jährlich im September; STMK), Arnold Lobisser (Dudelsackbauer, Instrumentenbauer, HTL Hallstatt, OÖ) oder Wolfgang Moitz („Aniada a Noar") seien hier für Österreich als Vertreter angeführt.

MAULTROMMEL:

Maultrommel oder Brummeisen: älteste bildliche Darstellung aus der Zeit um 1350; sicher gab es das Instrument schon früher unter Bauern und Dienstleuten; der Name Maultrommel ist erst seit dem 16. Jahrhundert nachweisbar; die Maultrommel, in wissenschaftlicher Klassifizierung ein Zupfidiofon, ist in verschiedenen Formen, aus Bambus oder Metall hergestellt, in weiten Teilen der Erde gebräuchlich; in Molln (OÖ) werden seit dem 17. Jhdt. Maultrommeln hergestellt; die Blüte erreichte die Zunft im 19. Jhdt. mit Jahresproduktionen von etwa $2^{1}/_{2}$ Millionen (!) Stück Maultrommeln; Herstellung in Österreich aus „Kloben" (4-kantiger Spezialdraht aus Eisen) und der „Feder" (von einem Stück Stahlblech werden Streifen abgeschnitten). In jener Zeit brachten es Brummeisenspieler auch zu bemerkenswerten Resultaten.

Der Benediktiner Bruno Glatzel, 1721 in Passau geboren, brachte – neben anderen – das Instrument zu Ansehen. Der Komponist Albrechtsberger, der Glatzel in Melk gehört hatte, schrieb später einige Konzerte für Maultrommel, Mandora und Streichinstrumente, die heute nur mehr von ganz wenigen Virtuosen gespielt werden können.

„'Mund-Harmonika' für Maultrommel wird zuerst von Jean Paul 1792 in den Tagebuch-Aufzeichnungen gebraucht und in der Folge nur von Maultrommelvirtuosen und mit solchen in Zusammenhang angewendet. Der Ausdruck 'Judenharfe' kommt nur im Englischen (Jew's harp, Jew's trump) vor und ist vermutlich aus 'jaw's' = Kiefer oder französisch 'jeu' entstanden. Einzelne Liebhaber ließen ihre Instrumente aus Silber herstellen. Unter den Heiligenbluter Bauern ging die Sage, es sei bei schwerer Strafe verboten, eine silberne Maultrommel zu führen; die Buben hätten die Menscher damit einmal viel zu närrisch gemacht, und seit der Zeit gelte das Verbot." (K. M. Klier, 1956).

In der Folkszene spielt die Maultrommel eine untergeordnete Rolle. Höchstens als Effekt- oder Rhythmusinstrument findet sie Verwendung. In der traditionellen Musik gibt es neue Bemühungen, vor allem in Oberösterreich, in Molln (wo sonst), die Maultrommel aus dem Dornröschenschlaf zu wecken und ihren bezaubernden Klang verbreitet bekannt zu machen. Vor allem die „Mollner Maultrommler" um die Brüder Rußmann seien hier angeführt, die zu ihren Festivals und Symposien die bedeutendsten Vertreter aus aller Welt nach Molln einladen.

MUND- und ZIEHHARMONIKA:

Ende des 18. Jhdts. taucht der Begriff „Harmonika" das erste Mal auf. Es bestand aus einer Reihe aufeinander abgestimmter rotierender Glasschalen, die „Glas-Harmonika". Als Erfinder der eigentlichen Mundharmonika gilt Friedrich Buschmann aus Thüringen. Angeregt durch virtuose Maultrommler entwickelte er seine Tongeräte. Die ersten gewerbsmäßigen Hersteller finden sich aber in Wien, zu Beginn des 19. Jhdts. Auch wenn Hohner in Deutschland die Entwicklung vorantrieb, blieb doch Wien in der Harmonikaerzeugung führend. Im Volksmund sprach man von „Fotzhobeln", „Fotzribbeln" oder „Maulwetzen".

Der Schritt von der Mund- zur Handharmonika ist so logisch wie der von der

Schalmei zum Dudelsack. Musikmachen ohne Unterbrechungen, ohne Atem holen zu müssen. Als Erfinder wird der Wiener Cyrill Demian, 1829, genannt.

„Er erhält das Privileg auf die Erfindung eines neuen Instrumentes, Accordion genannt, welches die Form eines kleinen Kästchens hat, worin Federn und Stahlplatten samt einem Blasebalg angebracht sind, und zwar dergestalt, daß es bequem eingesteckt werden kann, daher Reisenden insbesondere erwünscht seyn muß. Es können auf demselben Arien, Märsche ect. selbst von Nichtkennern der Musik nach kurzer Übung, und die lieblichsten 3, 4, 5 und mehrtönigen Accorde nach der Einrichtung des Instruments gespielt werden." (aus: „Volkstümliche Musikinstrumente in den Alpen, K. M. Klier, 1956)

Die Beliebtheit des Instrumentes zeigt sich auch in vielen scherzhaften Bezeichnungen: Blasbalg, Schnarchkasten, Rumpel, Raunl oder einfach Quetschn. Zum Spielen der Volksmusik, der Lieder und Jodler eignet sich die diatonische Harmonika am besten. Sie wird in den Alpen auch als Steirische Harmonika bezeichnet. Spielte die Mundharmonika im Folkrevival von Beginn an eine entscheidende Rolle (Woody Guthrie, Bob Dylan ...), konnte sich die Handharmonika in der österreichischen Folklandschaft erst spät, vor allem bei der sogenannten „Neuen Volksmusik", durch Bearbeitungen und Einbeziehung der eigenen Tradition durchsetzen. (Aniada a Noar, Attwenger, Ausseer Hardbradler, Broadlahn, Hubert von Goisern, Landstreich, Yaga T ...)

Österreichischer FOLKFÖRDERPREIS – und die WIENER WELTMUSIKKUGEL

Von Albert Hosp

ALBERT HOSP, Jahrgang 1964, ist Musikjournalist beim ORF/Ö1. Neben anderen Reihen gestaltet er seit 1989 eine wöchentliche Sendung über Worldmusic und Volksmusik.

Folk, World, Global Beat, Ethno Mix, Volxmusik, „Echte Volksmusik" gar? Der Einteilungsversuche gibt es viele, justament in der individuellsten aller Musikformen, der „Volksmusik", der Musik des Volkes, also der Menschen, also jedes einzelnen Menschen ...?

Letzlich sind es solche Fragen, die sich bei der Formulierung von Teilnahmebedingungen ergeben. Wer soll sich angesprochen fühlen, wenn es um einen „Folk"-Förderpreis, oder um eine „Weltmusik"-Kugel geht? Tatsache ist, daß sich viele, viele, viele aufgerufen sahen, als 1996 der „Österreichische Folkförderpreis (ÖFFP) ins Leben gerufen wurde. OTMAR BIRINGER (Kulturvernetzungsstelle Weinviertel / Kultodrom Mistelbach) hatte die Idee. Und als ein Jahr später die unermüdlichen „Kultur in Bewegung" (entstanden als Zweigstelle des „VIDC", eines sonst vor allem in der Entwicklungsarbeit tätigen Vereines) sich mit einem ähnlichen Projekt einstellten, war der Andrang ebensogroß.

Als Jurymitglied in beiden Bewerben erlaube ich mir einige Erinnerungen niederzuschreiben:

Faszinierend die „Blindverkostung" der Demokassetten und Demo CD's. Solisten, Ensembles und sogar ganze Orchester. Bekannte Gruppen und Newcomer. Qualität und Plattheiten auf beiden Seiten. Leicht auszusieben waren die, die 's wohl in jedem Wettbewerb probieren und doch in den volkstümelnden Stadl gehören. Ebenso ohne Probleme war die Jury die allzu al-fresco-haft Musizierenden los. Freunde, mochten wir all jenen zurufen, Freunde, es gibt noch mehr als Gitarren am Lagerfeuer, z.B.: Gitarren ins Lagerfeuer! Nichts gegen Gitarren an und für sich freilich ...

Aus allen Einsendungen wurden dann die meistversprechenden ausgesucht. In den live gespielten Endrunden bzw. Vorausscheidungen spielte sich dann schon Ereignisreicheres ab:

Der ÖFFP schickte drei Bands auf die Bühne des Folkfestivals in Hallein: „SUNNSAIT'N", eine der wenigen Gruppen, die versuchte, mit österreichischen Formen etwas anzufangen. Ob ihre Verbindung mit Funk und Rap Zukunft hat? Der Akkordeonist brachte die ganze ehemals prunkvolle Geschichte der Ostblock-Radio-Orchester mit, allerdings auch deren oft schmachtvolle Gegenwart: Er lebt seit geraumer Zeit in Österreich, spielt ganz hervorragend sein Instrument und verfängt sich ab und zu in bloßer Virtuosität. Schließlich „KAKILAMBE", eine schon seit längerem bestehende Formation aus dem Salzburgerland, die sich ganz der afrikanischen und der afroarabischen Musik verschrieben hat. So weitläufig das klingt, so konkret gelingt es den Musikern, in manchen ihrer Kompositionen originell zu bleiben. Das, und letzlich die eigenständige Beherrschung ihrer Instrumente gab wohl den Ausschlag zum Sieg. Daß die Gruppe – damals am Rande der Auflösung – besteht, war Ironie des Schicksals. Mittlerweile gibt's schon wieder kräftige Lebenszeichen von den Mannen um Harald Loquenz, dem vielleicht besten Kora-Spieler außerhalb Afrikas.

Um die Wiener „Weltmusikkugel" wurde, nach der ersten ebenfalls ausschließlich aufgrund eingeschickter Tonträger entschiedenen Runde, im Semifinale im Wiener Szenelokal „Roter Engel" und im Finale gar im Wiener Rathaus gespielt. Die Seitenblicke waren auch dabei, und überhaupt war's ein recht prunkvoll aufgezogenes Ereignis, dessen Publikum sich von seiner Spärlichkeit nicht entmutigen ließ und fleißig dem Multi-Kulti-Buffet zusprach, während die Jury sich selbstredend jedes Tropfens Alkohol enthielt ... Auf der Bühne „PASAPORT", eine hervorragende Türkisch-Wienerische Mischung mit einem charismatischen Leiter ... Und das Dschungelorchester, ein auch schon erwachsenes Ensemble, das sich aus Termingründen recht selten versammelt aber mit großer Spielfreude und Ironie an die verschiedenen Blasmusiktraditionen heranmacht. Lautstark machten sich die Gegner der Juryentscheidung im Publikum bemerkbar, und an dieser Stelle kann heute bemerkt werden: auch in der Jury waren wir uns wahrlich nicht einstimmig einig ...

1997 wurde der ÖFFP beim Festival in Gutenbrunn entschieden; im Finale spielten die schon bekannten pannonischen Stilistiker „ADEBAR", der Ud-Spieler MARWAN ABADO mit seiner kleinen, feinen Kombo und „CLASSIK JAZZMER", eine sehr originelle Formation aus Klarinetten, Klavier, Stimme und Percussion. Einflüsse von Chick Corea über Klezmer Musik bis zu Kurt Weill hindern diese Gruppe um Clemens Neugebauer nicht, eine eigenständige, überzeugende und auch sehr gut „fahrende" Musik auf die Bühne zu bringen.

Und das winkt den Gewinnern der beiden Bewerbe:
Beim ÖFFP sind es Zwei Festival-Gigs, einer im Inland, einer beim renommierten Rudolstadt Tanz & Folkfest. Die „Wiener Weltmusikkugel" ist eine Scheibe: Dem „DSCHUNGELORCHESTER" wurde eine neue CD ermöglicht.

1998 gibt es wieder einen ÖFFP. Die „Weltmusikkugel" rollt momentan nicht. Beiden Bewerben muß Zukunft beschieden sein! Beiden ist vielleicht noch bessere Struktur zu wünschen.

Zu danken ist – neben vielen anderen – Mag. (hoffentlich bald Dr.!) Harald Huber, dem Lehrgangsleiter für Popularmusik an der Wiener Musikhochschule, der die Räumlichkeiten für's Abhören der ersten Runde des ÖFFP zur Verfügung stellte.

Eine grundsätzliche Problematik wird wohl bestehen bleiben: Weltmusik etc. (siehe oben) ist wahrscheinlich keine junge Musik; ihre Vertreter haben oft bereits viele Jahre in anderen Stilen gespielt und gesucht. Es kann daher nicht – nur – um Talenteförderung gehen.

KONTAKTE:
Österreichischer Folkförderpreis 1998
Postfach 103
A-2130 Mistelbach
Tel.: 02572/2292

Wiener Weltmusikkugel
VIDC
Horst Watzl
Weyrgasse 5
A-1030 WIEN
Tel: 01/7133594 92
Fax: 01/7133594 73

Ergänzung:
Nach einem Telefonat mit Otmar Biringer konnte ich den aktuellen Stand der Dinge erfahren.
Für 1999 gilt als fix vereinbart, daß beide Veranstaltungen (ÖFFP, Weltmusikkugel) in einer gemeinsamen Veranstaltung zusammengefaßt werden. Die

Kontaktadresse bleibt weiterhin Mistelbach (siehe oben). Prämiert werden die beste Gruppe und – neu – die beste CD-Neuerscheinung. Die Endausscheidung wird in Wiesen (Burgenland) im Rahmen der Veranstaltung „Moving Cultures" zu Pfingsten 1999 über die Bühne gehen.

Die ZUKUNFT der FOLKMUSIC in der Steiermark

Andreas Safer im Gespräch mit Wolfgang Seidl, Motor bei „STRADEN AKTIV"
(W W KABINETT / STRADENER STRASSENSPEKTAKEL /
AUFG'SPIELT AM ROSENBERG)

Wie siehst du als Veranstalter die Situation der Steirischen Folkszene – Folk im weitesten Sinne –; ist es für dich interessant, steirische Gruppen zu organisieren? Was könnten sie aus deiner Sicht besser machen, um für Veranstalter noch interessanter zu sein?

„Die meisten Gruppen haben was getan. Dadurch, daß es, zumindest in der letzten Zeit zu dieser Annäherung zur Volksmusik gekommen ist, hat sich da einiges verändert. Ich sehe jetzt eigentlich gar keine große Folkszene in der Steiermark mehr, es hat ein gewisses Eigenleben bekommen. Das Interesse der Leute ist gegeben, mir fallen fünf, sechs Gruppen ein, mit denen du als Veranstalter diese Säle, die wir eben haben, durchaus füllen kannst. Aber wie gesagt, hole ich alle sechs Gruppen an einem Abend zusammen, kann ich rechnen, daß die Leute kommen, veranstalte ich sie an sechs aufeinanderfolgenden Abenden, habe ich ein Veranstaltungsproblem, weil ich damit kaum jemanden reize. Es kommt einfach dazu, daß es ein Überangebot gibt. Es 'dudelt und pfurzt' an jedem Eck, und es gibt den Individualisten eben nicht, der sagt: 'das ist es, und sonst hab ich keine Freizeitbedürfnisse'. Der will ja, was weiß ich, Segeln gehen, bei dem und dem Erlebnis teilhaben."

Vom Veranstalter ist ja auch deshalb eine gewisse Verunsicherung da, aufgrund dieses Spargedankens. Was meinst du dazu?

„Ja, hundertprozentig. Die Leute wählen viel bewußter, aber sie geben ihr Geld genauso aus. Wenn sie heute eine Veranstaltung anspricht, dann fahren sie bis zu 200 km dorthin, 'brennen' 500,– Eintritt, dann fahren sie wieder heim. Aber auch wieder unter dem Gedanken: 'das muß der Event sein', der wird ihnen so lange ins Hirn gesetzt, bis sie glauben, daß es sich rentiert, dorthinzufahren."

Wie siehst du das mediale Interesse an der „Folk"musik?

„*Von der Presse her ist das Interesse nicht großartig zu bewerten. Es ist Nischensektor, soll es meiner Meinung auch bleiben. Höchstens, man will sich auf die größere Schiene drängen. Aber dort wird es auch nicht wegen der Folkmusik besser beworben, sondern auch wieder wegen des „Eventgedankens", oder weil von mir aus 55 Gruppen dort sind, deshalb hängt sich die Presse drauf, im Endeffekt geht's nicht darum, wer diese 55 Gruppen sind. Mach, was du willst, es ist so."*

Wie siehst du den Faktor der Begegnungsstätten, wo können diese Begegnungen heute noch stattfinden, nachdem die große Festivalzeit vorbei ist?

„*Du wirst heute selbstverständlich andere Möglichkeiten vorfinden, als Gruppe zu spielen. Diese Begegnungsstätten von damals waren sicher sehr wichtig. Ich glaube ja, daß heute die Zeit wieder reif ist für Folkfestivals, nur müßten sie anders heißen. Die Leute können heute mit dem Begriff 'Folk' nichts anfangen. Es müßte einen neuen Aufhänger geben. Allein, daß einer 'Volxmusik', eben mit X geschrieben hat, war schon wieder was völlig anderes, dabei hat sich die Musikrichtung ja nicht wesentlich verändert. Man muß die Menschen neugierig machen. Heute ist man auch gezwungen, authentischer zu arbeiten. Was heute nicht mehr 'hineingeht', ist, wenn sich ein begnadeter österreichischer Musiker hinsetzt und irische Lieder spielt. Heute werden die Gruppen aus Irland gewünscht und geholt. Wohlgemerkt, das hat überhaupt nichts mit Qualität zu tun.*

Und irische Folkmusik liegt heute absolut wieder im Trend. Da kommen 200 Leute, kein Problem, der St. Patrick's Day wird auch bei uns gefeiert, eine 'Irish, Steirisch Night' ist der Renner.

Heute erwartet man von den steirischen Bands, daß sie zumindest einen alpenländischen Touch haben müssen. Das war in den achtziger Jahren anders, die wären bei Festivals wahrscheinlich nicht angekommen. Es passierte eine Trendumkehr. Man hat erkannt, daß damit was zu machen ist. Die Veranstalter haben das erkannt, die Musiker haben es erkannt, welche Motive im einzelnen auch dahinterstecken mögen.

Weiters dürfen wir ja auch eines dabei nicht übersehen: Wir 'bedienen' heute Kunden, die um zwanzig Jahre älter geworden sind und andere Interessen haben. Die Jugend macht den gleichen Prozeß durch, den wir durchgemacht haben. Die 'raven' und 'waven', in zehn Jahren werden sie was anderes entdecken. Das ist so."

Damals konnte man die jungen Leute viel eher mit dieser Musik erreichen. Heute höchstens dann, wenn es unter dem Schlagwort „Neue Volksmusik" an die Popmusik irgendwie angelehnt klingt.

„*Du bist heute streng genommen mit der 'Neuen Volksmusik' im Klassiksektor angesiedelt. Du erreichst hier auch nur eine ganz bestimmte Schicht, die sich* dafür interessiert. Das hat natürlich auch Vorteile für mich als Veranstalter. Mich fragen sie nicht, warum ich nicht einmal Hip-Hop oder Rave bringe. Mit der sogenannten 'Neuen' Volksmusik haben wir immerhin eines erreichen können, daß sich das rein traditionelle Publikum diese Musik heute auch anhört. Das ist ein großer Vorteil.

So verändert sich das Publikum ständig, wie auch die Musik und die Musiker sich verändern. Angebot und Nachfrage bilden ein dynamisches Gefüge, eine spannende Geschichte."

„Folk" – veranstalten?

Im Gespräch mit Rupert Pfundner, dem Mitorganisator des BÄRFOLK und Betreiber der Agentur PFUNDNER UND SCHIMPL KULTURSERVICE.

Wie siehst du die Situation der heimischen Folkmusiker heute?

„In der Steiermark gibt es heute eine Vielfalt an Folkmusikern, die sehr unterschiedliche Ausdrucksformen gefunden haben. Bedingt durch medial stark forcierte Trends – 'Neue Volksmusik', 'Weltmusik' – gibt es ein breites Spektrum bei uns. Aber es drängen sehr viele internationale Gruppen und Solisten nach Österreich, die sehr gut spielen; das kann für das Niveau der heimischen Bands nur von Vorteil sein. Die 'Hochblüte' der Folkmusik scheint aber vorbei zu sein, einige haben das noch nicht mitbekommen, und Strukturverbesserungen neben professionellem Arbeiten an der Musik sind notwendiger denn je.

Durch die bekannten Sparmaßnahmen arbeiten viele Veranstalter mit weniger oder überhaupt ohne Subventionen, viele private Veranstalter, die also nicht an eine kommunale Kulturarbeit angeschlossen sind, legen sogar aus eigener Tasche Geld drauf, nur damit überhaupt was passiert. Über kurz oder lang müssen sie dabei natürlich untergehen. Die Kulturpolitik schaut vorbei, begreift nicht, wie wichtig gerade diese Veranstalter für ein gesundes Kulturleben im Land sind. 'Artenvielfalt' stärkt das System, dasselbe Prinzip wie in der Ökologie.

Als die 'NVM' (Neue Volksmusik) boomte, war's natürlich einfacher, Besucher anzulocken. Die Medien waren geil drauf, haben seitenweise darüber berichtet, eigene Festivals schossen aus dem Boden. Alles was nicht zur 'reinen' Tradition oder zum Musikantenstadel paßte, wurde da unter NVM eingeschachtelt, meist zum Mißfallen der Gruppen. Es wurde kaum bis schlecht recherchiert, Hauptsache, die Story hatte eine griffige Schlagzeile. Dazu kam, daß auch Sponsoren interessiert waren, alles was man medial verbraten kann, läßt den Rubel rollen, da ist die Breitenwirkung vorhersehbar, rennt die Geschichte von selbst. Niemanden interessiert, was sich bei der Musik wirklich abspielt.

Mit dem Ausscheiden von Hubert v. Goisern ist das mediale Interesse immer *mehr abgeflaut, der Begriff 'NVM' war im Nu ausgelutscht, der Boom ist vorbei. Jetzt gibt's einzelne Gruppen und Interpreten, deren Niveau zwar steigt, die aber in keine Schublade so recht passen, die Medien tun sich schwer, und nur die bekannteren Leute haben eine Chance, viel zu spielen.*

Auf internationaler Ebene läuft schon lange der Begriff 'Worldmusic': verschiedene Volksmusiken unterschiedlicher Länder und Kontinente werden mit Elementen aus Pop, Rock und Jazz zeitgerecht zubereitet.

Jeder der heute viel spielen will, muß intern Strukturen schaffen, die es dem Veranstalter so leicht machen, daß er dumm wäre, wenn er's nicht veranstalten würde, um es überspitzt auszudrücken, d.h.: penible PR-Arbeit, eigene Adressenkartei mit regelmäßigen Aussendungen, so unabhängig wie nur möglich von den Medien zu werden. Das Promotionmaterial muß stimmen, d.h.: professionelle Fotos, und die reichlich, genügend Infos und Plakate.

Zusammenfassend: die künstlerische Arbeit allein reicht nicht. Professionelle Strukturen, eigene Karteien, eigene Medienarbeit, um das Risiko für Veranstalter zu reduzieren."

Welche Rolle spielen Kulturreferate?

„Naja, das ist so eine Geschichte. Die tendieren eher zu Großveranstaltungen, machen keine Aufbauarbeit, machen kaum Kleinkunst, sondern holen die Stars der Branchen. Sie operieren großteils mit öffentlichen Geldern, aufgrund der zu erwartenden Breitenwirkung steigen hier eher noch Sponsoren ein. Was passiert? Das Publikum wählt selektiv, hört sich seltener was an, zahlt dann auch einmal mehr Eintritt, und die idealistischen Kleinveranstalter werden doppelt geschädigt:

Das Publikum bleibt aufgrund des allgemeinen Spargedankens aus, die Sponsoren sind desinteressiert, den Kleinveranstaltern wird förmlich das Wasser abgegraben. Das wirkt sich auch auf die Kleinkunstszene nachteilig aus, weil deren Vertreter schwerer zu veranstalten sind.

Kleinveranstalter müssen sich heute noch viel mehr bemühen, noch mehr persönlichen Einsatz bringen. Der Trend geht Richtung Eintrittsbeteiligung, was bei steigender Popularität der Künstler von Vorteil ist, da steigende Publikumszahlen sich unmittelbar auf die Gagen auswirken. Anderseits birgt es auch Nachteiliges, da es für noch unbekannte MusikerInnen) schwerer wird, einen breiteren Bekanntheitsgrad zu erreichen, da sie für Veranstalter immer ein Risiko bergen. Das Publikum selektiert (sparen!), kauft nicht die 'Katz im Sack'. Die Buntheit der Szene wird aber dadurch gefährdet, weil verstärkt kommerzielle Gedanken in den Vordergrund rücken."

Gibt's nicht auf kommunaler Ebene Tendenzen, einmal 'was anderes zu bieten? Ist die Lage wirklich so traurig?

„Ja, vereinzelt wird versucht, einmal 'was anderes zu probieren. Bei manchen Dorffesten oder Stadtfesten kann man beobachten, daß alternative Volksmusik

oder Worldmusic als 'exotische' Komponente eingebaut werden, das Publikum nimmt's sehr gern an. Aufgrund des Folkfestivalsterbens in der Steiermark könnte sich hier eine neue Begegnungsplattform entwickeln, was sowohl für die Belebung der Musik als auch für die Veranstaltungen von Vorteil wäre. Wenn man das hohe Niveau des 'Steirerfolk' anschaut, gehört da wirklich nicht viel Mut dazu, diesen Schritt zu tun."

Danke für das Gespräch.

INSTRUMENTENBAUER

(Eine kleine Auswahl)

HEINRICH PETER:
1976 – 1990 ausgedehnte Reisen nach Asien & Afrika; Selbststudium in Fertigung verschiedener Flöten im jeweiligen Kulturkreis; Musiker in Japan und Israel.

1994 – 1997 Mitglied der „EIGENART BAND (Soboth); seit 1997 Zusammenarbeit mit Gerhard Frankhauser („BAND TRANCE FORMATION").

Seit 1990 Mitglied der STIKH („Steirische Initiative Kunsthandwerk").

Trommelbau: Faßtrommeln, Rahmentrommeln, Tontrommeln.

Flöten: Bambus und Schilfflöten (Bansuri, Ney, Indianerflöten, Panflöten, Okarinas).

Adresse: Peter Heinrich
Fressenberg 18
A-8733 St. Marein / Knittelfeld

MAYER ANDREAS & KATHRIN – DER INSTRUMENTENBAUER:
Streich- und Saiteninstrumenteerzeugung
Di. – Fr. 9–12 / 14–17 Uhr

Adresse: Kirchengasse 28
A-8990 Bad Aussee

ZAGAR WOLFGANG:
Er ist der einzige Banjobauer und wohl auch der bekannteste Banjospieler Österreichs.

„Als Banjo & Gitarrenbauer bin ich bestrebt, meinen Kunden Toparbeit zu liefern und gehe in bezug auf Perlmutt-Einlegearbeiten individuell auf Vorstellungen ein. Meine Banjos sind mit einem von mir konstruierten und in den USA gefertigten Tonring ausgestattet. Die Instrumente erfüllen klanglich sowie optisch alle Wünsche." (Wolfgang Zagar)

Werkstatt:
Wolfgang Zagar
Stiftergasse 4
A-8570 Voitsberg

ZARFL ERNST – GEIGENBAUMEISTER:
Neubau von Violinen, Violas, Cellos, Kontrabässen und Konzertgitarren. Reparaturen sämtlicher Streich- und Zupfinstrumente.

Adresse: Ernst Zarfl
Oberwald 71
A-8563 Ligist

PRODUKTION

KHoM – KRUSCHES HOUSE OF MUSIC:
GEBRAUCHTBÖRSE: Instrumente, Technische Geräte, Kurioses, Kommission, Vermittlung, Ankauf, Beratung, Verleih ...

RECORDING: Live & Studio
VERLEIH von Ton- & Lichtanlagen
CD-Produktion

Adresse:
Schützenhofgasse 32
A-8010 Graz
Tel. 03175/7116
0664/2422286
0664/2422289
Fax. +43(0)3175 7115-4

HILFE !

Verschiedene Adressen und Institutionen sowie Tips

AKM – STAATLICH GENEHMIGTE GESELLSCHAFT DER AUTOREN; KOMPONISTEN UND MUSIKVERLEGER:

Zweck und Gegenstand der AKM sind:

1.) Schutz der Textautoren, Komponisten und Musikverleger sowie deren Rechtsnachfolger wider alle Eingriffe in die Urheberrechte.

2.) Die Förderung der wirtschaftlichen und künstlerischen Interessen der Mitglieder.

3.) Die Geltendmachung und treuhändige Einhebung der für Aufführungen und Sendungen geschützter Werke zu entrichtenden Aufführungsentgelte.

4.) Insbesondere die treuhändige Verwaltung der der AKM von ihren Mitgliedern und Tantiemenbezugsberechtigten gemäß § 30 der Statuten überlassenen Aufführungs-, Vortrags- und Senderechte mittels gemeinschaftlichen Geschäftsbetriebes; ebenso die treuhändige Verwaltung der der AKM von ausländischen Verwertungsgesellschaften überlassenen Aufführungs-, Vortrags- und Senderechte.

Adresse: AKM
Baumannstraße 10
A-1030 WIEN

AMT DER STEIERMÄRKISCHEN LANDESREGIERUNG:

Vergibt Förderungen für verschiedene Musikprojekte, Konzertreihen, CD-Produktionen ... Information, Formulare und Ansuchen an:

Adresse: Kulturabteilung
Dr. Heinrich Klingenberg
Karmeliterplatz 2
A-8011 GRAZ

HANDBUCH FÜR MUSIKER UND KOMPONISTEN:

MATTHIAS FINKENTEY, BUCHKULTUR-VERLAG WIEN; 1994.

Tips & Information, Verwertungsgesellschaften, Steuer, Sozialversicherung, Förderungen, Interessensvertretungen, Verträge, Konzerte, Tonträger, Radio & TV.

MAGISTRAT DER STADT GRAZ:
Jährlich wird ein Musikförderungspreis für junge Komponisten der Stadt Graz vergeben. Auch andere Zuschüsse sind möglich. Anfragen sind zu richten an:

Magistrat der Stadt Graz
Kulturamt
Dr. Johann Kaspar
Elisabethstrasse 30
A-8011 Graz

MUSIKERGILDE:
Die Musikergilde bietet seit ihrer Gründung 1987 und der offiziellen Eintragung als Verein ihren Mitgliedern viele nützliche Leistungen. Unter anderem vertreten wir die Interessen unserer Berufsgruppe gegenüber Geschäftspartnern, Institutionen und Behörden. Zu den dringlichsten Aufgaben zählt die Durchsetzung eines gerechten Gesetzes zur Künstlerversicherung. Die Verhandlungen auf ministerieller Ebene laufen seit 1997.
 Auch an den Forderungen nach einem Ende des Österreicher-Boykotts in den Musikprogrammen des ORF wird mit Nachdruck gearbeitet. Kostenlose Beratung auf steuerlicher- oder rechtlicher Ebene für alle Mitglieder.

MUSIKERGILDE
Hofgasse 2/13
1050 WIEN

SFM-SOZIALE FÖRDERUNG MUSIKSCHAFFENDER:
Die Soziale Förderung Musikschaffender, kurz SFM, bezahlt mit Wirkung vom 1. Jänner 1995 Zuschüsse zu den Kosten der Sozialversicherung an Musiker, Komponisten und Textautoren musikalischer Werke, die ihren Lebensmittelpunkt in Österreich haben und hier unbeschränkt steuerpflichtig sind.
 Die SFM ist eine unabhängige Einrichtung.

SFM – Soziale Förderung Musikschaffender
Markus Lidauer
Stiftgasse 29
A-1070 Wien

SKE – SOZIALE UND KULTURELLE EINRICHTUNGEN DER AUSTRO-MECHANA:

Im Jahr 1980 hat der österreichische Nationalrat beschlossen, daß jeder Konsument, der unbespielte Audio- oder Videokassetten kauft, eine Vergütug für die Urheber, die ausübenden Künstler und die Kulturindustrie zahlen muß, weil durch das private Überspielen künstlerische Leistungen genutzt werden. Diese Vergütung ist im Verkaufspreis von unbespielten Audio- und Videokassetten enthalten.

Verwaltung:
Der Vorstand der Austro-Mechana hat angesichts der großen Anzahl an Förderungsansuchen die Verwaltung der SKE hinsichtlich aller Detailentscheidungen an einen von ihm ernannten „Verwaltungsrat" delegiert. Dieser entscheidet in den mit jeweils acht kompetenten Fachleuten (Komponisten/Textautoren) besetzten Ausschüssen zur Förderung der Ernsten Musik und zur Förderung der Unterhaltungsmusik und einem mit sechs Personen besetzten Ausschuß für soziale Unterstützungen auf Basis der Richtlinien.

Soziale Zuschüsse:
Erste Priorität bei der Vergabe der Mittel genießen soziale Zuschüsse. Das sind
1.) Zuschüsse zur Existenzsicherung im Alter, die bedürftigen Komponisten oder Textautoren bei Erfüllung gewisser Voraussetzungen auf Antrag gewährt werden bzw. nach deren Ableben den Rechtsnachfolgern.
2.) Zuschüsse bei außerordentlicher finanzieller Belastung. Das können Unfälle, Körperbehinderung, kostspielige ärztliche Behandlungen, Pflegebedürftigkeit, Berufsunfähigkeit, Begräbniskosten ... sein.
3.) Zuschüsse zur Kranken- und Pensionsversicherung. Das entsprechende Antragsformular wird auf Wunsch zugesandt.
Alterszuschüsse für Urheber und Musikverleger, die in der Vergangenheit über einen längeren Zeitraum ein bestimmtes Tantiemenaufkommen erreicht haben.
In bestimmten Fällen werden auch die Kosten für Rechts- und Steuerberatung übernommen.

Kulturelle Förderungen:
Für einzelne Projekte von Bezugsberechtigten sowie Organisationen und Interessensgemeinschaften von Bezugsberechtigten werden unter bestimmten Bedingungen kulturelle Förderungen vergeben. In letzter Zeit wurde verstärktes Augenmerk auf Nachwuchsförderung und Unterstützung größerer Projekte gelegt.

SOZIALE UND KULTURELLE EINRICHTUNGEN DER
AUSTRO MECHANA
Ungargasse 11/9
A-1031 WIEN

(Quelle: Entnommen dem HANDBUCH FÜR MUSIKER & KOMPONISTEN von MATTHIAS FINKENTEY, 1994)

Achtung:
Mit Beschluß des Nationalrates vom Jahre 1997 sind Förderungen der SKE von der EINKOMMENSTEUER BEFREIT! Dies gilt ebenso für Preise, Stipendien und Förderungen des Bundes, der Länder sowie vergleichbarer nationaler und internationaler Stellen.

Die Reihe des Steirischen Volksliedwerkes

Volks*lied*werk
Steirisches
Das Leben zum Klingen bringen

Volksliedwerk (Hrsg.)
Lieder haben lernen
Band 1
ISBN 3-7059-0009-9
17 x 24 cm, 48 S., 15 Abb.;
öS 148,–/DM 22,–/sfr 21,–

Volksliedwerk (Hrsg.)
**Ländliche Kulturformen –
ein Phänomen in der Stadt**
Band 2
ISBN 3-7059-0011-0
17 x 24 cm, 112 S., 43 Abb.;
öS 198,–/DM 28,–/sfr 26,–

Volksliedwerk (Hrsg.)
Lieder eintrichtern!
Band 3
ISBN 3-7059-0021-8
17 x 24 cm, 64 S., 18 Abb.;
öS 198,–/DM 28,–/sfr 26,–

Thomas Stiegler
Sagenhafte Musikanten
Band 4
ISBN 3-7059-0035-8
17 x 24 cm, 96 S., 39 Abb.;
öS 198,–/DM 28,–/sfr 26,–

Grininger, Härtel, Dill u.a.
**Weiblichkeit und Erotik
in der Volksmusik**
Band 5
ISBN 3-7059-0036-6
17 x 24 cm, 80 S., 20 Abb.;
öS 198,–/DM 28,–/sfr 26,–

Die Reihe des Steirischen Volksliedwerkes

Volks*lied*werk
Steirisches
Das Leben zum Klingen bringen

Volksliedwerk (Hrsg.)
Das Leben zum Klingen bringen ...
Band 6
ISBN 3-7059-0040-4
17 x 24 cm, 88 S., 85 Abb.;
öS 198,–/DM 28,–/sfr 26,–

Volksliedwerk (Hrsg.)
Die Printmedien und ihr Verhältnis zur musikalischen Volkskultur
Band 7
ISBN 3-7059-0067-6
17 x 24 cm, 96 S., 37 Abb.;
öS 198,–/DM 28,–/sfr 26,–

Anton Hirschmugl
Die Okarina
Band 8
ISBN 3-7059-0068-4
17 x 24 cm, 96 S., 105 Abb.;
öS 198,–/DM 28,–/sfr 26,–

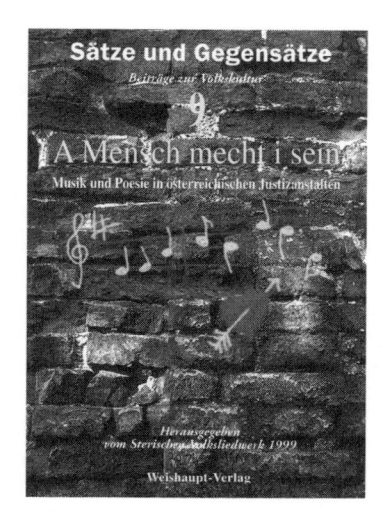

Norbert Hauer
A Mensch mecht i sein ...
Musik und Poesie in österreichischen Justizanstalten
Band 9
ISBN 3-7059-0077-3
17 x 24 cm, 96 S., 80 Abb.;
öS 198,–/DM 28,–/sfr 26,–

Hermann Härtel
Vorträge, Leitartikel, Reden, Glossen, Zitate ...
Band 10
ISBN 3-7059-0078-1
17 x 24 cm, 200 S., 65 Abb.;
öS 238,–/DM 34,–/sfr 32,–

Register

Aary Ensemble 77
Akkord 70
Alpinkatzen 52, 56, 86
Altausseer Schützenmusi 77 ff.
Altziebler & Mayer 77
AMA 71, 79, **97 f.**
Ambros, Wolfgang 175, 194, 212
Andrew, John & Lissa 73
Angie 23, 30
Aniada a Noar (Folkfriends) 10 f., 17 f., 25, 34, 43, 51, 53, 56 f., 65, 70 f., 74, 76-80, 82, 84-87, 89, 93, 96, **99-106,** 110, 153, 179, 186, 202, 208, 210, 253
Attack 77 f.
Attwenger 51 f., 55, 57 f., 85, 175, 253
Auer, Herbert 88, 95, 167 f.
Auer, Martin 17
Ausseer Hardbradler 53, 56 f., **112 f.,** 253

Baez, Joan 12 f., 23, 29, 87, 222
Baker, Horton 12
Barthel & Bauer 73
Battlefield Band 13
Bauer, Kurt 65, 209
Baumann, Manfred 41
Baumgartner, Armin 9, 64
Black, Roy 34
Blamberger, Alois 52
Bluegrass Company 115-118
Bluegrass Specials 17, 30
Bothy Band 13
Boys of the lough 13
Brehons 68 f., 77, 80, 82 f., 87, **115**
Breit, Eik 54, 224, 226
Broadlahn 43, 51 ff., 55-58, 70, 73, 77 ff., 84, 89 f., **119-129,** 202, 208, 244 f., 253
Brom 68, 70
Brunner, Hermann (Das Steirische Brunnrohr) **129-141**
Bullhead (Gschreams) 141-144, 172 f.
Burda, Rudi 17

Cash, Jonny 21
Channad 13
Chor der HS Straden 77
Cidre 72
Citoller Tanzgeiger 37
Cogan, Jim (Köberl Johann) 9, 11, 18 f., 24 ff., 30, 70, 80 ff., 90, 143, 147, 173 ff., 194, 198, 225
Colin Wilkie & Shirley Hart 13, 33, 93, 200 f.
Convoy 25 f.
Cwienk, Dieter 67

De Dannan 13
De Row, Peter 21, 27
Dean, James 20
Degenhardt, Franz Josef 15
Deishovida 54, 65, 79, 81, 85, 95, **147-154,** 209, 238, 250
Demmer, Erich 16 f., 29, 73
Dengg, Harald 42 ff., 46
Desire 25, 27
Die (Steirische) Landstreich 62, 86, 153, **154-160,** 238, 253
Die Knödel 56, 86
Dohr, Hubert 73, 84 f., 87, 93, 202, 208 f.
Donauer, Andres 25
Donovan 13, 22, 164
Doro, David 64
Dragon Fly 77
Drei Stapflan auffi **161**
Dreschflegel 17
Dylan, Bob 12 f., 22 f., 27, 55, 87, 168, 186, 253

EAV 27 f., 173-176, 216 f.
Ederer, Franz 11
Ederer, Franz 80, 83
Eisendele, Helmut 67
EMI 57
Ensemble Bilinovac 70, 77, 82
Ensemble Vujicsics 77, 86, 89
Erste Leibnitzer Straßenbahner Mandolinenorchester 71

Fairport Convention 13, 55
Fasching, Andreas 95, 166-171
Folkloregruppe Prlekija 77
Frank, Michael 71
Fritz & Fritz 17
Friz, Thomas (Zupfgeigenhansel) 14, 44 f.
Fuchsbartl Banda **161 ff.**

Gabriel, Peter 56
Garcia, Jerry 32
Gegenlicht 70, **163 ff.,** 222
Gernot & Gernot 70
Geschwister Simböck 35, 70
Gildo, Rex 34
Gmoatrommler 70
Goiserer Viergesang 42
Graymalkin 17, 53, 56 f., 65, 78 f., 85, 88, 93-96, **166-172,** 181, 208
Grisman, David 32, 249
Gröbchen, Walter 51
Gruber, Reinhard P. 106, 109, 202, 208, 245
Grunsky, Jack 28 ff., 33, 194
Guthrie, Woody 12, 253

Hafner, Arnold 27, 30, 173, 241
Haid, Gerlinde, Dr. 17, 46 f.
Haid, Hans, Dr. 14, 17
Haley, Bill 20
Hamisch Imlach & Muriel Graves 73
Hamish, Imlach 13, 71
Hammerl, Walter 28
Hans Moser Revival Combo 70, 77, 87
Hansi & Co 71
Haring, Werner 77
Härtel, Hermann 6 f., 9, 37, 39, 61 f., 85
Haza, Ofra 56
Heachaseppn 51
Held, Walter 172
Hide and Seek 22
Hiti, Max, Dr. 9, 211, 217
Hohl, Günter 9, 55, 57 f.
Holaubek, Gundl 52
Holcomb, Roscoe 12
Holly, Buddy 21

Hosp, Albert 253
Hosp, Albert 9
Huber, Ernst 43, 53, 119 f., 123 f., 191,244
Hubert von Goisern 52, 55-58, 86,112, 126, 205,253, 258

Irvine, Andy 73, 194, 199 ff.

Jack's Angels 14, 28, 30
James, John 71
Jan & Sylvia 29
Jansch, Bert 13
Jaritz 23
Jaroschke, Markus 67 f.
Jim Cogan Band 11, 26 f., 73, 92, 143, 173
Jiras, Heinz 54, 224, 226
Jugendtrachtenkapelle Tieschen 77
Junge Köflacher Streich 71, 84
Jungsteirer Sextett 77

KAF 77
Kaiser, Eva Maria 21
Kaled, Cheb 56
Kalyijag 72
Kampelmühler, Michael 72
Kante, Mory 56
Karfunkel 72
Karo & Band 71
Keinrath, Kurt 19, 25, 27, 30, 90, **173-177,** 241
Keita, Salif 56
Kerngast Quartett 77
Kindler, Paul 27, 30, 173, 241
Kirchenchor Straden 77
Klassisches Streichquartett 77
Kofler, Klaus 54, 119, 224, 226
Kogler Trio 10
Koren, Erhard 30
Koshnaw, Risgar **177 f.**
Koval und Klingenbrunner 68 f.
Kozak, Jozsef 70
Kramer, Theodor 15
Kraus, Peter 21
Kritofferson, Chris 21
Kröher, Hein und Oss 15
Krusche, Albert 9

Krusche, Martin 18, 31, 34, 99, 105, 110, 247
Krusche, Michael 6, 11, 25, 70, 81, 85, 99, 103, 106, 108 f., 111, 208, 245, 247, 256
Kunzelmann, Gernot 28

La Sedon Salvadie 77, 82, 84, 89, 102
Ladysmith Black Mambazo 56
Langer, Walter 70, 77
Last Station 73
Ledbetter, Duddy (Leadbelly) 12, 24, 33
Lee Hooker, Jonny 12
Lehrerchor Radkersburg 77
Lemmerer, Franz 9
LeMonds, Chuck **144 ff.,** 208
Les Sabres (Geduldig und Thimann) 17, 29
Lican, Antei 77
Liederlich Spielleut 17, 32, 70 f., 82, 84, 90
Ligas, Nikos 77
Lightfood, Gordon 22
Lipold, Gerhard 70 f., 73, 77, 82, 90
Little Richard 21
Loibner, Matthias 65, 81, 147 f., 234, 236, 250
Lomax, Alan 12
Lomax, John 12
Lugus 30 f.
Lukas, Leo 68 f., 84, 126

Maerlin 17,, 68 f., 71, 88, 90, 122
Marktmusikkapelle Straden 77
Maron, Sigi 71
Märzendorfer, Wolfram 35, 71
Mässer, Robert 72
Messengers 23
Mey, Reinhard 15
Mike Langley – Crapazoids 72, 88 f.
Milestones 16, 29
Milicas 32
Miqueu Montanaro 72
Mitterer, Felix 106, 202
Moiker Hausmusik 77

Moitz, Wolfgang 99, 103, 109, 251
Moro, Martin 26, 65, 70 f., 78, 81, 84 f., 88 ff., 169, **178-183,** 208 f., 223 f.
Moser, Peter 45 f.
Moser, Uta 70, 88
Moßmann, Walter 15
Müller, Peter 25, 27
Muthspiel, Christian 68

N'Dour, Youssou 56
Nächste Gruppe 71
Nelson, Ricky 21, 26
Neuper, Lois 42
Neuwirth, Erwin 59
Neuwirth, Roland 56
Nikos & Dimitris 70
Nirvana 33
Nußböck, Fritz 17, 73

Oberhuber, Christoph 30
Ochs, Phil 12
Oidweibasumma **184 ff.**
Okemah 10, 71, 84, 88, 110, 143, **186-189**
Old Stoariegler Dixielandband 78
Ostbahn Kurti Combo 32

Pammer, Wolfgang 70
Paxton, Tom 12, 22
Payer, Karl 175
Pentagle 13
Peress, Cindy 73
Peter, Paul & Mary 13, 22, 164
Pfundner, Bertl 9, 80, 89, 100 f., 103, 106, 109, 119, 210, 258
Pichler, Sepp 90, 251
Planxty 13
Podesser, Oliver 95, 147, 167 ff.
Podrepsek, Uli 31
Poidinger, Günter 30, 33, 105
Pospischils Erben 172
Pozar, Ernst 9 ff., 14, 18, 22 f., 26, 28-31, 33, 67 f., 70-73, 78, 80 ff., 84, 88, 90-93, 96, 110, 186, **190-193,** 198, 212, 221
Presley, Elvis 21, 27
Puchleitner, Ida 77

Quendler, Harald 9
Quinn, Freddy 21, 174

Radkowitsch, Vojo 26
Rapp, Peter 30
Raskolnikov, Ripoff 71, 88, 93, 95
Ratzenbeck, Peter 11, 22, 25, 30-33, 67 ff., 71, 80 ff., 84, 92 f., 117, 145, **193-201,** 212
Rauhnacht 56
Rehak, Alex 23, 25, 27, 225
Reinhard Liebe und seine Leute 17
Reiser, Tobi 42
REM 55
Renaissance Ensemble 77
Resilia 73
Retzhof Allstar Session Band 70-73
Richard & Mimi Farina 29
Riedl, Carl M. 72
Riedl, Wolfram 9, 93 f
Rinder, Max (Max Mc Colgan) 24, 26, 30, 84
Risgar & Nicola 71, 73, 77
Rodgers, Jimmie 12
Rohland, Peter 15
Roth, Gerhard 32
Roth, Thomas 30, 32, 71 f., 88
Rottensteiner, Philipp 119 f., 128, **190-193**

Safer, Andreas 6 ff., 18, 41, 49, 57, 61, 74, 97, 99, 101, 103, 105, 107 ff., 111, 173, **202 ff.,** 210
Sailer, Christian 58
Saitenwind **204**
Sawoff & Brandau 70
Schaberl, Peter 73
Scharf, Wilfried 70
Schauersberger, Wolfgang 83, 116 f.
Schiffkowitz 26, 31, 88, 194
Schimpl, Doris 93
Schmalix, Herbert 28
Schmetterlinge 16
Schmuck, Franz 119 f., 125, 128
Schnurr, Martin 52
Schober, Wolfgang 70
Schumann, Rudi 68 f.

Schwarzbauer, Helmut 22
Seeger, Charles 12
Seeger, Pete 12 ff., 44, 250
Seelig, Günter 23, 30
Seidl, Wolfgang 9, 74 f., 256
Seuter, Harald 87
Shadows 21
Shamrock Folkband 71, 88, 93
Shenanigans **204-208**
Simon, Paul 56
Sinatra, Frank 21
SOAP 72, 77
Spiel, Wolfgang 9, 141-143
Squadune **208 f.**
Stallhofner Tanzlmusi 72, 78, 85
Steeleye Span 13
Steinbäcker, D. 72, 77
Steinbäcker, Dagmar 70
Steinbrenner, Fred 24, 30
Steiner, Jimmy 120 f.
Steirische Tanzgeiger 65, 71, 78, 84, 89 f.
Stellwood Voice 70
Steunzer, Hans 37
Steward, Rod 23
Stiedl & Schmidt 72
Stringband **210 f.**
Strunz, Helmut 33
STS 68 f., 145, 163, 165, 194, **211-220**
Sumper, Manfred 73, 85, 87, 93, 208
Süverkrüp, Dieter 15

Taltos 70 f., 77, 82, 89 f.
Tamburaski Orkester 77
Terry, Sonny 12
The Badman 22
The Beatles 21, 55, 165, 174
The Byrds 55
The Crapazoides 77
The Grant Lee Buffalo 55
The Pogues 55
The Talking Heads 56
Theessink, Hans 70 f., 85, 89, 91 ff., 194
Tichy-Gibley, Sabine 9, 16 f.
Tiny Folk 16
Tobisch, Michael 68
Tom & Lukas 71
Trabitsch, Klaus 32, 94 f.
Travellers (International) 11, 24-27, 30, 103

Treiber und de Mattio 68 f.
Trio Marathon 71
Trummer, F. 77
Tschermonig, Hannes 68
Turning Point 11, 23, 25 ff., 174, 212

UR **220 f.**
Urdl, Hannes 68-72, 77, 84, 8 ff., 95, 122, 208, **221-224**

Vienna Ceilidh Band 32, 70
Vier-Xang 54, 86, 95, **224-229**
Vizönzö 35, 71, 89 f., 96
Volksmusiktrio Bad Gleichenberg 77
Vomacka, Sammy 71

Wader, Hannes 15, 44
Weishaupt, Herbert 9
Weitblick 70
Westwind 68 f., 77, 82, 92, **230-234**
Wilfried (Scheutz) 22, 52, 54 f., 194, 205, 212, 224 ff., 228
Willnauer, Jörg Martin 70
Willy Nelson & Waylon Jennings 19
Windhofer, Georg 42, 47
Worried Men Skiffle Group 17, 29, 72, 93
Wullaza 62, **234-239**
Yaga-T 53, **239 ff.,** 253
Zagar, Wolfgang 99, 101, 250, 261
Zawinul, Joe 51, 128, 245
Zehn Saiten & 1 Bogen 70, 78
Zeus 27, 70, 72, 77 f., 89, 173, 175, **241**
Ziegenhofer, Reinhard 57, 96, 119 ff., 127, **190-193,** 202, 204, ,208, **241-246**
Zimmermann Edith 62, 155-158, 234, 236
Zithermanä 51
Zsaratnok 35
Zsaratnok 71
Zwanzer, Edi 99, 101
Zwiezupf 97, 208, 223 f., 242, 246
Zwirn, Werner (Don Perez, Roger Menas) 21 f., 24-27, 30

Aufgrund des Entgegenkommens der Musiker und Lizenzinhaber war es möglich, dieses Buch zum „Klingen" zu bringen. Die Auswahl der Musiktitel war nicht einfach, wurde zum Großteil von den Komponisten selbst vorgenommen und sollte ein breites Spektrum der Vielfalt widerspiegeln. Vieles konnte einerseits aufgrund fehlenden Materials, andererseits aus Platzgründen nicht berücksichtigt werden. Vieles, was hierher gehört, mußte ausgespart bleiben, eine schmerzliche Erfahrung mehr.

Ich danke nochmals **Hermann Härtel** und **Herbert Weishaupt,** daß sie mich dazu drängten, diese Dokumentation mit einem Tonträger zu komplettieren.

1. ANIADA A NOAR
„EU juchu" (M. Krusche/M. Krusche) 3:34 (EX 295-2)
live in der TU Graz, 1997; danke Michael, danke Harald Quendler (Extraplatte)
2. BROADLAHN
„Liesl" (E. Huber/E. Huber) 3:27 (EX 136)
aufgenommen im April 1990 im Orpheum, Graz; danke Ernst, danke Harald Quendler (Extraplatte)
3. CHUCK LEMONDS
„Marylise" (LeMonds/LeMonds) 5:42 (PUP 210035)
aufgenommen in Pinkafeld, X-Art Studios, 1998; danke Chuck
4. JIM COGAN
„Star of 58" (J. Cogan/J. Cogan) 3:10 (TYROLIS 350 984)
aufgenommen 1993/94 im Feldbacher Musikhaus; danke Jim, danke Tyrolis
5. DEISHOVIDA
„Mazurka for you" (M. Loibner) 3:46 (EX 204-2)
aufgenommen 1994 beim „Stefflbauer", St. Oswald/Kloster
danke Deishovida, danke Harald Quendler (Extraplatte)
6. DIE LANDSTREICH
„Nestbeschmutzer" (Ch. Spörk/Ch. Spörk) 4:04 (EX 319-2)
aufgenommen in Steinakirchen am Forst, 1997
danke „Landstreich", danke Harald Quendler (Extraplatte)
7. GEGENLICHT
„Mei Gott bist du alt word'n" (H. Pilz/H. Pilz) 3:38 (VM Records CD 314257)
aufgenommen im Mai/Juni 1997, Lindscha; danke H. Pilz und GEGENLICHT
8. GRAYMALKIN
„S35" (Fasching/Fasching) 5:28 (EX 137)
aufgenommen in der Schützenhofgasse, Graz, 1991
danke Andi, danke GRAYMALKIN, Danke Harald Quendler (Extraplatte)
9. KOSHNAW RISGAR
„Spring" (Koshnaw/Koshnaw) 3:38 (GamsbArt CD 1-95)
aufgenommen im Studentenhaus Münzgraben und Orpheum, Graz, 1995
danke Risgar, danke G. Kosel von GAMSBART
10. MORO MARTIN
„Amen" (Trad./Moro) 6:29 (EX 278096-2)
aufgenommen by & at Martin Moro, Graz, 1996; danke Martin, Gott segne dich; danke Extraplatte
11. OIDWEIBASUMMA
„Oidweibasumma" (K. Mayer/K. Mayer) 4:26
aufgenommen in der Werkstatt der Instrumentenbauer Andreas und Kathrin Mayer, Bad Aussee, 1997
danke Kathrin, danke OIDWEIBASUMMA
12. OKEMAH
„LOK 97217" T & M: Derry Grey (D. Rudelsdorfer) 2:57 (PS 407 912)
Neueinspielung live in Leoben, 11.7.1999, extra für den Sampler
erstmals erschienen auf der LP „Ruck ma z'samm", Folkmusic aus der STMK., 1986; danke OKEMAH
13. POZAR, ROTTENSTEINER, ZIEGERHOFER
„These are the days/Summerlang" (VanMorrison/G. Glawischnig, G. Mittergradnegger) 4:23 (EX 349-2)
aufgenommen im „livin room" von E. Pozar, Graz im April 1998
danke Ernst, Philipp und Reinhard, danke Harald Quendler (Extraplatte)
14. PETER RATZENBECK
„Kaliyuga Express" (Ratzenbeck) 2:16 (SHAMROCK RECORDS 1043-2)
aufgenommen in den SHAMROCK-Studios, Altweidhofen, 1997
danke Peter, danke an SHAMROCK RECORDS, Uwe Kranner, für die freundliche Genehmigung
15. SHENANIGANS
„The Laurier Bridge" (J. Libbey/R. Cheese & J. Libbey) 4:14 (Shen 02)
aufgenommen in den Kolman Studios, Graz, 1998; danke den Shenanigans für die freundliche Genehmigung
16. URDL HANNES, ZWIEZUPF
„Plankenwarth Dreams" (H. Urdl) 4:06 (DIE MÜHLE CD 851 011)
aufgenommen in der Mühle, Salzburg, 1990; danke Hannes
17. 4-XANG
„4-Xang HYMNE" (W. Scheutz/4-XANG) 1:48 (H 044)
aufgenommen im Theatercafé, Graz, Jänner 1998; danke Wilfried, danke Hoanzl
18. YAGA-T
„Aus und goar" (S. Lemmerer/S. Lemmerer) 2:13 (HER 478160 2)
aufgenommen im Tonstudio Lindner, Göttweig, 1994; danke Siegi, danke Franz, danke Lindner Musikverlag